Prenúncios e Vestígios

Edward Lopes

Prenúncios e Vestígios
(Fragmentos de Teoria e Crítica Literária)

Ateliê Editorial

Copyright © 2014 by Edward Lopes

Direitos reservados e protegidos pela Lei 9.610 de 19 de fevereiro de 1998.
É proibida a reprodução total ou parcial sem autorização, por escrito, da editora.

Dados Internacionais de Catalogação na Publicação (CIP)
(Câmara Brasileira do Livro, SP, Brasil)

Lopes, Edward
Prenúncios e Vestígios / Edward Lopes. –
Cotia, SP: Ateliê Editorial, 2014.

ISBN 978-85-7480-695-2

1. Crítica literária   2. Literatura brasileira –
Crítica e interpretação   3. Teoria literária
I. Título.

14-10598   CDD-801.95

Índices para catálogo sistemático:

1. Crítica literária   801.95

Direitos reservados à
ATELIÊ EDITORIAL
Estrada da Aldeia de Carapicuíba, 897
06709-300 – Granja Viana – Cotia – SP
Telefax: (11) 4612-9666
www.atelie.com.br / contato@atelie.com.br

2014

Printed in Brazil
Foi feito o depósito legal

*Le poète ne dit pas ce qu'il dit, dit ce
qu'il ne dit pas, tantôt plus, tantôt moins,
autre chose, enfin.*

ALAIN

SUMÁRIO

Prefácio 19

Caquinhos 31
O espelho e o labirinto 31
Tipos de escritores 32
Shakespeare, o amor, a paixão e o ciúme 35
A literatura e o efeito de choque 44
Equívocos críticos – i 45
As ideias dos atores de ficção e as ideias dos escritores 49
Equívocos críticos – ii 52
Equívocos críticos – iii 53
Romances de aprendizagem 53
São Paulo, Lutero e Nietzsche 54
Neste país 58
São Paulo, Lutero e Nietzsche – ii 58

PRENÚNCIOS E VESTÍGIOS

O gênio, a grande obra e a obra-prima 59

A regra de ouro do escritor: *inutilia trunca*. O exemplo de
Zurbarán 61

Há encontros 63

Somerset Maugham e outros, com conselhos para o
escritor 63

"Sacudir a árvore" 66

"Você quer dizer que jantou bem?" 66

Como se compõem estes fragmentos 68

Escrever com clareza e precisão 70

A tolice como matéria-prima do estilo. Baudelaire e o
realismo 71

In Sand geschrieben 73

Como Valéry, ... 75

História literária como tradição, tradução e traição: o caso
dos plágios 77

As obras de arte não são filhas da história político-social etc. . . 78

Por falar em imitação 83

Macbeth, act v, scene v 84

Ficino, Erasmo e Petrarca 86

O espelho no romance unamuniano 87

O papel da imaginação na ficção 88

A imaginação na ficção – ii 89

História do corpo 92

A realidade e a ficção como duas macrossemióticas 92

SUMÁRIO

Vidas Secas, obra-prima regional e universal 94

Crer e saber. O crer-saber como o pressuposto imanente do
saber. 95

Estratégias poéticas barrocas em Lope de Vega 96

O discurso poético 100

Astronomia e astrologia 101

Camões e Bécquer 102

Por que o escritor escreve? 104

A ficção política. Conrad e Machado de Assis e o tema do
poder 105

Manipulação e automanipulação em *O Alienista*, de
Machado de Assis 107

Outros exemplos da ironia machadiana em seus relatos
políticos. 111

O motivo do "malfeito em nome do bem": A *Sinfonia
Pastoral* e *Pierre*. Gide, Faulkner, Hawthorne, Melville,
Machado (sempre), Maugham, Proust e Malaparte. 113

Um tema que Borges foi buscar entre os pitagóricos 114

Rousseau e o monólogo interior 115

Construir o natural 115

Ciranda de ismos 116

Hemingway I – Ao lado de quem? 116

A bobagem dos rótulos: realismo e barroquismo 118

A má intertextualidade 120

Um possível cotexto ligando Machado e Bandeira 121

PRENÚNCIOS E VESTÍGIOS

A paixão amorosa como fundamento-tipo das demais
paixões. O trabalho do ator com a mentira cognitiva
e a verdade patêmica 122

Um discurso com dois textos (um, sacana) de Catulo 124

O equivalente crioulo ao poema de Catulo 126

Literatura e cinema 126

A propósito, ainda, de "os sistemas semióticos são
transcodificáveis". O dialogismo interdiscursivo é
intradiscursivo (= imanente ao nível de manifestação).
Discurso e contradiscurso 128

A relatividade das noções de "belo" e "pornográfico" 130

Estados de alma = paisagens (F. Pessoa) 131

Há um lugar de convergência para o inconsciente e para a
linguagem, ... 132

A ironia, como tropo vocabular e como estratégia narrativa
em Machado 132

"Poética", em Aristóteles 134

Anti-Freud, a propósito de suas ideias sobre a arte 135

Para que serve ser livre? 136

Envelhecer, esperar 137

Não se pode confiar na realidade 139

Mentira e imaginação 139

A noção de *pessoa* na tragédia grega 140

O que os linguistas realistas – positivistas – nunca
entenderam 142

Um problema dos alemães: a sua gramática 142

SUMÁRIO

Pintores barrocos holandeses 144

A construção do real e a ficção 145

O herói como representante das virtudes coletivas de seu
povo. Bismarck e Hitler 146

A coesão e a coerência como produtos do fazer enunciativo
mais fazer interpretativo 148

A textualização e a ambiguidade. Leitura semiótica da
diferença 149

O lugar do observador: representação e ponto de vista na
pintura 151

A temporalidade oposta da música e da escultura 153

O brasileiro, fruto de três raças tristes. A ideologia do
pessimismo *vs.* a ideologia do otimismo, nos estudos
sobre o caráter nacional brasileiro 154

A temporalidade da escultura – II 157

O sadismo, em Brecht 158

Epígrafe 158

Viver I 158

Viver II 159

Uma coisa que sempre me intrigou em *Niebla*, de
Unamuno, ... 159

O todo e as partes 161

Trololós do poder 162

Duas alegorias antropopáticas impecáveis, de T. S. Eliot e de
V. Aleixandre 162

O erro essencial dos Analistas do Discurso 163

PRENÚNCIOS E VESTÍGIOS

Uma metáfora de Chaucer 164

Budismo para principiantes. 164

Em *A Igreja do Diabo* 165

O drama. 165

A diferença entre tragédia e drama 166

Os trabalhos e os dias – IV 168

O hipócrita, no teatro grego, e o ator, na semiótica 169

A fala opera a revelação. 170

O que a figura-ocorrencial, sintagmática, do discurso,
imita. 171

O dilema do *Édipo* de Sófocles e o de Gide 171

A memória é imaginária 174

Notas para guiar uma interpretação de *O Mágico de Oz* 175

Alguém disse que os russos não escreveram nada melhor. . . 177

O inverossímil, segundo Tolstoi 178

Há uma relação de aumento da interioridade do ator paralela
ao aumento do avanço da literatura cristianizada 178

A expressão da intimidade na literatura; o monólogo interior
e o aparte. 179

Há uma pá de coisas inexplicáveis na derrota da França, . . . 182

Motto 186

O sonho é imprescindível. 187

A Inconfidência Mineira como expressão do Iluminismo. . . 187

Dois efeitos secundários da Inconfidência 192

A rebarbarização do país. 193

SUMÁRIO

Leitura e interpretação – os quatro textos, segundo Dante:

o literal, o alegórico, o analógico e o anagógico.......... 195

Coloque-se, por favor, de epígrafe para leitura e

interpretação, o seguinte: 198

As transições marcam ou *épocas de mudanças*,............ 198

Ordem e Progresso.................................... 199

O doce leite da piedade humana 199

A simbologia de Saturno – para a poesia de Cláudio e de

Gérard de Nerval 200

O tema condutor da poesia de Cláudio Manoel da Costa é a

separação e a perda 202

Os loucos... 203

Borges e a fã.. 205

O tópico do mundo como "nave dos loucos" é mundial.... 206

Três fases da história do desenvolvimento das religiões..... 206

Nada de se preocupar................................ 207

O papel das figuras no discurso 207

Contra a interpretação instrumental da obra de arte literária.. 209

O *Talmude*, Kierkegaard e os trágicos gregos 209

Silêncios eloquentes................................. 210

Teoria das paixões 211

O rótulo "pós-modernidade" não tem nenhum sentido..... 213

A diferença entre a França e a Inglaterra 214

O oposto da narrativa é a música. Mas, de qualquer modo,

ambas são fictícias. 214

Os lugares da luz 215

Exercício 1 216

As Estações: Inverno 217

Canção Tonta 217

Não há paráfrase sem transformação do conteúdo 218

Édipo, Rei (mais Freud e Marx) 219

O bestial e a primeira vez: o estranhamento é o traço
 patêmico característico do primeiro encontro de um
 sujeito observador com objeto observado 220

Narrativas bíblicas 220

Afinal, o que há com essas mulheres? 222

Homenagens 225

A ficção não reflete nem imita a realidade – cria-a: 226

O olhar de Édipo 226

Teoria e realidade 227

Sobre o mito (de Mircea Eliade, *Mito e Realidade*) 227

O mito fala a verdade mas a ficção é indecidível 228

Histórias verdadeiras e histórias falsas 229

O retorno às origens 230

O mito do Ano (= o anel, o ciclo – a espira) 230

O discurso está sempre a meio do seu desenvolvimento. Ele
 não tem começo nem fim 230

A beatitude da origem e o retorno, em Freud 231

Em que consiste o retorno – Retorno ao "instante
 paradoxal" além do qual o Tempo não existia porque
 nada se havia manifestado. 232

SUMÁRIO

Interpretar o segundo Nascimento em seu contexto de
ocorrência... 233

O segundo Nascimento na Bíblia e nos mitos indianos..... 233

Mitos milenaristas..................................... 234

O olhar e o discurso................................... 234

O sentido bíblico de "ser testemunha".................. 235

O número de demônios................................. 236

O fim do mundo nas religiões judaica e cristã............. 236

O fim do mundo na arte moderna....................... 237

O fim do mundo na arte e o aparecimento da psicanálise... 238

Curar-se da ação do tempo............................. 238

Contra a psicocrítica (crítica psicanalítica)............... 238

O discurso e sua incompletude (como um *objeto paradoxal
e dialético*)... 239

A importância de São Paulo para o cristianismo........... 241

A espiral como figura do percurso enunciativo: significar
significa transformar................................ 242

Discurso/texto (parafraseando Zilberberg, apoiado em
Saussure).. 244

Cultura afro-brasileira (i)............................. 245

Por que no Brasil não há filosofia...................... 246

Ou, como filosofava Manezinho Araújo na velha
embolada,.. 246

Brasil, terra cordial................................... 246

O que condenou Sócrates.............................. 246

PRENÚNCIOS E VESTÍGIOS

Mas, como os gregos sabiam, ... 247

Arte de viver – IV 247

A actorialidade: a máscara (o ator), o eu e o outro 248

Biografias etc. 249

Papel do contexto no processo de significação 251

Maquiavel: os fins justificam os meios 255

Aristóteles, cientista 255

Torre de Babel 256

O naturalismo 256

Jorge de Montemor 257

Toda viagem é de volta (Guimarães Rosa) 258

"Sacudir a árvore", outra vez, ... 258

O patrono dos homens de letras 258

Marx 260

Por que os ovos cozinham? 260

Hegel 261

Metamorfoses das figuras do tempo (Notas para uma
    poética do fragmento)............................... 261

A diferença 264

Receita de Helmont 264

Racismo.. 264

Recebido do Dr. Thomaz Moreira Rizzo, por e-mail 264

Poética do fragmento 265

Descoberta de Virgílio 268

Uma do Agrippino 268

Pai sábio, filho abestado 268

SUMÁRIO

Fatos. 268

A leitura e a construção do texto. 269

Memória e imaginação na construção do discurso. 270

A figura não é só um ator, um ser,. 272

Tolice e ignorância 272

Os avatares dos reformadores da gramática. 273

Pinto de Carvalho, Sena e Greimas. 274

O ser relativo tem duas identidades,. 282

Teilhard de Chardin e a alquimia 284

Unamuno tinha razão. 286

Variações sobre um tema inesgotável. 286

Autocrítica 289

O mundo foi criado. 290

Encruzilhada de destinos 290

Pourquoi 294

O coronel, negociando gado 294

Desejos imbecis 294

A vida, segundo Humberto de Campos 295

Hoje o mundo faz anos. 295

PREFÁCIO

I

Este livro é feito de fragmentos – notas e comentários breves, que me foram sugeridos por leituras e lembranças a elas associadas. Mesmo com lacunas circunstanciais, me pareceram merecedoras de ser registradas no papel, com vistas, talvez, a um futuro aproveitamento em escritos de maior extensão. Cuidado inútil. Toda a literatura – na verdade, todo discurso – ou constitui um pré-processamento de pistas na forma de *praenuntii,* "correlatos prospectivos", segmentos antecipatórios do que virá a ser escrito depois, no mesmo ou em outro discurso, ou constitui uma reciclagem de restos, do já-dito, de *vestigia,* "correlatos retrospectivos", que recuperam resíduos de segmentos anteriores, da mesma ou de outras obras. Como sei que os discursos da ciência e da arte são reconstruções parciais de obras anteriores, pois Nerval me ensinou que

– Vous avez imité Diderot lui-même.
– Qui avait imité Sterne…

> – Lequel avait imité Swift…
> – Qui avait imité Rabelais…
> – Lequel avait imité Merlin Coccaïe…
> – Qui avait imité Petrone…
> – Lequel avait imité Lucien.
> Et Lucien en avait imité bien d'autres.
>
> (GÉRARD DE NERVAL, *Réflexions.*)

sei que tudo, em matéria de discurso, são fragmentos. Ao afirmá-lo, devo pontualizar, contudo, que não penso neles como as partes limpas, já aparelhadas, constituintes de um trabalho de *bricolage,* um mosaico ou coisa semelhante, nem, tampouco, como um azulejo, um tijolo, uma peça de quebra-cabeça. Para mim eles são mais uma espécie de material de construção, ainda rude e caótico, parecendo-se mais a uma pilha de tijolos ou a um monte de cacos disparatados, que dificilmente se ajustam uns aos outros, feitos que são de materiais diversos, de formato e valor desiguais. Chamo-os, em virtude disso, de cacos, mesmo. É o que eles são, valham o que valerem.

Os cacos ou fragmentos são reconhecíveis geralmente como traços das formações linguísticas, onde costumamos rastreá-los na forma da incompletude, da indefinitude, da movimentação e da mutabilidadade dos discursos. Mais precisamente, porém, eles não constituem apenas traços, constituem, antes, propriedades de todos os discursos, visto que todos eles são fragmentários (sem embargo, já veremos uma exceção a essa regra).

Numa primeira aproximação, é possível descrever tais propriedades como segue:

(i) *a incompletude* – excetuados os discursos dogmáticos que contêm um (suposto) saber absoluto e se encerram aforismaticamente em si mesmos (a tal ponto que podemos definir os

PREFÁCIO

dogmas como "discursos que acabam onde começam", ou, talvez melhor, discursos que acabaram antes mesmo de principiar), todas as demais classes de mensagens constroem um saber relativo e estão dotadas, portanto, da incompletude radical das formas que contêm um saber em construção, nunca inteiramente construído. Por aí, cada discurso individualmente considerado aparece como fragmento de uma cultura, constituindo cada cultura no seu todo um único discurso ou texto, em consonância com o postulado de Iuri Lotman.

A primeira implicação disso é que, como as culturas estão sempre *in progress*, a meio fazer, *todo e qualquer discurso, assim como todo e qualquer texto, está sempre incompleto.* Uma vez que falamos por intermédio de palavras que não inventamos, em sequências de enunciados cujo ordenamento obedece a instruções de uso – regras – que devem obrigatoriamente ser usadas por toda a comunidade, organizando efeitos-de-sentido que aprendemos internalizando conteúdos convencionais instituídos por axiologias que se contratam como microuniversos dos valores próprios da nossa cultura, a *incompletude* dos discursos a que nos referimos aqui é uma propriedade *radical,* irredutível, de todas as mensagens que enunciamos.

Devido a ela, as mensagens que circulam numa coletividade constituem simples fragmentos – elas surgem, no fundo, como uma formação sincrética, da ordem juntiva, de um *vestigium* com um *praenuntium*, capazes de se desenvolver em uma e outra deriva, tanto conjuntiva quanto disjuntivamente, isto é, quer como um resíduo cultural que sobreviveu das mensagens do passado (é o *vestigium*, o "resto", o "saber arcaico", às vezes até "saber arqueológico", retensivo, imiscuído no conteúdo atual do texto), quer como uma marca a reconhecer, uma "pista" dada por antecipação, das mensagens do futuro (é o *praenuntium*, o "presságio", o "saber neológico", futurível, às vezes até "saber profético", protensivo, embutido no mesmo conteúdo atual). Destarte, o discurso-fragmento é uma parte de uma totalidade cuja unidade falta. Falta e é irrecuperável. Uma, porque essa unidade repousa no conjunto restante de toda a cultura a que o fragmento-objeto pertence. Duas, porque, sendo necessário para a correta interpretação do que diz o fragmento-objeto, esse conjunto restante se embute no discurso-fragmento como o pressuposto lógico da existência da própria significação dele: se os discursos, mesmo sendo fragmentos culturais, têm algum sentido, é no interior da cultura à qual eles pertencem que esse sentido faz sentido.

Lidamos aqui, nesse tópico da "cultura pressuposta", existente no nível imanente ao nível de manifestação do discurso, com uma Falta que se ostenta por sua ausência mesma nele. E essa ostensão fará toda a diferença – no que ele diz, de um lado, e, quiçá, com maior força, ainda, por outro lado, no que ele não diz e cala – pelo silêncio, portanto, que torna suspeita a continuidade do fluxo de conteúdo manifestado que ele, silêncio, fratura e, segmentando-a, converte em descontinuidade. Desta sorte, o conteúdo a recuperar só pode ser repatriado e reinvestido no fragmento que ficou se o compreendermos nos termos

(ii) *de sua indefinitude*. É a indefinitude que qualifica a expressão "o que falta" no discurso, restringindo-a ao entendimento de que "isso que falta" está presente como pressuposto, nele mesmo, discurso-fragmento, bem como está presente, ainda, como pressuponente, em todos os demais discursos-fragmentos da mesma cultura com os quais o discurso-objeto ocorrencial interage socialmente, recompletando-se semanticamente. Para falar mais claro, "o que falta" no fragmento reside imanentemente em cada discurso fragmentário como uma "ausência manifesta" – feito um "zero semiótico" –,

PREFÁCIO

como (para voltar ao já-andado) um "silêncio eloquente" (com o perdão do paradoxo), silêncio esse sem o qual nenhuma enunciação, e por consequência, nenhum discurso existiria (porquanto a enunciação principia exatamente interrompendo um silêncio que há de retornar, no final do discurso, para fazer calar o fluxo do enunciar).

É o mesmo que dizer que *todo discurso está em eterno processo de*

pré-construção → atualização (desconstrução + inovação) → reconstrução autoparafrástica

Cada segmento do discurso rediz o suporte, isto é, a velha informação do contexto esquerdo, retrospectivo, no contexto direito, prospectivo, a fim de garantir, pela repetição do conteúdo, a consistência da mensagem, ou seja, englobadamente, sua coesão, sua coerência e sua isotopia. Com esse mecanismo retensivo, o fluir do discurso retorna sobre seus passos encetando um trajeto de volta em busca da conservação do velho saber do suporte, que principiou a se construir já em seu estado inicial. Ao retroagir, porém, o discurso engaja, ao mesmo tempo, um movimento contrário, finalística e prospectivamente orientado pelas metas da produção do aporte (a "nova informação" predicada por cada segmento enunciado) e da produção de um "novo saber constituído", objeto da mensagem.

É bem de ver que esse mesmo processo de construção,

construção → atualização → reconstrução

da mensagem caracteriza ambas as paráfrases, tanto a que se processa em função sínoma, no interior de um mesmo discurso [autoparáfrase (neol.)] quanto a que ocorre em função comparativa, entre dois ou mais discursos-fragmentos que se citam, intertextual e intradiscursivamente (intertextualidade articulada dentro do mesmo discurso), no procedimento que vou denominar, para manter a coerência formal da metalinguagem, de "heteroparáfrase" (quando o discurso x rediz, em seus próprios termos, o que outro(s) discurso(s), y, z…, da mesma cultura, diz(em) ou dirão, nos termos deles, com obtenção de efeitos-de--sentido equivalentes).

A mobilização desses jogos parafrásticos é o modo pelo qual se nos revela a

(iii) *movimentação* incessante, inerente à sua processualidade. O discurso só está parado ao modo do parecer – vale dizer, quando não existe em sua presença nenhum ser humano. Aí, porém, entregue a si mesmo, "deixado sozinho", o discurso não existe (ninguém toma conhecimento dele). Ou, por outra: o discurso começa a existir unicamente quando ele e o ser humano se deparam um com o outro no mesmo espaço de confrontação. Quando esse encontro se dá é inevitável a comunicação (o característico do encontro e do desencontro de dois actantes, no caso um sujeito observador e um objeto observado, é que não é possível não se comunicar. Articula-se então entre os dois uma "con-vivência" – ao pé da letra, um espaço comum de existência, dentro do qual eles se falam e se "significam" (= atribuem sentidos um ao outro) e se transformam mutuamente. Isso – a metamorfose, conversão somática de um ator no outro e a metanoia, a conversão sêmica do saber de um no saber do outro, constitui a interação, no interior do ato de comunicação. Não sendo este o lugar para examinar como essas coisas se passam no âmbito dos actantes, nos limitaremos a encaminhar o exame delas no domínio do discurso-fragmento, para assinalar, antes do mais, que a mo-

PREFÁCIO

vimentação inerente a ele se mostra na construção do saber, para o qual a memória e a imaginação desempenham papéis por vezes até intercambiáveis, ainda que a função da memória seja a de recuperar os parciais iguais entre os segmentos do passado e o do presente, dando ao fluxo do conteúdo um direcionamento retrospectivo, capaz de reter o já-dito, ao passo que a função da imaginação seja a de criar os parciais diferentes entre os segmentos do presente e do futuro, que imprimirá ao fluxo de rolagem do conteúdo um direcionamento prospectivo, apto para renovar o que se vai dizer.

A *indefinitude* de que falávamos, pois, em (ii) *supra*, deve ser compreendida, em decorrência da mobilização dessa movimentação de autoengendramento, como extrapolação dos limites demarcados pelo jogo entre as duas atividades que se recortam e se descontinuam na discursivização. Esta, afirmando e fixando os demarcadores aparenciais do princípio e do final do discurso, traz em seu bojo a negação dos mesmos demarcadores, ao modo do ser.

Com efeito, se ninguém se dá por plenamente satisfeito com a forma do discurso do outro nem com o sentido do texto alheio (e a prova é que o discurso e o texto literais do outro se prolongam e se re-formam na mente do leitor (que embreia o enunciatário) na forma de outro discurso e outro texto), isso ocorre em virtude de nenhum discurso e nenhum texto ser de autoria apenas daquele que o enuncia e daquele que o interpreta. Discurso e texto são, ao contrário, produto de uma *intersubjetividade* que subjaz à co-autoria subjetiva de ambos, ao "eu" *vs* "tu" do enunciador e do enunciatário, no nível do discurso, os quais se sincretizam no "nós" que os fundamenta pois que constitui o seu sentido e a sua forma, no nível superior do sistema da língua. É assim que o "processo do entendimento na comunicação ocorre no fun-

25

damento de uma relação intersubjetiva", no âmbito da qual a filosofia da consciência individual se mostra esgotada. É esse fenômeno que recomenda que "os sintomas [desse] esgotamento devem ser disssolvidos na transição ao paradigma do entendimento mútuo" (Habermas, *O Discurso Filosófico da Modernidade*) – em outras palavras, na transição ao paradigma da intersubjetividade.

Visto desse ângulo, nenhum discurso contém em si mesmo o seu início e o seu final, nenhum discurso contém em si mesmo o seu primeiro e o seu último enunciado. Eles estão presentes no discurso-ocorrencial objeto, como Falta manifesta, "presença de uma ausência" (= zero semiótico) e estão presentes, ainda, o primeiro enunciado noutro fragmento proveniente de uma fala do passado, e o último enunciado noutro fragmento futurível, a ser escrito no devir. Desta sorte, todo discurso principia no passado e termina no futuro: pois cada um deles é um fragmento de um outro e, nessa condição, continua outro discurso, anterior, e será continuado por outro, ainda, posterior. De um modo mais drástico: *todo discurso constitui um fragmento de outro discurso*.

Neste ponto, passamos a lidar, agora,

(iv) com a perpétua *transformação do discurso enunciado*, o qual se urde com atos sucessivos de construção + atualização (desconstrução + reconstrução) + preconstrução do reconstruído etc.

Daí a necessidade da interpretação do discurso para reduzi--lo a um texto, e daí, também, a probabilidade da reinterpretação da interpretação já efetuada que transforma um texto em outro texto.

PREFÁCIO

O discurso enunciado se compõe, portanto, do que ele diz e de subentendidos, isto é, do que ele não diz mas o leitor que o interpreta pensa que diz, ao interpretá-lo.

A interpretação é uma arte de dar sentido a cacos. Ao relembrá-lo aqui, penso no signo: tal como o signo, que só pode ser interpretado por meio de outro signo, o fragmento interpreta o que falta (o sentido) por meio de outro metafragmento – com o que não fazemos mais do que exprimir a nossa própria condição humana, de seres dotados de uma incompletude de raiz.

II

Incapaz de atingir a plenitude no que quer que seja, aceito o caco, o fragmento, assumo e bendigo a imperfeição e a incompletude, ciente de que são elas que me tornam perfectível – Deus sabe que tenho ainda muito que marinhar escada de Jacó arriba numa ascensão a perder de vista. Assim, privilegiando o fragmento, o caco, invisto na Falta. Ela é só um dos preços a pagar, não para me aproximar da perfeição – sou ingênuo, mas não a esse ponto – mas para me alimpar um pouco, o suficiente para me permitir continuar a andar. Menos rústico hoje, talvez, do que quando comecei, sei que nunca encontramos nenhuma solução definitiva para nada. Nessa linha de raciocínio, também, nenhum discurso foi jamais concluído – em tudo o que empreendemos, amigos, nós, humanos, o que fazemos? Fragmentos e cacos, cacos e fragmentos: todo discurso subjetivo, individual, só adquire sentido por ser parte constituinte da totalidade dos sentidos intersubjetivos constituídos que circulam no interior de nosso grupo, os quais arquivamos em nossa competência social como língua, axiologia e doxa.

PRENÚNCIOS E VESTÍGIOS

Alguns dos meus, e alguns de gente melhor do que eu, estão recolhidos aqui.

Por essas e outras razões, advirto, pois, desde já, que o leitor terá algumas dificuldades para a leitura deles. Repassando de graça um prudente conselho que alguém, cuja graça já não me acode, me deu em priscas eras, recomendo que o precavido leitor se muna de uma ruma de marcadores de páginas, uma lente de aumento, meia grosa de lápis de cores, uma dúzia de borrachas, algumas canetas e duas garrafas de vinho. Os marcadores de páginas são para assinalar as passagens burras e questionáveis do texto; a lente é para ler as *Notas* que escrevi em caracteres quase invisíveis sem por isso conseguir evitar que algumas delas me saíssem tão arrevesadas que me vi forçado a redigir *Subnotas* mais miudinhas ainda, que as explicassem. Os lápis de cores são para o leitor assinalar, em cores diferentes, os inúmeros desvios doutrinários, os preconceitos arcaicos, as asneiras atávicas na família, os percursos equivocados do meu pensamento, cujo caminhar frequentemente cambaleia como quando saio da venda, algo soturno. As borrachas são para apagar os erros, os dislates, as agramaticalidades do meu caçanje acabrunhante; as canetas para riscar os barbarismos e as barbaridades das minhas garatujas e verter a crassidão das minhas frases turcas em prosa de devoto, no estilo límpido e ático do leitor. Finalmente, as garrafas de vinho são para o caso de tudo isso falhar, quando então, com um chumbinho na asa, o compassivo amigo há de quedar perfeitamente manso e permitir que tudo seja pelo amor de Deus Senhor Nosso – o qual, sabendo mais do que nós, averigúa menos, e, ao fim, de puro bom, há de aproveitar-se de um vacilo de São Pedro para nos arrebatar paraíso adentro a todos, amigos e inimigos (que todos, enfim, somos filhos dEle), como desejo do fundo do meu coração e é o que vem ao caso.

Bem haja.

PREFÁCIO

P.S. – Faltou dizer aos críticos de profissão (que no geral têm muita vontade de morder, mesmo quando não têm dentes) que, sendo feito de cacos, este não é um livro de crítica literária, é, só, um punhadinho de papéis onde recolhi papos furados, descosidos e sem compromisso, sobre literatura e literatos. Lembrem-se do bom aviso de um de nossos colegas mais malcriados, segundo o qual "um livro é um espelho: se um burro mirar-se nele, não espere ver a imagem de um anjo" (Lichtenberg). Oxalá os críticos mais famélicos escutem esse são conselho e, ponderando quanta razão teve o bom colega em adverti-los acerca desse espelho, aprendam com ele a moderar seu apetite e a cuidar para não se ver por sua própria ganância aludidos nele.

Vale

Caquinhos

O espelho e o labirinto

Boa parte da ficção de Borges, como todos sabem, é montada sobre paradoxos cujas contradições ele explora empregando a lógica de desenvolvimento de um dilema – literalmente: dois temas que em seu ponto extremo se anulam. Duas dessas fixações mitomaníacas dele me divertem e confundem na sua condição de paradoxos espaciais: o "espelho", que é a figura do lugar que não se vê quando se olha para ele; e o "labirinto", imagem do lugar em que o infeliz quanto mais portas abre para sair, mais profundamente entra.

Esses exemplos nos ensinam que assim como o espelho não é um cristal refletor, é, antes, uma porta aberta numa moldura para "o outro lado" – a outra vida, a morte, o inferno, o paraíso, *vide* Alice entrando espelho adentro –, o labirinto não é uma casa, é um cárcere sem fim, que prende para sempre em seu interior aquele que ele finge libertar.

EDWARD LOPES

Tipos de escritores

Há escritores como Emílio de Menezes, João do Rio, Guimarães Passos, Pardal Mallet, Paula Nei, Lopes Trovão, que nunca realizaram uma grande obra. Desovaram, com o surto das primeiras espinhas, um livro de versos pernibambos, uma crônica tipo autoajuda, ou entrouxaram um par de causos com asseio gramatical e competência anedótica suficiente para abiscoitar o Prêmio do ano, láurea boa para forçar, mercê da gazua política de algum mandatário da Sereníssima República, a abertura das portas da Academia. Por isso, Francisco de Assis Barbosa falava, num prefácio que redigiu para o *Isaías Caminha*, de Lima Barreto, que o nosso 1900 literário criou um singular espécime intelectual: o escritor boêmio, contador de anedotas.

E lembrava, a propósito, que a Academia de Letras e a Confeitaria Colombo se guiavam por igual figurino – que, aliás, copiava em tudo o francês da época (a primeira manteve até o mesmo critério de eleger os graúdos, a gente grada de qualquer condição, ao conduzir para o seu interior generais, almirantes, médicos e políticos, e largar os escritores fora, tomando chuva).

"[…] a Confeitaria e a Academia como que simbolizam o panorama do nosso 1900 literário. De um lado, a consagração da anedota […]" (e, Assis Barbosa deixou-o no tinteiro, mas poderia ter acrescentado), de outro, a anedota da consagração levada a efeito pelos corrilhos da boêmia galante do Rio finissecular (o de Paula Nei, Guimarães Passos, Lopes Trovão, José do Patrocínio etc.) que, no *dolce far niente* da Colombo, incensava em público e tesourava em particular as produções dos amigos.

Vários, cujos nomes todos conhecemos, porfiaram em escrever obras de ficção que parecem feitas de propósito para deixar patente sua incompetência para a narrativa. Nelas demonstram que não sabem criar situações romanescas, desconhecem o modo de conferir dramaticidade a um enredo, ignoram as táticas para armar cenas, não têm talento para as crises das tragédias nem verve para construir situações cômicas. Os fios de suas tramas erram de um lugar vazio para outro, a se enroscar pelos caminhos com a impossível coerência dos bebuns – a rigor, não são ficcionistas, são causistas, beletristas, frasistas.

Debalde se tentará pinçar em suas narrativas uma passagem que entremostre uma filosofia de vida, sugira uma visão de mundo, faça a revelação da tragicômica condição do ser humano. Nada aprenderam, por exemplo, com a pungente finura irônica da última observação das *Memórias Póstumas de Brás Cubas* ("não tive filhos, não transmiti a nenhuma criatura o legado da nossa miséria"), que nos dá a conhecer, de chofre, em meia dúzia de palavras, o total antivalor da vida, segundo a metafísica da alma dilacerada do narrador, Brás Cubas (do narrador, digo, que é feito pelo próprio discurso das *Memórias*, mas não é, nunca, o próprio Machado como tanto crítico asseverou – esses "psicanalistas de personagens de ficção" nem perceberam que atores fictícios, criados por palavras, não podem ser "psicanalisados" pela boa e simples razão de que não têm "psiquismo").

Mas, voltando à vaca fria: qualquer varredura psicologizante empreendida nas páginas das *Memórias Póstumas* com o fito de nelas rastrear complexos freudianos naquela *sententia* lapidar de Brás Cubas, necessária para compreender, enfim (sempre do ponto de vista da ideologia de Brás Cubas), o que é o homem, do qual ele próprio é um simulacro, o que somos, o que valemos e o que significa a nossa travessia por esse vale de sombras, está de antemão condenada ao fracasso.

E quanto às produções dos frasistas? Haverá, por acaso, na obra deles, um episódio revelador de alguma visão de mundo, de alguma axiologia, por mais precária que seja? Não há. Uma passagem iluminadora do estado-de-alma do protagonista, do narrador, ou (o que, tratando-se de arte, vem sempre mais ao caso) do leitor? Coisa nenhuma. Nada disso existe ali.

Mas, serei justo, dou-lhes o benefício da dúvida: talvez nem os mesmos frasistas quisessem fazer algo parecido a isso. Sua maior ambição quiçá consistisse em fabricar com a sua literatura "sorriso da sociedade" uma obra de entretenimento. Esse traço os aparenta com um terceiro tipo de escrevinhador, que, em princípio, nada tem em comum com os da linha de Machado: o escritor da literatura de massa.

Nada contra entreter, naturalmente. Entreter também faz parte da vida. Digo mais: de vez em quando, é bom, e até, mesmo, necessário. Só que *entreter, entreter sempre,* implica *distrair,* na pior de suas conotações, a de *dis-trahere* ("tirar da trilha", "desencaminhar", que é "expulsar da realidade" – hoje diríamos "alienar"). *Nihil novum:* é o que sempre fizeram e fazem as obras de entretenimento, da literatura de massa: desviar a atenção do leitor, expulsando-o para fora do ramerrão dos dias repetidos, da mesmice das rotinas, das pulhices costumeiras, do mundinho amargo de si-mesmo, da pior das mortes, enfim, de que um pobre de espírito pode morrer: do tédio sem fim; e o remédio – todos sabem – é alienar o infeliz.

E aqui se poderia perguntar: *cui bono?* A quem aproveita isso? Bem, *a los mandones del turno:* o escritor alienado não fede nem cheira, tampouco chia – se sua literatura assegura que vai tudo às maravilhas na nave dos insensatos, por que iria ele protestar e sugerir que algo mudasse?

PRENÚNCIOS E VESTÍGIOS

Shakespeare, o amor, a paixão e o ciúme

I love and hate her.
(Shakespeare, *Cymb.*, III, 5.)

Shakespeare fala pouco do amor – a matéria-prima de suas peças não procede só dos afetos doces do amor, e mesmo nas ocasiões em que o faz, ele costuma instrumentalizá-los para que exprimam, por contraste, os afetos selvagens da paixão.

A paixão shakespeariana faz-me lembrar, às vezes, de Kant, que contrapõe à "razão teórica" do conhecer o abismo intransponível da "razão prática" do querer. É o que testemunha, por exemplo, o drama que o rei Lear enfrenta ao descobrir a força irresistível daquela obsessão de poder que atormenta sua progênie: a *voluntas* do poder é ali tão irrefreável, tão apaixonada, que se subtrai a qualquer possibilidade de conhecimento e de compreensão. É mais que uma força patêmica, raia pela mítica.

Mas quero falar sobre outra paixão, a amorosa, tão ou mais destruidora, ainda, do que a paixão pelo poder porque não pretende apropriar-se, como esta, das coisas, do mando e das glórias do mundo – "cousas todas vãs, todas mudáveis" (Sá de Miranda) –, senão que almeja só apropriar-se de outro ente humano, o amado.

Nem é preciso dizer que o amor pode ser, e às vezes é, um brando sentimento, ao passo que a paixão constitui sempre uma doença, porquanto é a nevropatia do ciumento que sincretiza num mesmo complexo, amor e ódio, e amiúde leva o doente a tomar um pelo outro. Em pérpetuo conflito interior, o apaixonado vira presa desse morbo que o divide em dois actantes patéticos, um que ama e outro que odeia, conflituando-se em confrontação dentro do mesmo ator, ao mesmo tempo. Como viu Catulo, por exemplo, a quem Lésbia ensinou a entender disso como só os cornudos entendem,

35

Odi et amo. Quare id faciam, fortasse requieris.
Nescio, sed fieri sentio et excrucior.

[Odeio e amo. Se me perguntares como isso é possível.
Direi que não sei, mas é o que sinto e por isso me dilacero.]

Isso não é amor – é paixão dobrada de ciúme.

Quero analisá-la, agora, como Shakespeare lida com ela no caso entre todos paradigmático de Otelo.

Otelo quer a Desdêmona, mas não a ama. Quer a Desdêmona posto que a mata assim que supõe ter provas de que ela ama a Cássio. Com esse gesto extremo, Otelo prova que quer sua mulher, mas demonstra, também, que nesse momento a odeia e só a si mesmo ama. Ao matá-la, ele deixa claro que se preocupa só consigo mesmo, não com ela. E isso – como São Paulo viu – passa longe do verdadeiro amor, que cuida mais do desejo do objeto, do ser amado, do que do desejo do sujeito amante. No fundo, Otelo ama só a Otelo. Se ele amassse deveras a Desdêmona, o desejo dela não só prevaleceria sobre o seu, como seria embreado, assumido por ele como o seu próprio desejo. Ele a deixaria partir, muito simplesmente, por mais que isso lhe pesasse. Contudo, Otelo ama a Otelo mais do que a Desdêmona e por isso a trucida. Como não perceber o que entra de narcisismo aqui? Narciso é aquele que constrói de si-mesmo ao amar a sua autoimagem enganosa, refletida no espelho das águas, mas é também aquele que, depois de autoconstruir--se aparencialmente, se autodestrói enquanto *eu* ao se amar na imagem do *outro,* porque assim que essa imagem do outro (que é somente um parecer, destituído de ser) for destruída, o *eu,* que *também não passa de um reflexo espelhado do sujeito*, e por isso se confunde com a imagem do(a) outro(a), se destruirá também.

O ciúme é uma paixão narcisista. Para comprová-lo na realidade (não na ficção, que é outra coisa), veja-se o caso das mulheres que só se envolvem com homens casados. Como notou Rubens Volich (*apud* Carlos Fioravanti, *As Máscaras da História*, Pesquisa Fapesp, n. 117, p. 46), muitas vezes, nesses casos, a mulher não se envolve com o homem casado porque o ame, envolve-se porque ela quer ocupar o lugar que ele ocupa no desejo da outra, a mulher dele, sua rival – ela quer só apropriar-se do lugar dele. O que há de parecido com isso, na ficção de Shakespeare, é que, também nela, por vezes, o ciúme surge como na malha de *n* relações articuladas entre três sujeitos, na qual o eu do ciumento quer ocupar o lugar do outro, o suposto amado, no desejo da amante. É o caso de Otelo. Arma-se, então, entre o ciumento e a mulher que ele ama um vínculo amoroso e odioso, simultaneamente, dentro do qual, Otelo, de um lado, se vê como pensa que Desdêmona o vê – como um pobre-diabo, que perdeu, decerto por não o merecer, o amor que ela um dia lhe dedicou –; e, de outro lado, vê seu suposto rival, Cássio, não só como o miserável que ele é, o indigno usurpador do lugar que ele tinha no coração de sua amada, mas o vê, também, apesar de odiá-lo e odiar--se por isso, ao mesmo tempo, como pensa que ele é visto por Desdêmona – como o afortunado amante dela. E então, o ódio de Otelo se torna insuportável, porque se estende a tudo, universalmente:

– ele odeia a Cássio, que, na qualidade de ser amado por Desdêmona, o força a invejá-lo;

– ele odeia a si mesmo, por invejar essa escória ignóbil, a quem despreza;

– ele odeia a própria Desdêmona (a quem continua amando) por tê-lo traído, ao escolher esse vil para seu amante;

– ele odeia, enfim, o próprio amor que o alucina, mais forte do que ele, que o submergiu no sétimo círculo dos tormentos infernais e cujos laços ele não acha meios de romper.

Paixão e neurose se identificam no ciúme para criar uma espécie de religião pessoal, com um deus particular – a pessoa amada. Todos sabem que *paciente*, "aquele que suporta com calma um sofrimento", é o particípio presente de *passio, passionis*, "paixão", "sofrimento". Não será isso mesmo que sucede com Otelo, dividido em dois agonistas (= atores, personagens, do gr. *agon*, "luta"), dotado da caracteriologia esquizoide de um sujeito do amor (paciente) e um sujeito do ódio (arrebatado), que se confrontam dentro dele até que o conflito se resolva no mais das vezes pelo predomínio deste último?

Algo bem diferente se observa, ainda que na mais ligeira inspeção, nos dramas tecidos em *Romeu e Julieta* e em *Otelo*. Não é meu propósito tratar extensamente deles aqui, mas é impossível deixar de notar, ainda que rapidamente, que Shakespeare urdiu duas modalidades bem distintas de paixões para caracterizar os sentimentos do jovem e do velho enamorados, as enfermidades do primeiro e a do último amor; mas, hoje, aqui, é só da última que quero falar.

Para o poeta inglês, as paixões dos velhos, quaisquer que possam ser eventualmente suas diferenças individuais, compartilham três motivos como seu denominador comum:

(i) o motivo do "amor odioso" (às vezes manifestado na sua forma antitética, no motivo do "ódio amoroso";

(ii) o motivo do "engano" (traições, falsas denúncias, suspeitas infundadas, erro de pessoa (voluntário ou involuntário), ardis de rivais, amigos ou inimigos etc.); e – o traço mais certo –

(iii) o motivo da "sanção injusta" (que no final premia e castiga a quem não deve, "o mal recompensado e o bem punido", absurdo ético que causa horror ao nosso sentimento de justiça e funciona, por isso, como um ingrediente básico da tragédia" (na comédia, ao contrário, nos satisfaz que, pouco importa o que tenha acontecido nas situações mediais, a história termine num *happy end* que faz justiça a todos, protagonistas e antagonistas, quando, após o desfecho, o drama conclui com a sanção justa: "o mal punido e o bem recompensado").

Esses traços compõem a sua parcialidade igual.

Mas, é nos semas que constroem a paixão do moço e do ancião como parcialmente diferentes que se encontra o núcleo da dramaticidade lírica do nosso dramaturgo – e aqui retorna o tópico das comparações inevitáveis entre as paixões de *Romeu e Julieta* e *Otelo*. Os temas dos apaixonados no teatro de Shakespeare se montam sobre lugares-comuns desse sentimento: de um lado, há

(iv) a paixão cega do jovem, que contra nada se previne porque nada teme. Que, em consequência, tudo ousa, que se lixa para a honra, relega às urtigas os preconceitos sociais, e que – posto que os moços costumam ser absolutamente confiantes no triunfo de suas próprias forças –, por causa desse mesmo excesso de confiança em si mesmo, abre o flanco aos ataques dos inimigos que acabarão por condená-lo à derrota e à perdição. Essa é a paixão dos adolescentes, de Romeu e Julieta, se quiserem – a do primeiro amor e da primeira traição (do amante, da *moira*, da Roda da Fortuna, tanto monta, são todas traições da vida).

Do outro lado está

(v) a paixão pânica dos velhos, mil vezes mais dolorida, porque não a suavizam os truques mal ou bem intencionados, sempre ilusórios, em qualquer caso, da esperança, que, ao fim e ao cabo, desembocando no ciúme, terminam irremediavelmente por dobrar os padecimentos de sua vítima (entendeu-o bem o nosso Vicente de Carvalho, quando escreveu que

Só a leve esperança, nesta vida,
disfarça a pena de viver – mais nada;
Nem é mais a existência, resumida,
que uma doce esperança malograda.)

A paixão dos anciãos faz parte das "derrubadas" da velhice – não bastassem as coisas que fomos perdendo e deixando cair pelo caminho, na velhice o pouco que ficou conosco cai – é isso que quer dizer caduquice, "queda" do corpo inteiro, cabeça, tronco e membros, antes do derradeiro tombo. A última idade nunca teve nada da "melhor idade" de que falam os cretinos, com tão boa audiência que, pasme-se!, até alguns múmios que estão a receber a extrema unção acreditam que estão vivendo seus melhores dias. Mas creio que a maioria dos antigos ainda sabe que, dublê de uma estação de doença física e mental, a senectude é tanto mais miserável quanto não comporta nenhum consolo de alma, nenhum retorno da sanidade mental, nenhuma esperança de cura do corpo. Traídos mil vezes em sua vida, os que mais viveram sabem (com aquela certeza branca, fria e certa que só a própria experiência dá) que quando um macróbio e uma menina se relacionam amorosamente, em noventa por cento dos casos é sina do mais velho amar e ser traído, enquanto a mais nova se limita a se deixar amar e a trair. Isso não é matéria de ética nem de religião, não é inteligente nem burro, não é moral nem imoral, nada, é apenas questão animal, biológica; os velhinhos sabem disso.

Por que, então, com essa esperteza safada que os pálidos anos trazem aos que já foram jovens, e por tê-lo sido sabem o que podem esperar deles, pouco ou quase nada, os macróbios se deixam enredar nas malhas malignas das mulheres, e caem, feito uns trouxas, nas armadilhas que as moçoilas pelas quais se apaixonam lhes preparam? Por que insistem em ser bigodeados, se sabem que o são e, se ainda não o são, andando os dias, serão? Como se explica a estupidez da aceitação?

PRENÚNCIOS E VESTÍGIOS

Dá-se que não é estupidez, é fragilidade – afinal, os *morituri* sabem que vão morrer. Simples assim. Um dia que não tarda a Magra há de ser a última fêmea que virá enroscar-se lasciva no travesseiro ao lado, sobre o seu leito – mas, ao invés de o aquecer, como faziam fêmeas outrora, o congelará. Então, o que queriam vocês que os velhotes fizessem com o conhecimento que têm da precariedade de todas as sobrevivências? A precariedade da sobrevivência, com a proximidade da treva iminente, torna a bruxuleante lâmpada da vida muitíssimo mais preciosa. Os que muito viveram, chega um momento, já a nada mais aspiram – sabem que tudo murcha, nada fica, o amor já não existe, talvez nunca tivesse existido de fato; tudo cai, e o que não cai, se vai – a fidelidade é um sonho de uma noite de verão; e a honra, ora, a honra só serve para nos fazer brigar. Agora, o orgasmo... ah, o orgasmo é tudo! Um último orgasmo, é tudo o que pedem (até Santo Agostinho, que foi santo de auréola polida, das mais brilhantes, pediu: "Senhor, fazei-me casto; mas não já").

Para remate de males, quem sabe por conta da envergonhada decrepitude que se fantasia de prudência, os que mais viveram, por ciúme, desconfiam dos outros, fazendo de conta que ignoram que eles próprios são os outros dos outros; e isso está bem. Confiam, porém, mais em si mesmos – vão lá lhes perguntar: "confio no meu taco", dizem com um sorriso alvar (oh, incultos muares de aração! oh, flor e nata dos abestalhados! como confiais justo naquilo que já não tendes mais, esse esmorecido, risível taquinho que já não taca nem ataca?). Isso está mal.

Juntem essas duas esquisitices da paixão amorosa e do ciúme e verão que elas os condenam à perdição. Como não seria assim, se não há nada mais autodestruidor do que a paixão de um ancião? E é tão certo quanto haver Deus: quanto mais sábio for o veterano, mais jumentices cometerá. Porventura Xantipa não avacalhou e não reduziu a pó de traque Sócrates, o sábio por antonomásia, o vivente mais sábio da Antiguidade? Ou acaso, uma rameirinha de terceira, Lésbia, não fez gato-sapato daquele Catulo, experimentado em todas as versidades femeeiras? E, antes, Menelau, por amor a Helena, não derrubou o mundo e não permitiu que os gregos torrassem a infame Troia? E Salomão, então, irmão, não foi Salomão, o mais iluminado soberano de seus dias, quem se rebaixou a solípede e andou trotando alegremente pelo palácio, dando a garupa para a gata pela qual caiu de quatro? E Davi, o suavíssimo cantor dos Salmos, não se converteu, então, em bobo babão e homicida, por amor só dos poderosos seios da mulher de seu amigo Urias? (às vezes acordo à madrugada e me ponho a cismar à janela, a ouvir estrelas como Bilac, e acabo sacudindo meus punhos para elas, "que raiva, que raiva!" – brado, então – "Que diabo de par de seios de alugar janela haveriam de ser esses, que tão portentosos assim, nunca vi, Jesus, Maria e José?!").

Ah, Shakespeare sabia, muito bem – ele que amou, também, de amor maldito, um mancebo impossível – que, quando um cidadão cordato se apaixona por uma dessas coisinhas, o mais sólido pilar da sociedade não recua diante de nenhuma abominação, nenhum deboche. Mesmo sabendo que vão receber o fino rédito de um par de ornamentos frontais, um pé no rabo e as vaias unânimes dos bobos da aldeia, os trastes desses velhos cometem loucuras mais estapafúrdias do que as que celebrizam os jovens.

A paixão se faz assim, no velho, amor ao outro, ódio a si mesmo – ódio a si mesmo, por quê? Ora, por amar e não poder deixar de amar a odiada que, hora mais, hora menos, vai acabar por destruí-lo.

Essa paixão eivada de loucura é a pior das doenças que assombram os últimos dias dos múmios. É ela que os torna propensos a acreditar em qualquer infâmia que o primeiro alma-baixa lhes assopre, como a de que eles estão a ser traídos pelo ente amado com alguém mais novo – e o pior é que na maioria dos casos, isso não é infâmia, não: *così fan tutte*. E se eles sabem ou se apenas suspeitam, que mais dá, quando a suspeita é a forma pela qual o Espírito (que sopra em todo lugar) sabe, ainda que a razão, que se deixa engabelar, não?

Pero, qué se le va a hacer? Esse é o amor dos velhinhos, coitados, mísero amor que já nasce pragueado de ciúme – não seria amor de velho se não fosse ciumento. Amor embolorado, sem viço e sem esperança, afetos desiguais entre viventes desiguais. Como o próprio Shakespeare – dizem, se é verdade não sei – na vida real. Como Otelo, na dramaturgia dele. E se Julieta, uma criança, amou um inimigo que todos queriam que ela odiasse, Otelo primeiro amou e depois odiou aquela que o amava e que ele devia amar, a paixão suspeitosa do ciumento, é a do último amor, aquele que sempre trai. Psicopatias, que no teatro de Shakespeare, só se esgotam na paranoia da vingança e da morte – confiram com Otelo.

Assim como o querer é escravo do que ele quer, a paixão amorosa é escrava do que ela ama. Mais ainda, do que ela odeia. Esse é o paradoxo fatal da senectude: já que, ao contrário do jovem enamorado, ele não pode simplesmente odiar o ódio e amar o amor, o ancião ciumento aprende a amar o ódio e a odiar o amor.

Costumamos pensar que a vontade é livre, mas o certo é que o apaixonado perde a vontade própria, substituindo-a pela vontade do outro. Perante as traições da vida, seu livre-arbítrio colapsa: "eu não queria matá-lo (a), queria amá-lo (a)", disse e dirá sempre quem mata por ciúmes. O trágico, aqui, é que, embora ninguém o creia, isso sempre será verdade para o ciumento que, sendo um sujeito abjeto – que ama odiar –, o ódio constitui a razão de ser de sua vida; e ele sabe, por isso, que, se matar a sua razão de ser, se aniquilará também.

Shakespeare sabia que, em todos os atos novos do espírito, a prioridade pertence à paixão e à loucura – e dá a esses temas o tratamento mais apto a demonstrar que a paixão é o princípio vital da tragédia, mas não é nunca um sucedâneo para a felicidade.

Como alguém já disse, não há, de fato, sucedâneo para a felicidade. Nem poderia haver: não há felicidade.

A literatura e o efeito de choque

Diaghilev ensinara a Cocteau aquilo que o francês tomaria como a palavra-chave de sua carreira, "choque!" Truque besta, velho do tempo em que Michael Jackson ainda era preto. Claro que é preciso chocar. Os artistas todos nunca fizeram outra coisa, desde o paleolítico, grafitando na caverna. Veja-se o início do século xx: dos formalistas aos cubistas, de Maiakóvski a Picasso, de Stanislávski a Brecht, todos eles se valeram da *ostranienie,* o estranhamento, que conheceram seja estudando a Tolstói diretamente, seja tomando conhecimento da leitura polifônica que Bakhtin fez dele, seja, ainda, ouvindo a pregação de Brecht acerca de seu famoso "efeito v" (que talvez se possa dizer que está mais para o "efeito de estranhamento" do que para o "distanciamento", como tanto se afirmou). Cabe perguntar, mesmo que por mera especulação, se, com o seu tão gabado estilo telegráfico, Hemingway não foi, no fundo, o introdutor nas letras dos eua desse mesmo efeito de "estranhamento" que tantos tomaram, sei lá por quê, como um estilo jornalístico, quando não passsava de uma tática narrativa e de um procedimento estilístico.

PRENÚNCIOS E VESTÍGIOS

Equívocos críticos – i

André Maurois saiu de moda não só porque não foi nenhum gigante das letras, nem mesmo um "bom burguês" honrado pela estima dos esquerdistas de seu tempo, mas também porque foi judeu – pecado imperdoável na França de qualquer época, quanto mais naquela em que repercutiam ainda os efeitos mais daninhos do *affaire Dreyfus* –; e também porque foi rico demais para ser apreciado pelos artistas, os quais, ali, por aqueles entornos, quando valiam alguma coisa, morriam à míngua num porão, roídos pelas baratas. Mas Maurois teve agudeza suficiente para perceber que os críticos da moda por volta de 1900 ergueriam uma cética sobrancelha se porventura alguém lhes assegurasse que um rapazinho enfermiço, desconhecido pelo público, considerado por seus contemporâneos pouco mais que um *dandy* mimado, entediado ou débil demais até para se levantar da cama, estava naqueles anos a renovar a arte do romance europeu. Foi um erro de julgamento ululante, que perdurou até depois da publicação do primeiro volume de *À la Recherche du Temps Perdu*. Entre os que o cometeram – Maurois não o diz, digo-o eu –, um dos mais notáveis foi André Gide, que, consultado, barrou, sei lá por que, a publicação do *No Caminho de Swann* (mais tarde, Gide se retratou).

Seja como for, na ocasião em que emitiu seu primeiro julgamento, ele praticou uma injustiça clamorosa, equivalente à obtusidade com que Sainte-Beuve leu Balzac, Cézanne leu Zola (o entupimento aí foi recíproco: conhecendo-se desde os dias em que, rapazolas, frequentavam o mesmo colégio, cada um deles julgava que o outro, com algum severo ensino, poderia, tendo sorte, vir a ser uma criatura apta para puxar os varais de uma carroça). Também Verlaine não se corria de afrontar seus pares *symbolistes,* designando-os por *cymbalistes.*

45

Cá na terrinha, sobram despropósitos ainda mais aberrantes do que esses. Não dá para esquecer, por exemplo, o despautério de Sílvio Romero a propósito da obra de Machado de Assis. Machado, aliás, que puxa a curta fieira dos escritores universais que nasceram no Brasil, tem sido uma vítima constante de todos os medíocres, de Sílvio Romero para baixo. Carma encardido, o dos raros gênios que encarnaram entre nós.

Tão ou mais chocante do que as sandices que se publicaram acerca de nosso melhor contista, mas explicável, quiçá, à luz de uma comparação entre os estilos antípodas dos envolvidos, foi a injustiça que Graciliano Ramos praticou com Guimarães Rosa, ao se opor a que dessem o primeiro lugar num concurso literário a *Sagarana,* justamente a obra que encerrou a primeira fase da ficção neorrealista do Modernismo de 30, abrindo para a segunda, a fase do Modernismo Experimental. Naquele concurso, os votos contra foram dele e de Peregrino Jr.; o único favorável foi o de Marques Rebelo. A caturrice neoclássica de Graciliano, suponho, talvez fizesse dele o principal responsável pela decisão do júri que não concedeu ao autor daquela pequena obra-prima mais do que um prêmio de consolação, um "segundo lugar", espécie de "menção honrosa" (que é a menção mais desonrosa com que se pode afrontar um jovem escrevinhador cheio de ego).

Mas, justiça seja feita: embora não deixasse de acusar a verborragia de Guimarães Rosa, Graciliano Ramos logo se apressou em reconhecer seu erro, quando garantiu ao editor José Olympio que "se se cortassem alguns contos, publicar-se-ia um bom livro" (o tom da concessão do mestre, visível na recomendação ao aprendiz de "cortar alguns contos" denuncia o vezo, que em Graciliano raiava pela mania, de "podar" as "demasias" de quanto autor topasse que não tivesse aprendido a redigir tão seco e amargo como ele).

Qualquer moleque sambudo que não tenha saltado a janela do primeiro ano para o futebol no pasto sabe que Graciliano

PRENÚNCIOS E VESTÍGIOS

foi outro gigante nosso – está ali, ó, assim – ainda que não possa emparelhar no topo com Guimarães Rosa, Machado, João Cabral, Drummond. Mereceu essa posição, porém, escrevendo sua própria ficção, não criticando a dos outros. Exemplo é esse mesmo voto que ele deu contra a arte de Guimarães Rosa. Pinimba do autor de *Vidas Secas* – em *Sagarana*, não há um só conto que não seja uma obra-prima.

Quando sai, já devidamente castigada, a edição de Guimarães, Graciliano, que, não obstante fosse um pouco cabeçudo, sempre foi um justo, é um dos primeiros a elogiá-lo. Elogio, ainda, seu tanto ambíguo, que louva com sobriedade sem se esquecer de pregar o bendito despojamento, e torcendo o nariz para o que ele julgava ser, nas letras do mineiro, "certa dissipação naturalista", manifesta no tique de "alargar-se talvez um pouco nas descrições", o que resultava numa "arte terrivelmente difícil". Um acautelamento semelhante ao de Manuel Bandeira quando, instado por Mário de Andrade a dar seu parecer sobre *Macunaíma*, saiu-se com uma tirada solerte, afirmando que *Macunaíma* era uma obra de "um ruim esquisito" – e, *curándose en salud*, exortava Mário a não reparar no "ruim" para se fixar, mais, no "esquisito", que era o que fazia a diferença. (Agora, nunca entendi que diabo Bandeira quis dizer com isso: "esquisito", utilizado como nota de valor literário, para mim não pode querer dizer nunca que o livro é bom, mas, sim, que é "estranho" – mas alguém apreciaria uma bebida ou uma comida de "sabor ruim esquisito"? No domínio artístico, "estranho" soa muito mais como uma sanção negativa do que como uma positiva, é ou não é?). Mas, prossigo com o julgamento de Graciliano pós--publicação de *Sagarana*:

> Esse doloroso interesse de surpreender a realidade nos mais leves pormenores induz o autor a certa dissipação naturalista – movimentar, por exemplo, uma boiada com vinte adjetivos mais ou menos desconhecidos do leitor, alar-

gar-se talvez um pouco nas descrições. Se isto é defeito, confesso que o defeito me agrada [agrada, nada; como podia "agradar" se ele admitia a possibilidade de ser "defeito"?]. A arte de Rosa é terrivelmente difícil. (*Apud* Edna Maria F. S. Nascimento & Lenira Marques Covizzi, *João Guimarães Rosa. Homem Plural, Escritor Singular*, São Paulo, Atual Editora, 1988, p. 46.)

Ironias da vida: engano tão clamoroso quanto esse das restrições de Graciliano a Guimarães Rosa, cometeu Rosa contra o mestre maior de todos eles, aquele que mais próximo chegou da perfeição na arte de escrever narrativas curtas, aqui na terrinha. Eis o que diz o autor de *A Terceira Margem do Rio* acerca de Machado:

> Não pretendo ler mais Machado de Assis, a não ser seus afamados contos. Talvez também o começo [!] de *Dom Casmurro*, do qual já li crítica que me despertou a curiosidade. [...] Por vários motivos: acho-o antipático de estilo, cheio de atitudes para "embasbacar o indígena"; lança mão de artifícios baratos, querendo forçar a nota da originalidade; anda sempre no mesmo trote pernóstico, o que torna tediosa a leitura. Quanto às ideias, nada mais do que uma desoladora dissecação do egoísmo e, o que é pior, da mais desprezível forma do egoísmo: o egoísmo dos introvertidos inteligentes. (*Cadernos de Literatura Brasileira*, ed. especial, números 20 e 21, São Paulo, Instituto Moreira Salles, 2006, p. 85.)

Carão e tanto. E injusto. De uma injustiça que se torna ainda mais incompreensível quando nos damos conta de que as mesmíssimas reprovações que o autor de *Grande Sertão: Veredas* lança contra os relatos de Machado podem ser – algumas de fato foram – assacadas contra o próprio Guimarães Rosa – excetuada, talvez, apenas a crítica que ele faz às "ideias" (?!) de Machado, de uma infelicidade lamentável, porque 1. Machado não faz apenas *"uma desoladora dissecação do egoísmo"* (há dez outros temas, mais importantes, tratados com maior perícia, na obra dele; 2.

nenhuma ficção é feita com "ideias" (com "ideias" se fazem filosofias, doutrinas, artigos, ensaios, panfletos, projetos de pontes e até receitas de bolos, mas não literatura); 3. não dá mais para continuar confundindo, de modo simplório, as "ideias" dos atores de ficção, narradores e "personagens", com as próprias "ideias" dos escritores. Há muitíssimo mais a dizer, mas fico por aqui porque desejo comentar o tópico (3), acima.

As ideias dos atores de ficção e as ideias dos escritores

Para começar, escritores não são personagens de ficção, são seres de carne e osso, assim como atores, personagens de ficção, não são seres de carne e osso, mas seres feitos pelos enunciados que falam deles. Cada um deles pode desempenhar, e desempenha, às vezes, o papel do outro. Por exemplo, os autores dos discursos de ficção são narradores intradiscursivos, isto é, atores (entes de palavras) feitos pelos enunciados para desempenhar no discurso em que aparecem o papel de actantes (classes de atores) que fazem os enunciados. Nessa linha de raciocínio, as "ideias" que os narradores ou quaisquer outros personagens, atores criados por Machado de Assis, por exemplo, expressam, exteriorizam (imaginariamente) "ideias deles, atores", não "ideias" de Machado de Assis. É assim que o leitor os compreende e é assim que devem ser lidos: afinal, a ficção tem o direito e o poder de fundar a sua própria realidade – uma realidade imaginária, ou de "representação": ou o leitor embreia, quer dizer, assume e personaliza esse fingimento da "realidade real" encenado pela "realidade imaginária da representação", ou não lê ficção alguma ("ficção" deriva da mesma raiz de fingir, quer dizer "fazer de conta". Como Coleridge viu, a primeira atitude mental a ser assumida pelo leitor que se dispõe a ler uma obra de ficção consiste em efetuar uma *suspension of misbelief*, "suspensão da descrença"). De sorte que é bom repetir: as "ideias dos atores do discurso, dos personagens" de Machado, constituem, no mundo de faz-de-conta da ficção, ideias dos personagens, não ideias de Machado. Nessa qualidade, são conteúdos autônomos – é claro que as ideias do Machado cidadão, ator civil, podem coincidir ou não com as ideias que seus personagens exprimem, na dependência do que o autor da obra pretende fazer com ela. Em qualquer caso, no entanto, ali onde ela possa existir, essa coincidência é inteiramente fortuita; e, mais, é verdadeiramente negligenciável, uma porque o que Machado realmente pensava acerca de determinado assunto é e continuará a ser para nós inteiramente incognoscível, dado que esteve encerrado, enquanto ele viveu, no âmbito indevassável de sua mente (e nem vale o argumento de que ele poderia tê-lo declarado de algum modo quando vivo, porque não há como sabermos se ele falava a sério, ou ironicamente, se dizia a verdade do que pensava ou se mentia etc.). A segunda das razões da não pertinência das ideias do autor para compreender as ideias dos seus atores de ficção, mesmo dando de barato que pudéssemos conhecer sem equívoco algum suas ideias acerca dos temas sobre que se pronunciam seus personagens, é que as ideias do autor em nada alterariam o sentido dos pensamentos dos entes de ficção, haja vista que, enquanto parte constituinte do discurso de ficção, mensagem organizada a partir de um código, o sentido das falas desses atores só se desvenda a partir da interpretação que o código em causa e toda a rede das relações intradiscursivas venha a fornecer para o que os mesmos personagens fazem, pensam ou dizem, mas nada tem a ver com a interpretação que seu criador pretendeu lhes dar. Não tenho a menor dúvida, por exemplo, de que pouquíssimas interpretações minhas das obras que Machado escreveu coincidiriam com as interpretações que ele fazia delas. E daí? O *discurso* (objeto a interpretar) é da autoria dele – melhor: do narrador, que é o autor-delegado de seu saber na redação daquele discurso – mas o *texto* (o metadiscurso interpretante do discurso--objeto) é da autoria do leitor. A diferença é tão importante que ela causa a inversão dos conceitos de "ficção" quando considerada dos pontos de vista contrários do autor e do leitor da obra. Para o autor do *discurso*, sua obra finge – ele faz "ficção"; para o leitor, porém, que é o autor do *texto* resultante da sua interpretação do discurso, a obra *diz a verdade* – é aí que se compreende o alcance da "suspensão da descrença" de que falava Coleridge, como condição de funcionamento da ficção para o leitor.

E, dado que a obra tem por destinatário o leitor, é com a interpretação dele que ela adquire um sentido, convertendo-se em um *texto* e assim se completa.

Enfim, só com muita ingenuidade se pode supor ainda que as "ideias" de Machado, sujeito civil, cidadão de carne e osso, se deixem apreender diretamente nas "ideias", frequentemente tolas (as de Nogueira, por exemplo, da *Missa do Galo*), frívolas e vãs (Teoria do Medalhão), estúpidas (as dúvidas do marido de Capitu acerca da honestidade dela) estapafúrdias e sempre contraditórias (lembrem-se do inefável Simão Bacamarte, de *O Alienista*) etc. etc., de seus personagens. Então, quais são, na mixórdia dessa Feira de Besteiras, as "ideias" de Machado? E, se quisermos ser cruéis o bastante para aplicar o critério de Guimarães Rosa à sua própria obra, *quais seriam as "ideias" de seus personagens que exprimiriam* (direto, sem nenhuma mediação da função de "representação") *as "ideias" do mesmo Rosa?* as de Riobaldo? de Diadorim? de Miguelim? de Soroco? de Pedro Orósio? de Matraga? de Joãozinho Bem-Bem? De Cassiano, de "O Duelo"?

Felizmente, ser mau crítico literário não impediu a grandeza artística de João Guimarães Rosa – para ser o gênio que foi, bastou-lhe ser um de nossos maiores narradores.

EDWARD LOPES

Equívocos críticos – II

Por falar em Guimarães Rosa, lembrei que, quando ele lançou *Grande Sertão: Veredas,* no sábado seguinte, no mesmo número do "Suplemento Literário" de *O Estado de S. Paulo,* foram publicados os artigos de dois dos nossos críticos: um celebrando a genialidade do escritor mineiro, subindo-o ao ápice do Parnaso, outro exorcizando-o como a demonstração cabal de que o mineiro não passava de um capiau burro metido a sebo, recheado de literatices.

Experiência dolorosa: peguem qualquer coletânea de livros premiados e verão que nada é mais acabrunhante do que percorrer o rol daqueles escribas que, famosos há vinte anos, venceram os concursos, ganharam todos os prêmios do ano e foram guindados aos cornos da lua pelas curriolas de seu tempo: hoje ninguém mais sabe que apito tocaram esses chimangos, nem por que cargas d'água os sarrabulhos que produziram foram saboreados como ambrosias do Olimpo.

O ornejo crítico, nem é preciso dizer, nunca foi privilégio só de nossos conterrâneos. Quem quiser ter uma ideia do estado de absoluta indigência da crítica mundial de sempre folheie a lista dos ganhadores do Nobel, que o mundo que não lê supõe constituir o grupo dos maiores escritores que o planeta gerou desde a Criação: para cada par de laureados que, mesmo depois de falecidos, continuam merecidamente vivos, há uma dúzia de escreventes borocochôs, que estavam enterrados já em vida, antes mesmo de espalhar os ossos debaixo do campo santo.

Equívocos desse jaez são, sem dúvida, até certo ponto inevitáveis; mas são também tão vexatórios que deveriam bastar para botar mais sal na moleira e mais modéstia no ego dos críticos, se não para levá-los a contar até dez antes de emitir sentenças rotundas na ilusão de fixar juízos de valor definitivos. Moramos

PRENÚNCIOS E VESTÍGIOS

num mundo onde nada é definitivo, nada tem uma solução perfeita, nada está resolvido de uma vez para sempre – nem as *sententiae* que nos envergonharão no futuro, nem o valor das obras sobre as quais elas se pronunciam. Todo valor, por ser relativo, está em perpétua transformação. Por isso, talvez não seja demasiado impertinente a pergunta que me fez outro dia um colega, na universidade: "depois que inventaram a internet, quem precisa de críticos literários?" (Na hora me pareceu indagação equivalente, no campo das letras, àquela outra que fazia uma garota ao namorado que a rejeitava, inquirindo, "quem precisa dos bofes, depois que inventaram o vibrador?")

EQUÍVOCOS CRÍTICOS – III

A propósito, ainda, dos equívocos de que acabo de falar, leio no *Estado de S. Paulo* de 14.9.2008, a entrevista de um conhecido acadêmico, que confessa acreditar que "Lima Barreto é melhor romancista que Machado [de Assis], que era melhor escritor".

Estou mais do que nunca propenso a crer que o colega que cito no último caquinho – "depois que inventaram a internet" etc. – tem razão.

ROMANCES DE APRENDIZAGEM

Será verdade ou é só uma impressão minha que, depois da rendição de parte da *intelligentsia* carijó à vaga da boçalidade das obras que aí estão vendendo nas artes de massa, uma quantidade cada vez mais avassaladora de homens de letras resolveu programar sua existência na conformidade dos velhos romances de aprendizagem, de um século atrás? Falo de quando estava em moda programar a vida do protagonista em quatro fases: (i) na fase do seminário, o rapazito se perguntava como deveria fazer para ser bom; (ii) na fase pós-seminário, como deveria fazer para ser feliz; (iii) na fase seguinte, o candidato a herói reconhecia, espantado, que os planos que fizera naquelas duas épocas tinham dado em água de barrela pois se destruíam mutuamente; e então, (iv) na última fase do processo, já de fato amadurecido, ele só se perguntava como devia fazer para encher a burra até as tampas e fraudar o imposto de renda.

Mas isso tudo já era pão sovado e amanhecido desde o outro carnaval – e pode ser testemunhado pela boa e velha Celestina, a *tercera* espanhola cujo lema de vida era o mesmo *slogan* que continua ainda a locupletar os políticos de todas as pátrias, hoje em dia, "a tuerto o a derecho, nuestra casa hasta el techo" (ou o *motto* de outro pícaro, a proclamar: *vivir como conde ó morir ahorcado, qué carajo!*).

São Paulo, Lutero e Nietzsche

Me intriga o destino irônico de Lutero. Lutero é um monge que nega ser monge para se tornar mais monge – um monge melhor, que prega o retorno à mítica pureza ideológica das origens. Lutero nega o monge que é, nos termos da Igreja que o criou, com o intuito de se converter em outro, nos seus termos. E como não tem a necessária *auctoritas* para fazê-lo, enfrenta, com esse procedimento, o desafio de acabar por se impor à desidentidade de todas as falsidades ideológicas. Ao desafiar o papado e impugnar a tradição, ele renega o que havia sido até então, em nome de um projeto de ser que, no princípio, nem ele mesmo sabe em que consiste.

Nisto ele repetiu parte do destino de São Paulo. O apóstolo dos gentios também combateu, não um, como ele mesmo disse, mas dois bons combates: o primeiro (ele era, ainda, Saulo, um Doutor da Lei), quando, na defesa da Lei de Moisés e Abraão, perseguira os adeptos da nova heresia dos seguidores do Crucificado, que se levantava e avultava em Israel; e o segundo, quando, apostasiando da velha fé, e recém-ganho para as hostes da nova, já redenominado Paulo, liderou a corrente que se opôs a Simão Pedro, o qual, interpretando *more judeorum* o mandamento evangelizador de Cristo, pretendia reservar o dom da salvação para os judeus – o povo eleito –, com exclusão de todos os outros povos, os *gentios* (= os não judeus, isto é, todo mundo), que Paulo, ao contrário do pescador, queria resgatar para a eternidade.

Ao negar à igreja de Roma o privilégio da interpretação das sagradas escrituras, Lutero não fazia mais do que repetir o embate de Paulo com São Pedro. Naquela altura, conjecturo que o monge rebelde terá se perguntado o que deveria fazer para debelar os perigos que adviriam (não para si, mas para a Igreja do futuro) daquele seu gesto de rebeldia, que expunha a Bíblia às interpretações selvagens, que sobre a palavra de Deus fariam recair as mentes endurecidas do rebanho de rústicos que ele teria de instruir. Não duvido por um instante que ele temia, então, mais do que a imaginação dos profanos e dos plebeus, a imaginação dos pastores da igreja de sua própria revelação que ansiava por fundar.

Por ter sido um clérigo, ele conhecia que perigos se embutiam no fanatismo da razão clerical, na atitude dogmática do protesto que opôs à atitude dogmática do quietismo vaticano, que mais de um de seus adeptos lhe atribuiu, inicialmente. De experiência própria, bastante, já, constatara serem mais deturpadoras da verdade profunda do espírito, os argumentos da razão, que está sempre à espreita, pronta para se endurecer em dogma e para se transformar em uma ferramenta mais falsificadora do que a fé, especialmente quando ela lida com a matéria-prima da religião (a propósito disso, aquele *honnête homme* que se chamou Thoreau, cuja boa-fé não pode ser questionada, afirmava que um homem de bem pode dispensar a razão, dado que em matéria de cordura ninguém precisa saber muito mais do que contar os dez dedos das suas mãos para alcançar a salvação). Em certos momentos em que as razões invocadas pela Razão o punham fora de si, Lutero assinaria embaixo.

E o outro, não Paulo, mas Saulo? O que ele vê na estrada de Damasco não é só a divindade – é, também, ele mesmo, Saulo. E assim como, quando Saulo era vidente, não se via ao modo do ser, via-se apenas ao modo do parecer, assim é justo que a partir do momento em que passa a se ver ao modo do ser, na estrada, ele se cegue, ao modo do parecer. Pois ele, que só ambicionara até então ser o paladino perseguidor dos cristãos, descobre que Deus o guarda para o papel oposto, de protetor dos que até ali perseguira. Ao encantá-lo com a questão irrespondível, "Saulo, Saulo, por que me persegues?", Cristo, que só propõe aos que ama questões irrespondíveis, se deixa ver ao doutor da Lei para fazê-lo ver-se a si próprio: ninguém sabe jamais como é a sua cara, nem quem realmente é, até que se veja com os olhos do outro.

Ao exigir (alguns séculos depois de São Francisco) um retorno às raízes do "cristianismo puro" (mas onde estariam elas, já nos dias do *poverello* de Assis, que o suplicara, também?), para o qual não vê senão uma fonte de autoridade, a Bíblia, Lutero derruba, com o mesmo golpe, os aditamentos nela incorporados pela Tradição e pelo reacionarismo sacralizado pela dogmática de Roma. Paulo viu pesar sobre a sua memória judaica a responsabilidade de ter sido, por vias travessas, o mentor da vitória do cristianismo contra a qual ele havia lutado, quando fora Saulo; Lutero, que nisso, ainda, o emulou, não teve um destino diferente. Séculos decorreram desde o dia em que ele pregou à porta da Abadia de Westminster as suas contestações, e o trono de São Pedro continua a estar tão monoliticamente fincado em Roma quanto antes das suas contestações.

PRENÚNCIOS E VESTÍGIOS

Na esteira da batalha que travou apoiado pelas incontinências escrotais de Henrique VIII, e como consequência do triunfo parcial dela, o número de seitas e religiões protestantes se elevou a cifras espantosas, de centenas. Cada uma delas tem, já à partida, a sua própria coleção de escrituras e de cânones, e a sua própria interpretação de ambos. Lutero substituiu, pois, uma interpretação da Revelação por outra mais ascética mas, concomitantemente, mais liberal, no sentido de que a contestação luterana abriu as portas para a emergência de centenas de outros cismas que, inclusive, questionam o luteranismo de que se originaram. A palavra de Deus foi levada, assim, para dentro de um labirinto do qual ela nunca mais conseguiu escapar. Quem sabe resida aí, na circunstância de se encontrar dentro de um labirinto do qual não se acha a saída, uma das causas da resistência e da perenidade delas?

Onde quer que esteja, hoje, esse guia espiritual de Príncipes, a lhes multiplicar explicações sobre o comportamento incompreensível da Trindade e sobre a execrável inversão do curso da História, estará ele, Lutero, satisfeito com o rumo que as coisas que ele pôs a andar tomaram depois dele? Ou já terá ele se capacitado de que, se o Vaticano vive, hoje, mais sólido do que nunca, isso se deve em boa parte à sua providencial intervenção reparadora numa hora em que as portas do inferno ameaçavam prevalecer sobre as de São Pedro? Pois, ao atacar o catolicismo agonizante, Lutero desencadeou as suas iras e provocou-lhe, por revulsão, a cura.

Nietzsche vai bem ao afirmar que os católicos tinham bons motivos para providenciar no calendário de suas festas um dia em honra de Lutero. Das muitas verdades atrevidas que esse pensador revelou, aí fica uma. Me reporto, agora, à segunda delas, para com elas jungir, na mesma canga das ironias do destino, os nomes do irrequieto monge rebelde, e do pai do Super-Homem. Pois Nietzsche, que teve olhos para ver a paradoxal sorte de Lutero, cegou-se para o que mais de perto lhe importava prever: o seu próprio fado. Aceitando um materialismo que cheirou, frequentemente, a uma religião sem Deus – os materialismos costumam ser os recursos mais baratos para simplificar o mundo –, assim como Lutero repete, prolixamente, um trajeto de vida muito semelhante ao de Paulo, Nietzsche se condenou a repetir um percurso análogo, nisso, ao de Lutero.

Creio que foi Borges quem disse que, talvez para que ninguém, homem ou deuses, o privasse de estar no comando de sua própria morte, Nietzsche decretou a morte de Deus, ao afirmar em um de seus escritos: "Deus morreu". Assinado: Nietzsche. Para azar da miopia dele, porém, um pouco mais embaixo, assentado no Livro da Vida com aquelas letrinhas invisíveis de bula de remédio, havia outra informação: "Nietzsche morreu". Assinado: Deus.

Neste país

quem não vem impraticavelmente cedo, chega tarde demais.

São Paulo, Lutero e Nietzsche – ii

Aproveitando uma conhecida deixa de Borges, é impossível deixar de assinalar que Nietzsche quiçá tivesse providenciado o passamento de Deus para reagir, a seu modo (não há como deixar de ver nisso uma denunciadora mostra da soberba luterana) contra o fato de ser filho de dois clérigos, (i) filho carnal de um pastor, e (ii) filho espiritual de outro, o Sumo Pontífice (ambos, enquanto manifestações da figura castradora do Pai, igualmente odiados). O fato de, depois, haver morrido o próprio Nietzsche não escandaliza tanto por configurar-se, assim, uma simétrica punição de Deus ao comportamento rebelde de seu filho (afinal, vingar-se é o esporte favorito de Deus, *vide* o Velho Testamento, onde Deus é Jeová, o Deus da Vingança), quanto por manifestar, esse incidente, uma forma simétrica da ironia divina, vista por Borges (outro cego vidente): Deus já havia sido morto por sua vítima quando, afinal, a fulminou.

O GÊNIO, A GRANDE OBRA E A OBRA-PRIMA

O gênio não é (só) dádiva de uma diva doidivanas, Minerva, nem fruto gratuito de uma outorga repentina, ao estilo do "estalo de Vieira", nem, ainda, produto do aprendizado da "longa paciência" de que falava Machado etc. – é tudo isso mais uma fatalidade ou mesmo uma mesquinharia besta que vem trazer lenha ao fogo do miserê de vida que leva um penitente que já não aguenta mais tanto esculacho etc. Ninguém é gênio se não topa em sua vida com a gota d'água que faz transbordar a caca toda, numa forma qualquer, a da perda do emprego, a do desmilinguamento absoluto de suas finanças, a do aperreio do fuá da noite anterior com a cara-metade, a dos desmandos do seu organismo, a da boa ou má conjunção de signos providenciada por um alinhamento nefasto de planetas etc. e tal. Quantas vezes, na História, a produção de tiradas mais agudas, das reflexões filosóficas mais luminosas, terão derivado do entupimento da tripa gaiteira, ou da sucumbência do (ex-)membro viril do compadre no *momento de la verdad*? Desconfio que o que o mundo deve ao mau funcionamento do mesentério de Shakespeare, Cervantes, Goethe, Machado *et caterva* não está escrito – ou melhor, está escrito –, mas da causa primeira dele, das mazelas e pequenezes que o originaram, em seus escritos não ficou traço visível. Não tenho dúvida, porém, de que o prolapso dos gânglios do reto em portadores de hemorroidas sensíveis tem inspirado mais obras-primas acerca do amor do que os encantos arquiconhecidos da mulher amada (quem viu um, viu todos – é outro exemplo da *énivrante monotonie* de que falava Baudelaire).

Óbvio que isso não é tudo. Fundamental, por exemplo, é ter em mente, ao escrever, que, sabendo-o ou não, o leitor lê para ler-se – para se encontrar e se reconhecer no escrito do outro – *ex aliena scriptura, lux.* (Dada a importância do tema, abro aqui um parêntese para advertir os aprendizes de gênio: não seja ingênuo, meu – ninguém está interessado no estágio terminal do teu câncer; homem nenhum, debaixo do sol, está interessado, o que se diz ver-da-dei-ra-men-te interessado, senão nas mazelinhas imaginárias da sua própria pessoinha, no por que seu Pit Bull de estimação descomeu três carocinhos de ração, em vez dos quatro habituais, no caruncho que furou dois grãos de seu feijão, na boca de baton que surpreendeu na cueca do marido etc.; destarte, se você for lerdo o bastante para narrar ao seu leitor as razões e desrazões pelas quais sua amada picou a mula, seu leitor cuspirá de lado – "tua gata te mandou pastar, foi? – *fuck you,* babaca", dirá (e cá entre nós: você merece). Fecho o parêntese.) Daí, o escritor que não souber como fazer seu leitor se reconhecer em sua literatura, não obterá, em justa retribuição, nenhum reconhecimento da parte dele. Posso até tentar uma divisão primária, e recomendá-la aos mais bastos de entendimento:

(i) "obra talentosa" pode ser aquela que bem exprime o que seu autor é ou sente, ou melhor, finge que é ou sente; mas

(ii) "obra-prima" só pode ser aquela que revela o que é e o que sente o seu leitor.

PRENÚNCIOS E VESTÍGIOS

A REGRA DE OURO DO ESCRITOR: *INUTILIA TRUNCA*. O EXEMPLO DE ZURBARÁN

Um dia – era 1936 ou 37 –, Hemingway disse a Ilya Ehrenburg, quando os dois estavam lutando na Espanha: "Um escritor jamais conseguirá descrever tudo. Portanto, há duas saídas: ou registrar de relance todos os dias, todos os pensamentos, todos os sentimentos, ou tentar transmitir o geral no particular – num único encontro, num único trecho de diálogo. Eu escrevo somente sobre pormenores, mas eles tentam falar dos pormenores de modo pormenorizado".

Descartando a primeira alternativa, falsa – só Deus e o Diabo registram tudo (por isso, cuidado, menino, com o apito que você toca) – sobra a segunda, "transmitir o geral no particular". Vale. Vale para a literatura, e vale, também, para a pintura: vão lá ver como São Zurbarán seguiu o preceito quando pintou aquelas cenas de convento, em especial uma de um refeitório, onde a gente vê mais humanidade luzindo nas casquinhas de pão que caíram na toalha da mesa do que no coração de pastor piando, de toalha estendida, no púlpito. E são elas, essas aparentemente supérfluas migas, que dizem tudo da parcimônia no comer e no beber, e da humildade dos padres daqueles antigamente. Vejo esses pios homens daquelas ímpias eras a catar os esbrugadinhos de miolo de pão que lhes caem pelas barbas e levá-los, com unção, para engrossar o caldo verde; vejo-os, com suas lustrosas caras de boi, a mascar as crostinhas, enquanto oram (cento e vinte agradecidas dentadas por cada conta do rosário), antes de as deglutir com uma *reverenza* só inferior à reservada à hóstia consagrada; vejo-os salmodiando em uníssono o cantochão, a bendizer o bom Deus pela comunhão de seus espíritos fraternos. E isso tudo me comove. Palavra. Verdadeira ou não, essa unção me comove – se o mundo não é assim, tanto monta – deveria ser assim. Bom, esses mon-

61

gezinhos pobrinhos, humildezinhos, fingindo que mastigam uma casquinha de pão que não é grande bastante nem para entupir a cárie do molar, esses mongezinhos me dão inveja por estarem a agradecer mesmo o que não têm – me dão inveja e me comovem. Zurbarán, também me emociona. Zurbarán me reconcilia com minha fé de infância, aquela mesma que já senti com fervor quando criança e que (por um momento torno a acreditar), num sábado que não vem longe, me há de levar ao céu pela mão de minha mãe, a levitar por um estendal de nuvens claras, raiadas de sol, que beleza! Zurbarán me comove porque – a mim, que tenho quase oitenta anos – me faz por dois minutos ser outra vez puro e bom como o menino que eu gostaria de ter sido e nunca fui.

Mas, agora quero falar de alguém que nunca me fez ser bom nem por três segundos. Todos sabem que Hemingway só faz descrições, cenas e diálogos breves. Seus diálogos são simples, curtos, mas são também – *et pour cause* – misteriosos. Nesse particular, há alguns escritores latino-americanos que compõem pelo mesmo figurino minimalista do norte-americano. Alguns até o superam no econômico de sua arte: um é Juan Rulfo (se há alguém que possa ombrear com a prosa de Borges, na América Latina, não é Cortázar, em que pese todo o seu talento, é esse mexicano que escreveu o impecável *Pedro Páramo*); outros são os nossos inevitáveis Machado, Graciliano, Drummond e João Cabral. Nenhum deles cai no mundéu fatal de querer dizer tudo (tudo não existe). Daí, difícil será encontrar uma regra de bem escrever mais prudente do que a que ordena "não tentar dizer tudo".

Mas aqueles camaradas têm em comum outras coisas, como a de gatafunhar diálogos reduzidos ao essencial, feitos de frases banais, que no entanto passam em seu cerne duro o estado de espírito do ator que fala e do ator que lê. Eles sabem que mais importa descrever a figura externa de seus atores como o correla-

PRENÚNCIOS E VESTÍGIOS

to figurativo objetivo de um *relatum* abstrato, subjetivo, que nos dá a ver sua alma. E, assim, o que dizem do mundo exterior ao seu ator descreve o mundo interior deles. Esses escritores não falam acerca do que seus atores falaram ou fizeram, mostram-nos, apenas, fazendo ou falando alguma coisa, e isso que eles fazem ou falam do mundo exterior fala deles mesmos, atores, de seus mundos interiores.

Somerset Maugham, outro que preconiza instantemente em suas memórias que o primeiro mandamento, para bem escrever, é o de podar os excessos, assinaria gostosamente a declaração de Hemingway no tocante ao podar o que é negligenciável, *inutilia*. Por sinal que foi esse gozador, Maugham, quem disse, com perfídia perfeitamente britânica, a propósito da obra dos irmãos Goncourt, que seus livros teriam sido duas vezes melhores se reduzidos à metade; o que não deixa de ser um julgamento muito do safado, já que induz a pensar que os irmãos Goncourt teriam feito a obra perfeita se não tivessem escrito nada.

HÁ ENCONTROS

dos quais desisto antes mesmo da hora de ir. É que sei que nessa "eternidade negativa" (Drummond) que criaste para nós, ó inefável "forma impura de silêncio", quando nos encontrássemos já não nos encontraríamos (é o que te faz sósia da morte, ó inefável).

SOMERSET MAUGHAM E OUTROS, COM CONSELHOS PARA O ESCRITOR

O segredo para bem escrever dramas, segundo Maugham: 1. vise o alvo; e 2. sempre que puder, corte. Não se deixe levar pelo jogo de palavra puxa palavra. Vá direto ao assunto. A digressão é mortal. Não perca o foco, isto é, a direção do que interessa.

Quanto aos personagens:

> É um traço psicológico da natureza humana interessar-se pelas pessoas [*sic*] que o autor apresenta no início da peça e interessar-se tão firmemente que se a atenção dele for desviada para outras pessoas [personagens] que entram em cena mais tarde, o espectador sente-se desapontado. O autor habilidoso apresenta o seu assunto o mais cedo possível e se, para efeito teatral, mais tarde deve introduzir as principais personagens, então a conversação das pessoas que se acham em cena ao levantar-se o pano de boca deve concentrar a atenção da plateia nas personagens ausentes, de modo que o adiamento da sua aparição sirva apenas para aumentar a expectativa.

Maugham assevera que esse é o método de Shakespeare; é verdade.

E outra vez: corte. "Por mais brilhante que seja uma cena, por mais aguda que seja uma frase, se não for essencial à peça, corte." Poucas palavras. Bastam indicações. Serão compreendidas. O diálogo deve ser uma estenografia falada. Cortar. Concentrar.

No meu modo de ver, Maugham diz o que diz por ter escrito para o teatro, que o ensinou a ver que quem corta, embora faça seus atores (= personagens) falarem menos, os faz mais eloquentes, posto que as lacunas, os interditos, os silêncios, as reticências, as situações apenas sugeridas forçam o leitor a pensar e imaginar por sua conta as passagens suprimidas.

O discurso que o espectador vê no palco ou na pintura e o leitor lê no livro é sempre uma obra a completar. Ele precisa ainda ser interpretado no cenário mudo da sua subjetividade, para fazer sentido e se converter em um texto, dentro de sua mente. Assim, o enunciatário (espectador, leitor…) nunca aplaude só o que o autor do relato escreveu e o ator-intérprete expressou no palco, aplaude, também, sem se dar conta disso, sua representação mental da representação que ele presencia no palco.

Torno ao tópico das podas a que o escritor submete sua obra, no afã de aprimorá-la, para lembrar que, embora seja sinônimo de desbastar, podar não implica apenas simplificar, nem, menos ainda, eliminar material – ela deve implicar, mais, uma condensação que reforça o modo de dizer. Mais importante do que apenas eliminar excessos é, acho, saber quando a cena a ser descrita requer, para a obtenção de uma funcionalidade poética, de um dado efeito de sentido, uma descrição condensada ou expandida. Somerset Maugham, mesmo, lembra (em *Pontos de Vista*) que

> Maupassant escreveu inteiramente, por duas vezes, um dos seus contos mais famosos, "L'Héritage", a primeira para um jornal, em algumas centenas de palavras, e a segunda para uma revista, com milhares de palavras [...] e penso que ninguém pode ler as duas variantes sem confessar que, na primeira, não há uma palavra de menos, e, na segunda, sequer uma de mais.

Outras ilustrações de "discurso condensado" e "discurso expandido" são dadas pelo poemeto de Metastasio ("Si a ciascun l'intimo afanno / si leggesse in fronte scrito") e o soneto "Mal Secreto", de Raimundo Correa, que naquele de Metastasio se espelhou.

Em que ficamos? Ficamos que, em caso de dúvida, é sempre melhor cortar. Os bons escritores sentem, por instinto, que, em matéria de redação literária, é mais importante o que se implica, o que se pressupõe, do que o que se explica. O *motto* dos árcades portugueses, *inutilia trunca*, "pode o que for supérfluo", é bom e fácil; o difícil é saber de antemão, no ato de compor, anteriormente à visão de conjunto que só o discurso passado a limpo nos dá como resultado da limpeza do rascunho, o que virá a ser "inútil" nele (e deverá, consequentemente, ser expurgado da versão limpa).

"Sacudir a árvore"

Esse é um tema obsessivo. Volto a ele para lembrar que, no aconselhar cortes, invariavelmente se pressupõe que a amputação de parte do que se pretendia dizer efetue por si só uma espécie de ligação direta entre o pensamento e o discurso que o exprime. Isso é uma ilusão. O ato de enunciação constitui em si mesmo um exercício de reescrita, cujo resultado aparece na forma primeira, tosca e bruta do discurso, que é o rascunho. É na relação articulada entre o rascunho "sujo" e o original "passado a limpo" que pensavam, por exemplo, Picasso quando afirmava que "um quadro é feito de destruições", e Charles Chaplin, ao recomendar "sacudir a árvore para que caiam as folhas secas" – o que é um outro modo de dizer que a escrita sem a reescrita saneadora do rascunho dificilmente produzirá uma obra-prima: as obras-primas não são feitas por nenhuma ligação direta entre o pensar e o dizer, mas por meio de suores e lágrimas parafraseantes.

"Você quer dizer que jantou bem?"

Contradizendo até certo ponto o que acabei de dizer nos últimos caquinhos, a matéria de bem ensinar a escrever, contudo, é tão cheia de mundéus e sutilezas que, apesar do que ali deixei, simplificar é tarefa que nem sempre se faz através dos procedimentos de cortar, condensar e ir direto ao ponto. Nesse sentido, recomendava Aloysio de Castro, sintetizando numa receita implícita o que estou chamando de "ligação direta" e muito crítico tem na conta de preceito impossível de se aprimorar: "Você quer dizer que jantou bem? diga: 'jantei bem'".

Em que pese a aparência de sólido bom senso da recomendação, se você disser isso quando acabou de jantar obterá no máximo um sorriso condescendente da dona da casa, mas não venderá duas linhas de sua obra-prima. Desovar um continho com veleidades literárias não é o mesmo que garranchar um torpedo na quermesse marcando um encontro na horta com a Abigail, depois da procissão, nem pertence à mesma classe de mensagens que usamos para pedir ao Zé do Açougue que guarde um quilo de buchada de bode para a reunião da família no domingo.

Por quê? Várias razões. Talvez a maior esteja na própria recomendação do Aloysio, que dá por resolvidos de antemão os dois problemas que o escritor tem de resolver: o do querer e o do fazer; porque quem escreve nem sempre sabe direito o que quer dizer (vide técnicas de quaisquer narrativas artísticas, para não falar das escritas oníricas, surrealistas, dadaístas, do monólogo interior, do *stream-of-consciousness*, dos discursos do Lula etc. etc.). Pior: se não for um tapado irremissível, que crê ser um gênio que não erra, mesmo aquele que *pensa* que sabe o que quer dizer ao principiar o seu trabalho, na maior parte das vezes no meio da tarefa se dá conta de que ou não sabe o que quer dizer, ou ainda mesmo que o saiba poderá de repente querer dizer outra coisa que não constava de seu projeto inicial, mas em nenhum dos casos sabe como dizê-las.

Aí entra o papel do rascunho: é o rascunho que exprime o pensamento do enunciador, que, por um efeito de ricochete, realimenta, por *feedback,* o pensamento que está sendo enunciado, atualizando-o na conformidade de uma dada lógica interna que emerge do que já foi escrito. É o contexto intradiscursivo, ainda, que reajusta o que está sendo enunciado ao que já foi enunciado, coerentizando-os internamente, no processo compositivo em andamento. O procedimento todo requer que cada segmento isolado se integre como elemento variável do contexto, que cada contexto isolado se integre como elemento variável no "contexto todo abrangente de contextos", que vem a ser o discurso na sua integralidade. É por conta dos reajustamentos sucessivos constitutivos do rascunho que o pensamento do enunciador, a ser transmitido – o qual, no início da tarefa de compor, era uma massa amorfa, um *caos* difuso e confuso – vai se precisando, tornando-se mais claro em sua mente, convertendo-se em um *logos* – um mundo organizado.

Como se compõem estes fragmentos

Eu, aqui, por exemplo, escrevo o que penso: é uma das vantagens de desovar fragmentos, restos ou projetos de alguma coisa que ficará sempre incompleta, e que, em virtude disso, não tem por que se comprometer com qualquer teoria preestabelecida, ou cânone intocável. Posso, se me der na telha, já que não estou fazendo artigos nem ensaios de teoria ou de crítica literária, coisas de alto coturno, necessariamente submissas às regras de pragmáticas e receitas escolásticas, despir-me das cadeias dos mandamentos doutrinários, deixar-me extraviar por tantas excursões vadias quantas desejar, pois o que faço neste livro é produzir fragmentos, como esclareci no Prefácio, metendo o nariz onde não fui chamado, focalizando bizantinices e extravagâncias de literatos e da "vida literária". Capacito-me, entretanto, que, fazendo-o, nem isso faço com a liberdade desejada, faço-o, só, com a liberdade possível, posto que, se renuncio às normas pétreas dos cânones e paradigmas críticos acadêmicos, nem por isso posso abandonar todas as normas – posso, no máximo, e é o que faço, deixar umas de lado, mas deverei sempre submeter-me a outras, que são regras universais da escrita.

Por exemplo, mal acabo de dizer o que digo, ao ler o que escrevi, minha leitura me corrige, incumbindo-se ora de mostrar-me que a coisa não é bem assim, que o que deito na página ago-

PRENÚNCIOS E VESTÍGIOS

ra entra em gritante contradição com o que eu já escrevi antes, linhas atrás, ora que posso me exprimir melhor do que ali fiz, se abandonar o tom sarcástico, ou o reparo injusto, quase injurioso etc. Isso significa que o que escrevi me diz o que devo pensar e, logo, a reformulação do meu pensamento impõe, por sua vez, a reformulação da minha escrita. No presente, reescrevo, pois, o que atrás ficou, para, ao mesmo tempo, *1.* recuperar o *dictum* em retrospecto e, ainda no presente da escritura, *2.* antecipar, prospectivamente, o que hei de escrever, à frente, de sorte a conservar no devir do fluxo discursivo, isto é, na sequência do percurso narrativo, o fio semântico que dá consistência ao contexto global da mensagem. Em síntese, o que antes pensei se repensa em minha memória agora (no presente da escritura/da leitura) e fazendo-o, antecipa, pela imaginação que prolonga no devir essa rememoração, o que devo dizer a seguir, de maneira a imprimir ao fluxo informativo da minha mensagem o fio de uma orientação finalisticamente orientada para a construção de um saber – que há de ser o texto, vale dizer, o sentido do discurso interpretado. Minha imaginação se nutre do que relembro que fiz e sugere novas colocações – a atualização do pré-dito – na forma de um *up grade* que há de ser re-dito, para poder continuar atando o fio lógico do assunto, em minha mente, de forma a constituir "o seu sentido" processual. Em uma fórmula um tanto dramática, o que antes escrevi pré-escreve, agora, no presente regime de atualização, o que virá à sua frente, na temporalidade do devir, que é a da construção da mensagem. Passando-se as coisas assim, a bem dizer, não sou eu quem pensa, é o discurso que se pensa, através de mim; e, de modo similar, o que antes escrevi, e recupero, ao ler(-me) em *retrieving*, em minha memória, antecipa, em minha imaginação, o que há de ser escrito depois. De novo, a bem dizer, quem faz o meu discurso não sou eu, é a minha língua: *die Sprache spricht* (Heidegger).

De resto, não se deve exagerar o tal do "querer", que é o mais inconstante dos atributos do homem. Quem não sabe que o que a gente quer dizer muda por demais assim que a gente o vai enunciando? Talvez porque a questão real não resida no querer, resida no fazer.

Aqui fechamos uma volta completa e, como a cobra que morde a própria cauda, *torniamo all' antico*: quem quiser flanar e perambular *en touriste* no chão das ruínas onde se espalham tantos fragmentos das culturas imemoriais da humanidade, tantos cacos do que o bípede insano construiu e destruiu com o seu fazer, terá de encontrar, no meio tumultuário dos montes de ruínas, o seu próprio caminho: como em todas as poesias de amor que não falam mais do que "te amo", de mil modos diferentes, assim também, não há uma receita única para exprimir tudo o que o camarada possa querer dizer.

Se houvesse, não valeria a pena escrever.

Escrever com clareza e precisão

Em homenagem aos que vivem distribuindo receitas de como bem escrever, especialmente aos fanáticos que creem que o uso do termo claro e preciso é o *nec plus ultra* do bom estilo, aí vai um caquinho de Raymond Queneau – decorem-no, discípulos agachados na veneração da *soi-disant clarté et précision* do estilo gaulês:

Num ônibus da linha S, de 10 metros de comprimento, 3 de largura, altura de 6, e que estava a 3 km e 600 metros de seu ponto de partida, vindo lotado com 48 pessoas, entrou às 12 horas e 17 minutos um indivíduo do sexo masculino, com 27 anos, 3 meses e 8 dias, com 1 m 72, 65 kg, [...] o qual interpelou um senhor de 48 anos, 4 meses, 3 dias, de 1 m 68 e 77 kg, empregando 14 palavras cuja enunciação durou 5 segundos...

Então, mestres que ensinam a arte de bem escrever, e fanáticos do estilo terso, chega, ou querem mais clareza e precisão?

A TOLICE COMO MATÉRIA-PRIMA DO ESTILO.
BAUDELAIRE E O REALISMO

Retorno ao conselho dado por Aloysio de Castro, com o qual (conselho) embirro: "se você quer dizer que jantou bem, diga: 'jantei bem'". Em matéria de escrever, isso é farofa pura. Ninguém dotado de meio grama de juízo aguentaria ler vinte linhas produzidas por semelhante método de "ligação direta". Até porque a maior parte dos nossos pensamentos, os dos gênios, inclusive, é constituída de frioleiras, devaneios mais ou menos desparafusados, confusões, babaquices corocas do senso comum – as quais, longe de exprimir a sabedoria popular, costumam expressar melhor as superstições da tribo, com todos os seus preconceitos.

Sem embargo, a galera se compraz em alardear um pouco disso, ao escrever. Quem ignora que raramente funcionaram na literatura as diversas variações estilísticas que as escolas literárias ensaiaram séculos afora para se exprimir por intermédio da "ligação direta", evitando a autocensura do superego, seja na forma do "fluxo do inconsciente" (que nunca é nada disso, nem é "fluxo" porque é pacientemente elaborado, nem é "inconsciente" porque nada sai dele para o consciente sem ser censurado)? Se escrever é um ato consciente, e se o escritor compõe mais elaborada e conscientemente o seu discurso artístico, é que parte da arte dos escritores quando compõem um *stream-of-consciousness*, um monólogo interior, consiste em fazê-lo parecer um "fluxo do inconsciente". Só os que estão sonhando ou estão mentalmente enfermos – os drogados, as vítimas de delírios, os paranoicos, os deficientes de verdade, os jumentos de pai e mãe – falam direto o que lhes desce do bestunto à boca.

Finalmente, ao contrário do que aparenta, o "estilo simples e a frase fácil da fala do povo" não são "simples" nem refletem a expressão direta do pensamento tal como ele se forma em nossa mente, nem "repetem as construções da fala popular". Tomado em estado bruto, em nossa mente, o pensamento é um caos (a "massa amorfa" de que falava Saussure), que nem chega a ser um "pensamento" porque constitui mais um "pensar", ou seja, porque todo pensamento consiste, ainda, enquanto é pensado, em um trabalho de processamento de informações politextuais que se chocam, dizem e desdizem, se contradizem e/ou se anulam em referências cruzadas, as quais, por causa disso, devem ser articuladas num sentido único dotado daquela consistência mínima exigida para se obter um rascunho, por mais selvagem que ele possa ser.

Em definitivo, arte é (gr.) *poiesis*, fazer, trabalho, laboriosa obra do estilo, e todo estilo é construído. Estilos que, como o da poesia de Manuel Bandeira ou de Adélia Prado, ou o da prosa de um regionalista como Bernardo Élis, ou, menos empenhado, o de José Lins do Rego, ou, ainda, o mais entranhadamente "mineirês" de Guimarães Rosa (que de "dialeto mineiro" manifestado mesmo, tem muito pouco), não são calcos nem carimbos da fala da norma popular, goiana, nordestina, mineira: são representações, ou seja, simulacros, criações fictícias desses autores, elaboradas para fingir que eles nada inventam, limitando-se a se valer das expressões populares usadas pelo povo das regiões em que decorrem suas histórias. Mas, é claro que inventam seus arrastões léxico-populares, porque estão a escrever uma obra de ficção, não de história nem de filologia. *Ergo*, o que seu estilo representa em noventa por cento dos casos não é expressão direta de nada,

PRENÚNCIOS E VESTÍGIOS

menos, ainda, de regionalismos; é, inversamente, simulação dos cacoetes mais banalizados dos dialetos locais – fingimento e arte, fruto de uma longa paciência de desconstrução-reconstrução da realidade. Como Baudelaire dizia, "faire le réel en art consiste en créer l'illusion du réel: les réalistes devraient s'appeler plutôt des illusionnistes". E se o realismo é uma espécie de ilusionismo, então a obra que dizemos *realista* contém um mundo imaginário, fingido como o de qualquer outro estilo de ficção, manifestado, porém, por um discurso verossímil, cujo traço distintivo é um *fazer parecer real*.

Assim como é fácil "escrever difícil", é muito difícil "escrever fácil".

In Sand geschrieben

Dass das Schöne und Berückende	Que o belo e encantador
Nur ein Hauch und Schauer sei,	Não são mais que um sopro e um calafrio,
Dass das Kösliche, Entzückende,	Que o que é formoso e arrebata,
Holde ohne Dauer sei:	E o que é amável, não perduram:
Wolke, Blume, Seifenblase,	Nuvem, flor, bolha de sabão,
Feurwerke und Kinderlachen,	Fogos de artifício, riso de crianças,
Frauenblick im Spiegelglase,	Espiadelas de mulher ao espelho,
Und viel andere wunderbare Sachen,	E outras muitas coisas que nos maravilham,
Dass sie, kaum entdeckt, vergehen,	As quais, mal nos damos conta delas, se esfumam
Nur von Augenblickes Dauer,	E não permanecem mais do que o instante
Nur ein Duft und Windeswehen,	de sentir o aroma e o perpassar da brisa,
Ach, wir wissen es mit Trauer.	Ah, isso bem o sabemos.

Wir lieben,	Amamos
Was uns gleich ist, und verstehen,	O que é idêntico a nós, e compreendemos
Was der Wind in Sand geschrieben.	O que na areia foi escrito pelo vento.

(Hermann Hesse)

A inspiração de Hermann Hesse para o belo poema que contém o trecho que acima traduzi, não sei de onde proveio. Mas respira através dele uma clara ressonância, mesmo que longínqua, daquele outro inquietante oráculo que está em Jeremias, XVII, 13, *recedentes a te in terra scribentur,* "os [nomes] dos que se apartam de ti serão escritos sobre a areia". Lembrei-me dessa coincidência (?) e a associei, sei lá por quê, com o conselho que me deu um amigo meu, entendido em coisas transcendentais, advertindo-me para o perigo que corre aquele que roga a Deus em suas orações que o Senhor julgue seu pleito e lhe faça justiça:

– Quando você rezar, peça ao Senhor que lhe conceda o triunfo em tudo o que quiser, mas não peça, nunca, que ele lhe faça justiça no que quer que seja.

– Não pedir a ele para me fazer justiça, quando é só isso que quero? Então, para que serve orar?

– Para obter êxito, progredir, triunfar. Peça a Deus para triunfar – não lhe peça nunca para Ele fazer justiça, porque ninguém nunca sabe o que de fato merece nesta vida… e vá que Deus te atenda…

Referindo-me, agora, à terrível sentença de Jeremias, XVII, 13, que ameaça os que se afastaram do Senhor com a penalidade de verem seus nomes apagados do Livro da Vida: que Deus nos perdoe – se puder, ainda, fazê-lo –, nos livre e nos guarde a todos, *para que não se faça justiça conosco e recaia sobre nós tudo o que merecemos!*

PRENÚNCIOS E VESTÍGIOS

COMO VALÉRY,

há momentos em que sinto que tenho *o meu* Deus. Talvez todo mundo sinta isso, talvez a galera toda tenha cada um o seu, mas agora quero falar mesmo é do meu. Meu Deus nada mais cria porque a ação de criar implica ter carência de algo e meu Deus não sente falta de nada. Está velho, pobrezinho, coxeia um pouco com a dor nas cadeiras. Como todos os velhinhos, ele acorda demais à madrugada, por causa da incontinência urinária (de manhã, as outras duas Santíssimas Pessoas da Trindade descobrem laguinhos de xixi em volta da privada e Ele desconversa). Como nunca aprendeu direito a teclar no computador – astuta invenção do Diabo –, se enche de tédio diante da tevê vendo trecos espaciais que não sabe o que são, músicas que ele confunde com grunhidos de feras. Assusta-se com perigos que nunca existiram e calamidades que não ocorreram jamais fora da telinha. Apertando bem os olhos, como fazem os míopes, escruta o rosto dos cantores, tenta adivinhar o que são e o que sentem que os faz abrir a boca desse jeito. Tem pena deles. Dá, vez ou outra, com celebridades de quem ainda lembra um par de traços, sem saber se se trata de um sujeito vivo ou do fantasma do bisavô dele (para Ele, vivos e mortos não se diferenciam em nada). Na maior parte das ocasiões em que vê celebridades não recorda mais por que razão ficaram célebres.

Às vezes cochila na poltrona do papai diante da tevê ligada, depois acorda, assustado com um despropósito mais alto dela, esfrega os olhos, dá o cavaco: "Ora, essa". Outro dia foi surpreendido pelo Coro dos Anjos, roncando, em italiano (geralmente fala italiano quando acha que alguma coisa é cômica, espanhol quando bronqueia, português do Brasil quando quer engrupir o freguês – alemão, não fala de jeito nenhum). Perdeu o apetite depois que lhe caíram os dentes e, devido a isso, já não pode chupar, como costumava, aqueles deliciosos ossos de galinha, com a droga daquela dentadura bamba, que ele vive a rascar com ferrinhos e tesouras, para que ela não lhe pise as gengivas. Limpa a garganta, tosse aquela tossezinha encruada dos antigos – antigamente tomava rapé, depois parou, a conselho médico. Como, porém, não crê nos médicos, joga seus remédios na privada e toma só os chás dos raizeiros do mercado e, porque gosta do sabor, as bolinhas doces da homeopatia – nunca pude apurar se Ele acredita deveras nelas para se curar daquele pigarro cricri que não o larga há vinte e dois milênios.

De puro bom que é, vai esquecendo aos poucos a 2ª Grande Guerra. Anda mais chateado conosco, agora, pelo que andamos aprontando no planeta ultimamente. Ele não gosta nada que desanquem seus pobres mandando-os cortar cana doze horas por dia, que maltratem seus bichos, sejam quais forem, mesmo cobras e escorpiões, que estraguem sua terra, queimem suas matas, arranquem suas plantas e sujem seus ares e águas. Vez ou outra, quando aprontamos um descalabro mais insano, fecha a cara barbuda, resmunga – não ouso pensar que pragueja –, põe tromba. Mas não nos julga nunca porque é bom, percebe que batemos cabeça, que valemos zero, que não sabemos nada.

Faz esforços espantosos tentando se lembrar do que é que Ele tinha em mente quando nos criou. Depois dá de ombros, constata "seja lá o que for, não deu certo". Percebe que não deu certo e que não temos jeito mesmo.

Talvez por isso, de vez em quando ainda devaneia com a possibilidade de exterminar de vez com tudo o que criou. Como, porém, já o fez um sem-número de vezes e isso também não funcionou, varre logo a ideia perigosa. E como Ele compreende tudo, tudo perdoa (pesa no seu julgamento a consideração de que a função de punir está abaixo da função de compreender).

PRENÚNCIOS E VESTÍGIOS

História literária como tradição, tradução e traição: o caso dos plágios

O título acima me foi sugerido por outro, de meu saudoso amigo João Alexandre Barbosa, "Baudelaire ou a Linguagem Inaugural: A História Literária como Tradução Poética", *Polímica*, n. 1, 1979, São Paulo, Cortez & Moraes – trabalho esse que não li, mas vi citado em ensaio de Haroldo de Campos mencionado em caquinho anterior.

Haroldo o tem na conta de um "belo trabalho de exegese plagiotrópica". *Exegese*, aqui, não requer explicação; mas *plagiotrópica*, sim. O neologismo de Haroldo serve para designar, naquele ensaio, o processo da evolução literária – "se poderia chamar *movimento plagiotrópico da literatura* (também no sentido etimológico, do gr. *plágios*), derivação por ramificação 'oblíqua', como em botânica se diz do esgalhar de certas plantas". E, em nota de rodapé, na mesma página 131:

> A plagiotropia (do gr. *plágios*, oblíquo; que não é em linha reta; transversal; de lado) [...] se resolve em tradução da tradição, num sentido não necessariamente retilíneo. Encerra uma tentativa de descrição semiótica do processo literário como produto do revezamento contínuo de interpretantes, de uma "semiose ilimitada" ou "infinita" (Peirce: Eco), que se desenrola no espaço cultural. Tem a ver, obviamente, com a ideia de paródia como "canto paralelo", generalizando-a para designar o movimento não-linear de transformação dos textos ao longo da história, por derivação nem sempre imediata.

Isso tudo tem a ver com minha concepção da operação tradutora como o capítulo por excelência de toda possível Teoria Literária (aí incluída a Literatura Comparada nela fundada, com todos os seus equívocos). Assim, o nosso Gregório de Matos é tradutor (transformador) ostensivo de Góngora e Quevedo, como, de maneira menos explícita, mas num profundo sentido de diálogo com as inflexões (tropismos) da tradição, Camões e Shakespeare o são [...] de certas conquistas da dicção dantesca (veja-se, no concernente a Camões, a linha "petrosa" de sua canção "Junto de um seco, fero e estéril monte" e a linha visionária, "paradisíaca", da revelação da "máquina do mundo", no Canto x de *Os Lusíadas*. (H. de Campos, "A Escritura Mefistofélica: Paródia e Carnavalização no *Fausto* de Goethe", em Emir Rodriguez Monegal *et ali.*, "Sobre a Paródia", *Tempo Brasileiro*, 62, jul.-set.1980, Rio de Janeiro, 1980, pp. 130-131, nota 5.)

As obras de arte não são filhas da história político-social etc.

As considerações que Haroldo enunciou me intranquilizaram há muito tempo, mormente em duas ocasiões: na época em que eu preparava minha Tese de Doutoramento sobre a literatura picaresca espanhola, defendida na Faculdade de Filosofia, Ciências e Letras da USP, em 1970, e quando redigia a Tese de Pós-Doutoramento, sobre a Figuratividade (*L'Invention de la Réalité*), Paris, entre 1992-1993, que é, a rigor, um livro sobre o mesmo tema.

O poeta brasileiro pormenorizara, na nota 3, p. 129, daquele estudo, suas concordâncias (maiores) e discordâncias (menores) com respeito aos conceitos de diálogo intertextual e intertextualidade através dos quais J. Kristeva recriara, em *Semeiotikè*, 1969, o dialogismo e a polifonia que Bakhtin pusera a circular na União Soviética, quarenta anos antes. Os conceitos fundadores – que espanta causem alvoroço ainda agora, na primeira década do século XXI, em algumas faculdades brasileiras, como se de novidade se tratasse – estavam, por assim dizer, no ar que respiravam os

PRENÚNCIOS E VESTÍGIOS

literatos e suas "poéticas", na URSS pós-revolucionária. Formulações brilhantes antecipadoras da popularização desses conceitos podem ser colhidas, entre outros, na *Teoria Literária*, tão lúcida quanto a de Bakhtin, mas ignorada, de Schoklovski, sem falar das páginas excepcionais que Bakhtin e Tinianov publicaram, ignorando-se mutuamente (Bakhtin, nos *Problemas da Poética de Dostoiévski*, I. Tinianov num trabalho sobre a paródia), no mesmo ano de 1929.

Foi da lenta reelaboração das ideias iniciais, mais ou menos informes, da plêiade de brilhantes pensadores que foram os formalistas, polidas até chegar à sintonia fina dos anos subsequentes, em que se originaram as acepções das relações dialógicas que não por acaso se esgalham da mesma raiz do *binarismo* do primeiro Estruturalismo, bem anterior – da polifonia, da paragramatização (Saussure que, como se sabe, faleceu em 1913, trabalhou durante trinta anos com esta última, como atestam inúmeros fragmentos seus, alguns dos quais publiquei em *A Identidade e a Diferença*), da carnavalização, de Bakhtin etc. – e, já que cavaqueamos sobre fontes e influências, não custa lembrar que esta última é irmã siamesa da teoria da paródia, de Tinianov: ambas concebiam, por igual, que o mecanismo estruturante desses dois procedimentos ou, como ficou, agora, na moda dizer, das duas estratégias discursivo-narrativas, residia na inversão operada pelo discurso carnavalizador e/ou parodiador, dos discursos carnavalizados e/ou parodiados.

Para Haroldo, ao contrário, a paródia não teria por que ser necessariamente entendida no sentido da imitação burlesca, prevalecendo sobre esse procedimento inversor da normalidade (o grotesco é um discurso inversor, que faz de uma boca, digamos, a porta de saída, não a da entrada de alimentos/pessoas etc.) a significação etimológica dessa classe de discursos, da para-ode, canto paralelo. Outro seria o caso do procedimento mais neutro da estilização, que ficaria reservada para os casos "em que há correspondência exata entre os planos [Haroldo não especifica, mas, quais? porque 'correspondência exata' entre os planos de expressão não pode ser, não existe] das duas obras em jogo" (Campos, 129, nota 3).

No número de maio/1980 (ou 1981, não tenho, agora, onde conferir), a revista *Le Monde de la Musique* traz um artigo com o sugestivo título de "Beethoven, Brahms,Wagner... Todos eles copiaram". E arrola: o tema inicial da *Sinfonia Heroica,* de Beethoven, parece ter sido retirado da Abertura da ópera *Bastien und Bastienne*, que Mozart escreveu ainda menino. Beethoven, por sua vez, também foi copiado: o motivo que emprega na *Sinfonia Pastoral* serviu para abrir o terceiro ato de *Tristão e Isolda*, de Wagner; e o tema central do adágio da sua sonata *Hammerklavier* funcionou como inspiração para Brahms iniciar a sua *Quarta Sinfonia*. Brahms, por sua vez, no *Finale* da sua *Segunda Sinfonia,* parece ter sido copiado por Mahler logo nos primeiros compassos da *Sinfonia Titan...* e a lista é mais comprida do que a "capivara" do saudoso Meneghetti. No Brasil mesmo, muita gente já falou que a melodia principal do nosso mais famoso hino é plágio, ora de Niccoló Paganini, ora de Marc-Antoine Charpentier (esses êmulos retardados dos caçadores de recompensas do Velho Oeste, só a pau...).

Também eu, andei catando piolhos na literatura, relembrando, por desfastio, os dias idos e perdidos gastados à toa na confecção de uma inútil Tese de Doutoramento que ninguém leu – exemplo de tempo bom muito malgastado. Mas o que pretendo dizer é que naqueles malditos dias e malditas noites me dediquei a rastrear episódios, tipos, cenas e quadros que a primeira picaresca espanhola – a que começa com *Lazarillo de Tormes,* em

PRENÚNCIOS E VESTÍGIOS

1554 – foi pinçar na pré-picaresca europeia. Como o leitor, presumo, (ainda) não é meu inimigo, não o exponho a um rol exaustivo de citas, mas como, também, por outra parte, conservo uns sadios laivos de sadismo que devem ser bem cultivados, não o pouparei de se chatear eruditamente, brindando-o com uma pequena amostra disso. Em *La Vida del Escudero Marcos de Obregón* (1618) o conto de vigário que o autor chama de *donilleros* reaparecerá, levemente alterado, na *Histoire Générale des Larrons,* de 1623 (história 19, 1ª parte). Na "Relación I", *"Descanso XVI"* do mesmo *Marcos de Obregón* a traça usada para descobrir um larápio reproduz um artifício que viera no *El Donado Hablador;* o mesmo procedimento é aproveitado terceira vez na *Histoire Comique de Francion* (1631). Certa feita, Alonso, personagem de *El Donado Hablador,* querendo granjear fama de honesto a fim de com ela receber mais esmolas, finge ter encontrado uma bolsa de dinheiro; o mesmo artifício está no *Guzmán de Alfarache,* e sua origem literária escrita parece remontar à "16ª Novella" do *Novelino,* de Massuccio. O amo de Lazarillo de Manzanares está a ponto de descobrir a infidelidade de sua mulher, quando ela, valendo-se de um pretexto abestado, lhe tapa os olhos, enquanto seu amante se escafede; essa burla foi reproduzida à exaustão por toda a literatura de embustes da Europa, à época: ela está na 8ª narração de Pero Alfonso, na 6ª do *Heptamerón,* na 16ª das *Cent Nouvelles Nouvelles,* na 23ª da primeira parte do Bandello, na 2ª do *Sabadini degli Ariente* [*Sabadino degli Oriente*], nos *Gesta Romanorum,* e chega.

Quando os teóricos e críticos de literatura vão descobrir, afinal, que as obras literárias não são criadas nem pela história de seu tempo, por condicionantes sócio-histórico-pessoais, por "reflexos" etc., que elas simplesmente são criadas por outras obras, às quais parafraseiam e transformam na conformidade do princípio milenar do *imitare, immutare* ("imitar, transformar")? Mesmo sendo sugeridas por suas experiências de vida (e por que mais poderiam sê-lo? como poderia alguém falar sobre a vida deixando de lado a única vida que ele conhece fora do seu discurso?), elas se inspiram na substância de conteúdo de suas predecessoras, em seus temas, seus incidentes, sua história; seu sentido. "Todos os poemas de amor do mundo", escreveu Jean Cohen, "falam uma única coisa: eu te amo". Isso significa que, guisados em milhares de glosas do tipo "te amei, não amo mais", "te amarei", "não te amarei", "odiei te amar, hoje amo te odiar", "vai te lascar, pafúncio" e assim por diante, que, traduzidas no popular, querem dizer, todas, em suas diferentes inflexões, "eu te amo").

Tirando por aí, do ponto de vista do conteúdo, do que diz o poema de amor, tudo é repetível. E não há escapatória disso: ou o freguês ecoa o que está aí, nesse "gênero (classe) de discurso" ou, simplesmente, não faz poesia de amor alguma (não faz algo reconhecível pelos leitores como discurso pertencente a esse gênero. É o que dizia P. Valéry ao escrever que: "Rien de plus original, rien de plus *soi* que de se nourrir des autres. Mais il fault les digérer. Le lion est fait de mouton assimilé". ["Não há nada mais original, mais propriamente *seu*, do que nutrir-se dos outros. Mas é preciso digeri-los. O leão é feito de carneiro assimilado."]

Isso não é nada diferente do que sucede com o falante de qualquer língua natural, que terá de repetir as palavras que milhões de ancestrais já falaram séculos antes dele se não quiser resignar-se a ficar mudo.

Já do ponto de vista da "forma", ou seja, do como se diz esse amor, os poemas de amor são irrepetíveis: dizendo o mesmo que dizem milhares de outras produções do mesmo gênero, o único que particulariza um discurso como obra individual é a singularidade de sua forma, no caso, o modo único como ela diz "eu te amo".

Em conclusão, as obras literárias são filhas da sua forma, a que elas mesmas fundam, fazendo-se, e que nascem de dentro delas mesmas, permanecendo irrepetíveis. Sucede que, como qualquer outro momento de triunfo e graça que é concedido a cada membro da nossa espécie pelo menos uma vez na vida, esse instante, que é o verdadeiramente poético, uma vez criado, dado ao camarada pela bondade dos deuses ou pela solércia do demo, permanecerá para sempre em nossas almas.

Esse instante é irrepetível porque acontece só uma vez – e acontece só uma vez porque acontece uma vez por todas, para sempre.

POR FALAR EM IMITAÇÃO

– ou plágio amnésico? – uma das belas *Terzinen uber Vergänglichkeit* (*Tercetos sobre a Efemeridade*), de Hugo von Offmannsthal, começa com um verso –

> *Wir sind aus solchen Zeug, wie das zu Traumen [...],*

> [Somos feitos da matéria de nossos sonhos.]

– que não faz mais do que traduzir ao alemão célebre verso de Shakespeare, "We are made of our dreams stuffe" (*The Tempest*, IV ato) ["Somos feitos da substância dos nossos sonhos"], o qual, por sua vez, dá a recordar "o homem é a sombra de um sonho" (Sófocles), e inspira, ainda no barroco espanhol, *La Vida es Sueño* (de Calderón):

> Sueña el Rey que es rey y vive
> en ese engaño, mandando,
> disponiendo y gubernando
> y el aplauso que recibe

en cenizas lo convierte
la muerte (desdicha fuerte)
[...] quien hay que intente reinar
sabiendo que ha de despertar
en el sueño de la muerte?

Razão tinha Hobbes quando no *Leviathan* advertia que "[...] *imagination and memoir are but one thing, which for diverse considerations hath diverse names*" ["a imaginação e a memória são uma coisa só, à qual em razão de diferentes considerações atribuímos nomes diferentes"].

Aí está: o que é um verso "original"? Fragmento de fragmento de outro verso original. Cacos, meu compadre, é tudo o que fazemos – cacos.

MACBETH, ACT V, SCENE V

MACBETH: *"Wherefore was that cry?*	MACBETH: Que grito foi esse?
SEYTON: *The queen, my lord, is dead.*	SEYTON: A rainha morreu, senhor.
MACBETH: *She would have died hereafter;*	MACBETH: Ela devia adiar sua morte;
There would have been a time for such word.	até chegar o tempo certo dessa palavra.
To-morrow, and to-morrow, and to-morrow,	Amanhã, depois de amanhã, e depois de depois de amanhã,
Creeps in this pitty pace from day to day,	estão a amontoar-se dia a dia nessa misericordiosa paz
To the last syllable of recorded time;	até a derradeira sílaba do tempo que se possa lembrar.
And all our yesterdays have lighted fools	Os ontens que nos deram, iluminaram nossos caminhos de tolos
The way to dusty death. Out, out, brief candle!	que vão ao encontro da poenta morte. Anda, candeia fugaz, apaga-te!

PRENÚNCIOS E VESTÍGIOS

Life´s but a walking shadow, a poor player	A vida é uma sombra que passa, um mísero ator
That struts and frets his hour upon the stage	Que no palco se pavoneia a enfadar por meia hora
And then is heard no more: it is a tale	E não mais se volta a ouvir; ela é um conto
Told by an idiot, full of sound and fury,	Narrado por um demente, cheia de estrondos e de loucura,
Signifying nothing.	E que não tem o menor sentido.

Retirado da totalidade que é, em si mesmo, *Macbeth*, tudo o que, nesse decantado caquinho do (talvez) maior dos dramaturgos (mas, e Sófocles? e Calderón? e Lope de Vega? E Ibsen?), escapa de ser tirada pachola e pernóstica (tipo "a vida é sombra que passa" etc.) virou, com o tempo, um chorrilho de lugares-comuns. No entanto, no seu todo, *Macbeth* é algo tão grande que não só engoliu todo o bombástico efeito oratório desse trecho como, mais do que isso, usou-o para sobre ele edificar boa parte de sua grandeza.

Mas, que diferença quando a mesma coisa se reproduz, com maior economia de meios, condensada e em tom menor, com aquele minimalismo quase de cavaco casual, no "Momento num Café", do nosso Bandeira! (cf. "a vida é uma agitação ("life's but a walking shadow") feroz ("full of sound and fury") e sem finalidade ("signifying nothing")":

Quando o enterro passou
Os homens que se achavam no café
Tiraram o chapéu maquinalmente
Saudavam o morto distraídos
Estavam todos voltados para a vida
Confiantes na vida.

Um no entanto se descobriu num gesto largo e demorado
Olhando o esquife longamente.
Este sabia que *a vida é uma agitação feroz e sem finalidade*,
Que a vida é traição
E saudava a matéria que passava
Liberta para sempre da alma extinta.

Ficino, Erasmo e Petrarca

Para um humanista do Renascimento como Ficino, o valor do objeto que alguém se propõe a alcançar como meta de sua vida não está tanto no ponto terminal de sua jornada quanto na travessia, no áspero caminho de iniciação que todo neófito percorre esporeado pelos desejos de colmatar as expectativas sempre estapafúrdias de sua alma.

Para Erasmo de Rotterdam, outro renascentista, o homem não pode se identificar com a alma que contempla a própria vida, porque a alma é essa mesma vida: o homem é um ente frágil (repetiremos o exausto *caniço pensante*, de Montaigne?), que comete horrores e barbaridades, é um bruto demente etc., o que se quiser; mas, tudo bem considerado, a loucura maior é querer o pateta escapar ao seu destino, posto que seu destino é sua própria vida – e da vida, como da morte, ninguém escapa.

E para F. Petrarca, que explana (em sua *Epistola a Tomás Caloria*) seu método dialético como "um passo no caminho para realizações mais elevadas": "O viajante que, pelas atrações da rota esquece seu destino, com certeza tem algo de louco".

Ignoro do que é que essa gente toda tem medo. Para que a livusia, para que arrebentar a aleluia no arraial, se, como diz velho pai-de-santo, amigo meu, afetando ares oraculares, "nada será nada"?

PRENÚNCIOS E VESTÍGIOS

O ESPELHO NO ROMANCE UNAMUNIANO

O espelho em *Cómo se Hace una Novela* é um símbolo da morte. Em *La Esfinge*, há uma cena em que Ángel, o protagonista, se contempla em um espelho e uma outra surge em *El Otro*, assim interpretada por Zubizarreta (*Unamuno en su Novela*, Taurus, 1960, 158):

> *El Otro se acerca al espejo y trata de estrangular su imagen, pero nota que las manos se le acercan a él mismo y, temeroso, rompe a llorar y cae de rodillas. Matar – quizá el otro – es matarse, como haber matado al muerto, al hermano gemelo, el otro yo, es llevar sobre sí su muerte y sufrir el remordimiento enloquecedor. El otro termina suicidándose por la desesperación de ser verdugo y víctima.*

[O Outro aproxima-se do espelho e tenta estrangular sua imagem, mas nota que suas mãos se aproximam dele mesmo e, temeroso, começa a chorar e cai de joelhos. Matar – talvez o outro – é matar-se, bem como ter matado o morto, o irmão gêmeo, o "outro eu", equivale a impor-se sua própria morte e sofrer um remorso enlouquecedor. O outro termina suicidando-se pelo desespero de ser verdugo e vítima.]

Não custaria muito a Zubizarreta recordar que se poderia ler essa passagem como uma metáfora da situação que Espanha vive nos anos da sua Guerra Civil – este seria o *texto trópico* (alegórico) que transcende o *texto literal* (= ao pé da letra), outorgando-lhe uma significação artística. Mas, já que ele não o faz – estando na desvairada Espanha daquela hora, Zubizarreta teria sobradas razões para nem sonhar com a possibilidade disso –, faço-o eu, que estou formoso e pimpão bem fora da hora e daquela Espanha lunática, *Deo gratias* (quem tem mucumbu tem medo).

O filósofo sabia que, se uma nação não pudesse viver uma outra História diferente da sua, ela não poderia viver a sua própria História, visto que essa se compõe de uma infinidade de acontecimentos, cada um dos quais poderia ocorrer em outras nações. Ora, bem: se uma História qualquer vale, assim, qualquer outra História, por que perder tempo com a etiqueta que vem apensa a elas? Valendo o que valemos, "eu" e o "outro", abstraídos das *circum-stantiae* (= dos condicionamentos do seu entorno pessoal), do espaço e do tempo que nos singularizam, valemos o mesmo – quer dizer, valemos às vezes quase tudo, às vezes quase nada: se um só homem é todos os homens (J. L. Borges, *El Inmortal*), então é absolutamente certo que uma só História é todas as Histórias.

O papel da imaginação na ficção

A função da imaginação não é inventar o mundo, a vida – é inventar as figuras – as imagens – deles. A ela cabe descobrir o que a vida é quando não está submetida às regras pétreas, censórias e falsárias da razão. Não é, pois, descobrir a verdade, que isso é coisa que ninguém pode fazer, nem os cientistas, que sabem bem que não dizem a verdade acerca da realidade, porque nunca viram realidade alguma, nem os ficcionistas, que sabem que só podem ser verdadeiros para com o que é imaginário, para com o simulacro dessa realidade ao modo do parecer que eles próprios criaram, nunca para com a realidade "real", ao modo do ser.

Se o que chamamos de realidade "real" existisse para além de nossos sonhos, ela teria de ser, por definição, um universal. Ora, os universais são conceitos gerais, meros nomes, paradigmas, ou seja, unidades semióticas construídas, que pertencem à metalinguagem de descrição, e não existem como objetos, na realidade (como "a humanidade", "a compaixão", "a fraternidade", digamos, que não existem *a se* por si mesmas, em lugar algum). Mas, inversamente,

PRENÚNCIOS E VESTÍGIOS

se nos colocarmos dentro da realidade de nossas vidas, nos encontramos sempre com um objeto sensível, particular (como "este homem aqui", "aquele outro ali"); só estes são reais e cognoscíveis (arrisco-me a pensar que exatamente por isso Cristo não nos mandou amar a humanidade, mandou amar o próximo). Já os conceitos paradigmáticos, que, diferentemente das unidades ocorrenciais, sintagmáticas, não pertencem à ordem das semióticas-objeto, pois são só elementos da metalinguagem descritiva, não existem senão em nossa mente e são, por isso, incognoscíveis.

Quanto ao papel que a imaginação desempenha na ficção, uma coisa é certa: só posso lidar cognitivamente com uma coisa, depois que a inventei ou reinventei a meu modo: a pedra de toque para se conhecer a imaginação está na faculdade que ela possui de mostrar, sempre, que seu objeto, seja ele qual for, poderia ser diferente do que é.

A imaginação na ficção – ii

A causa do que afianço no caquinho acima é o reconhecimento de que a vida é uma realidade imaginária. Quero dizer com isso que a vida inclui tudo o que existe, que só a imaginação, que é cínica, pode apreender e, falsa ou autenticamente, explicar. Por não poder fazer a mesma coisa, a ciência, cujo conhecimento é da ordem dos saberes relativos a um só objeto, e se dota portanto só de um conhecimento parcial, é e será sempre impotente para compreender a vida ou a realidade como elas verdadeiramente são: a vida e a realidade constituem em si por si mesmas *totalidades*, não são uma *parte* da vida ou uma *parte* da realidade.

Detalhando: a ciência produz discursos que contêm só saberes parciais, eu disse. Saber, porém, o que a vida é, exige conhecer tudo o que há para conhecer. Ora, ciência alguma é capaz de produzir um "saber absoluto", capaz de responder a "perguntas absolutas" (que perguntam sobre tudo). A questão é que cada ciência que surge para o mundo ao adotar como objeto de estudo exclusivo uma minúscula parte da infinita realidade –, não pode produzir "geralistas", pode só produzir "especialistas", camaradas que eram, nos longínquos anos de minha juventude, jocosamente definidos como sujeitos que sabiam cada vez mais sobre cada vez menos, até chegar a saber tudo sobre nada – definição cínica também, também provocativa, lógico, mas ainda assim pertinente porquanto retém algo de indeterminadamente verdadeiro na medida em que certa porção de cientistas não se deram conta, ainda, de que para saber alguma coisa, é necessário, antes, saber tudo o que há para saber.

Essa é uma exigência que decorre da descoberta de que é a totalidade constituída – o cosmo – que dá sentido às suas partes constituintes, não o contrário (que é o que cada ciência faz: saber cada vez mais sobre cada vez menos etc.).

Em que ficamos?

Se a realidade for uma (for uma totalidade una), a ciência que a explique terá de ser a mesma coisa. Pois bem: a realidade é uma, a ciência deveria ser uma – mas não é assim que ela se apresenta para nós.

Tudo o quê, somado, significa que, estando as coisas todas do universo inextricavelmente enredadas umas nas outras, para saber alguma coisa acerca de algo que pertence ao todo, é necessário, antes, saber tudo sobre a totalidade cósmica. Saber tudo o que há para saber, porém, dar respostas absolutas, é coisa que ciência alguma pode fazer – tampouco o conjunto de todas as ciências, dado que o conhecimento científico não constitui, ainda, e talvez nunca venha a constituir, um saber unificado. Ou seja: a realidade é uma, a ciência deveria ser uma, mas não é – nunca será. Assim sendo, a ciência é impotente para dar conta da realidade.

PRENÚNCIOS E VESTÍGIOS

O que concluo disso é que *a realidade é imaginária*. A realidade a que me refiro aqui não é a física, é aquela em que penso quando penso nela: uma imagem. Nesses termos, o mundo *não é algo que é, é também algo que se faz* – que é feito por cada um de nós quando pensamos nele. *O mundo como vontade e representação*, tomo I, de Schopenhauer começa exatamente por aí: "Toda filosofia séria começa com esta proposição: 'o mundo é minha representação'".

Repetindo-o, não faço mais do que ratificar o que já há dois mil anos dizia São Paulo, com toda a vantagem de ser santo dos mais solertes, de auréola areada, *nunc videmus in speculum, per aenigmate*, "no presente, vemos como em um espelho, por imagens misteriosas". Todos sabemos o que o santo dos gentios pretendeu dizer com isso – está lá na Bíblia, claramente, a oposição entre as duas realidades, a deste baixo mundo dos homens sob o sol, que é "enigmática" (não parece ser o que é, nem é o que parece ser), e a do mundo transcendental, dos deuses (que é verdadeira, mas não parece ser).

Quanto a mim, que nunca me fiei em minhas forças para falar sobre metafisiquices, com o que disse queria dizer, primeiro, que *o real inclui a imaginação*; e, segundo, que, incluindo-a, a realidade se faz imaginária, vale dizer, inapreensível. E digo bem: a compreensão humana, que é em grande parte produto da imaginação, dever ser alertada para o fato de que essa mesma imaginação que nos faz ver o que o mundo é, nos faz ver também que tudo pode ser diferente do que é – vale dizer, do que parece ser (quem não percebe que tudo poderia ser diferente do que é ou do que parece ser não tem imaginação).

Então, volto à vaca fria: a imaginação tem a função de nos mostrar que tudo pode ser diferente do que é – *id est*, que o que não existe ao modo do parecer existe ao modo do ser. Com efeito, é sempre assim que todo leitor de ficção a lê: como se ela dissesse a verdade. Se ele não aceitar *in limine* essa soberana convenção do *é como se...*, ele não lê ficção alguma.

EDWARD LOPES

História do corpo

As células que formam nosso corpo físico estão sendo constantemente substituídas por outras, novas. Assim, a determinados intervalos de tempo, nosso corpo físico é inteiramente substituído por outro corpo. Nossa existência física consiste numa transformação incessante: antes de um primeiro instante não somos coisa alguma, depois, quando somos, somos *este eu* (não outro), a seguir somos eu e o outro, simultaneamente – o corpo vivo e o corpo morto. Se mudamos é porque somos, dialética e concomitantemente, um eu, si-mesmo, e outro, diferente.

Repetindo Borges, ao longo de nossa existência começamos por ser "Todo Mundo" até que, após dobrar o topo da montanha para encetar a descida no outro costado dela, nos aproximamos cada vez mais de ser "Ninguém", como Ulisses na cova de Polifemo.

Para o pobre corpo humano, toda história termina sempre onde começa. Entrando na temporalidade ou saindo dela, a vida é um círculo infernal que vai do Nada ao Nada.

Nesse teatro de sombras chinesas, nos agitamos apenas e fazemos muito ruído para fingir que valemos alguma coisa. Mas nada verdadeiramente acontece. E onde nada acontece, nada há para ser comentado.

A realidade e a ficção como duas macrossemióticas

O discurso não é feito de nenhuma realidade física, fenomênica, que pudesse ser desligada de relação conosco – e é essa relação conosco, que, a rigor, nos põe a ambos no mundo e nos faz existir contemporaneamente: eu não existo sem o mundo, nem o mundo existe sem mim, porquanto vivemos mergulhados um no outro – eu existo no mundo, mas o mundo existe em mim:

– ao entrar em contato exteroceptivo com o nosso corpo, o mundo se converte em uma macrossemiótica do mundo natural (se converte em "natureza"),
– ao mesmo tempo em que as sensações que lhe correspondem interoceptivamente, dentro de nossas mentes, se convertem em uma macrossemiótica do mundo cultural (em "cultura").

Assim, podemos compreender a afirmação de que o discurso não é feito de realidade, o discurso é um fragmento feito de outros discursos-fragmentos – e é da matéria desses outros que cada um deles constrói, aparentemente totalizada e fechada em si mesma, a sua própria realidade, a qual, a rigor, não tem em si mesma nenhum limite – não começa na primeira palavra que o abre, nem termina naquela em que pingamos o ponto final, porque todo discurso se abre em continuação de outro(s) anterior(es), do passado, e se fecha exatamente no ponto a partir do qual ele será continuado por outro(s) posterior(es), a ser redigido(s) no futuro. É que, nas palavras de A. W. Schlegel (*in Kunstlehre*),

> Das Grösste wie das Kleinste, das Wunderbaste, nie Erhörte, ja das unmögliche und undenkbare gleitet mit gleicher Leichtigkeit uber unsere Zunge.

[O maior e o menor, o mais maravilhoso e o inaudito, tanto quanto o impossível e o impensável deslizam com igual ligeireza em nossa língua.]

É possível que esse fosse o jeito de Schlegel de dizer que a literatura não fala da realidade fora do discurso, porque a realidade de que o discurso fala é feita pelo discurso que fala dela.

EDWARD LOPES

Vidas Secas, obra-prima regional e universal

No discurso, portanto, a única realidade que existe é um discurso sobre a realidade que ele próprio criou. Ela, em princípio, não necessariamente teria de ser compreendida como um correlato subjetivo de outro correlato objetivo de nosso entorno imediato, embora seja perfeitamente legítima essa interpretação literal. Em termos mais claros, talvez, o mundo criado por *Vidas Secas*, de Graciliano Ramos, digamos, pode, legitimamente, ser interpretado como o correlato subjetivo que tem o sertão nordestino (Alagoas etc.) como seu correlato objetivo.

Não há nada de errado nessa interpretação, porque interpretar quer dizer traduzir um discurso-objeto a ser decodificado por meio de outro metadiscurso interpretante, que é da ordem do poder-ser ("esse mundo de *Vidas Secas* pode ser o correlato subjetivo do que é, objetivamente, Alagoas"), mas é, também, da ordem do poder não-ser – afinal, não é só em Alagoas, nem mesmo só no sertão do Nordeste brasileiro, que existem "vidas secas", homólogas àquelas descritas nas páginas do romance homônimo de Graciliano. Essa é uma verdade acaciana de que nos capacitamos ao ver que podemos considerar as imagens todas desse romance como metáforas de situações humanas de misérias, desventuras e opressões que são universais – a fome, por exemplo, ou a seca, ou outra calamidade natural qualquer que expulsa o ser humano de sua terra natal e o obriga a migrar para outras terras, ou, ainda, a exploração que os possuidores, os latifundiários e patrões fazem dos proletários despossuídos etc.

Nessa perspectiva, *Vidas Secas* pode ser interpretado como o correlato subjetivo do que ocorre com os miseráveis em todos os lugares do mundo, na Sibéria, nos Estados Unidos, no

Tibete, em São Paulo, em Cabrobó do Bode etc. – é essa multi-valência que faz de *Vidas Secas* uma obra universal, além de ser, também regional.

E essa realidade é aquela que ela própria, *Vidas Secas*, cria como efeito-de-sentido simulado pela verossimilhança (pelo parecer-ser-real). Está em tela de juízo, aqui, uma realidade própria de *Vidas Secas,* que foi feita apenas dos enunciados que a descrevem dentro dele e em virtude disso existe toda inteira e unicamente nele, como efeitos-de-sentido seus. A partir daí, ela só se deixa conhecer na intertextualidade intra-discursiva de *Vidas Secas*, pois os efeitos-de-sentido são feitos de coisas que não existem na realidade exterior à mente humana: enunciados, atores e palavras, existem unicamente na obra em causa.

CRER E SABER. O CRER-SABER COMO O PRESSUPOSTO IMANENTE DO SABER

Só os idiotas se riem da fé. Tal como o saber é pressuposto no enunciado, assim também o crer saber é pressuposto no saber: se eu não acreditar que a sentença

A terra gira ao redor do sol

exprime algo verdadeiro, essa informação que constitui um saber para outros, constitui apenas um não-saber para mim. Os teólogos da Idade Média tinham razão quando arvoravam a divisa *credo ut intelligam,* "creio para saber": se você não acreditar no que sabe, se tornará um inconsciente, alguém que não sabe que sabe.

O crer-saber é o pressuposto imanente do saber.

EDWARD LOPES

Estratégias poéticas barrocas em Lope de Vega

Três estratégias poéticas do barroco frequentes nas produções de Lope de Vega – a construção do plano de expressão sobre o suporte de um módulo fônico recorrente, a poli-isotopia de
um termo-chave e o equívoco –, constroem a beleza do segmento
abaixo de *El caballero de Olmedo*

> *Yo parto, y parto a la muerte,*
> *Aunque partir no es perderte,*
> *Pues si el alma no se parte,*
> *Cómo es posible dejarte,*
> *Cuánto más volver a verte?*

a) o módulo fônico recorrente é /p.r.t/, empregado seis vezes
integralmente, mais outras três vezes nas variantes interpoladas
dele, /p.r.d.r.t/ (*perderte*), /m.r.t/ (*muerte*), /v.r.t/ (*verte*). Na sua
versão mais reduzida, de vibrante mais oclusiva alveolar surda,
/r.t/, o módulo, que é igualmente frequente (em *parto*, *partir*,
perderte, *parte*, *dejarte*, *verte*), joga com dispositivos formais que
estruturam todo o esquema fônico da *quintilla*.

Isso que chamo de "módulo fônico" se aparenta, visivelmen-
te, com o que Cesare Pavese denominava (*El Mestiere di Vivere*,
I, 15 de dezembro de 1935) de núcleo de uma situação sugestiva
informe, encarnado num ritmo aberto, e descrevia assim:

> Movendo-me em torno de uma situação sugestiva informe, eu me
> repetia um pensamento, encarnado num ritmo aberto, que era sempre o
> mesmo. As diversas palavras e interrelacionamentos coloriam essa nova
> concentração musical, individualizando-a. E o grosso do trabalho estava
> feito. Restava, apenas, retornar sobre esses dois, três ou quatro versos,
> quase sempre, nesse estágio, definitivos e iniciais, torturá-los, interrogá-
> -los, adaptar-lhes desenvolvimentos variados até o momento em que eu

dava com aquele que era o justo. A poesia deve ser inteiramente extraída desse núcleo de que falo.

Nesse sentido – aqui, meto minha colher torta – todo o poema, inclusive seu final, está contido no início dele:

b) mas é a sequência **/p.r.d.r.t/** ("perderte"), versão expandida dele, que constitui sozinha o módulo fônico dominante (aquele que organiza a estruturação de todo o percurso figurativo do plano da expressão) da *quintilla*.

Nesse papel, esse módulo anagramatiza sozinho 3 segmentos ocorrenciais, com pequenas variações contextuais:

b.1) uma vez como /p.r.d/, forma reduzida da formação-tipo, e variante contextual da dental /t/ com a troca do traço "surdo" do /t/ pelo traço "sonoro" do /d/, cf. "(p)e(r)(d)erte") (os demais traços permanecem iguais);

b.2) a segunda vez, como /p.r.t/, mesmo, (em "(p)e(r)der(t)e"; e

b.3) a terceira vez, enfim, fundida num *paragrama* totalizante, como /p.r.d.r.t/, a forma expandida da formação-tipo dominante, "(p)e(r)(d)e(r)(t)e".

c) Além de *módulo* "master", do padrão fônico que dá o arcabouço do percurso figurativo do plano de expressão, o mesmo módulo sequencial **/p.r.d.r.t/**, recorrente no plano de expressão, constitui também o módulo-tipo semântico dominante, pois que lhe cabe a tarefa de organizar todo o percurso temático do PC (plano de conteúdo) que dá sentido ao percurso figurativo do PE (plano da expressão).

Com efeito, a estrofe-objeto fala de *uma partida* (repetida 3 vezes) *que,*

c.1) de um lado, anuncia que o *Caballero* que se despede está prestes a *ausentar-se corporalmente* da presença de sua amada:

partida = ir-se embora fisicamente, no sentido agentivo, deslocar-se de um espaço tópico exteroceptivo próprio, "aqui", locus protetor do "eu" para um espaço diatópico alheio, "lá", lugar ameaçador, do outro ("... *y parto a la muerte*"); logo, o 1º verso estabelece a correlação semântica fundamental, entre uma textualização literal e outra metafórica:

parti r= (sentido agentivo) passar do "espaço próprio "p/ o "espaço alheio" : : passar da "vida para a morte"

textualização literal .... → textualização metafórica

c.2) mas, por outro lado, esse "partir-se" engloba uma ameaça, do deslocamento do Caballero por um espaço não físico-exteroceptivo, mas, em vez disso, por um espaço transcendental (subjetivo e patêmico), interoceptivo, em que a ameaça que pesa sobre o viajante é a de "perder, com o afastamento físico da mulher a quem ele ama, a ela mesma, (hiperbolicamente valorizada como "a sua própria alma"); *partir*, agora, adquire a acepção de, com o distanciar-se fisicamente dela, "ser partido em dois / perder sua alma":

partir(-*se*) – (sent.passivo e patêmico) = passar do estado-de-alma de conjunção com a amada para o estado-de-alma de disjunção com ela : : passar da "vida da alma" p/ a "morte dela".

Essa "despedida do "caballero que está a ponto de ir ao encontro da morte" demarca, assim, um espaço-limite para a sua própria existência, consubstanciada no risco que ele corre, com ela, de *morrer física e espiritualmente*. Mas, consolando a amada que fica, ele tenta afastar esses temores dela – e diz: "*partir no es perderte / pues (mi) alma no se parte* (entenda-se: 'permanece contigo', por mais longe que meu corpo esteja; e estando contigo, que és a minha alma, eu não te perderei nem em verdade te deixarei – e assim sendo, estarei vendo-te a todos os instantes, de sorte que perde qualquer sentido a expressão 'voltar a ver-te')".

Temos, então,

d) a isotopia de "cortar, separar"; que corrobora (a) o *sentido literal* "*de* (d.1.a), *de* (d.1.b) e (d.1.c), acima;

e) do ponto de vista da forma do conteúdo, os termos-chave são *parto* e *partir*, que conotam as isotopias de três diferentes textos:

i. *parto,* na isotopia de "sair";
ii. na isotopia de "cortar, separar"; e
iii. na de "dar à luz" (é duvidoso que se possa textualizar essa terceira isotopia, aqui, já que a pinçamos descontextualizada do restante do poema). Vamos abandoná-la, por isso, em nossa leitura.

Mesmo abandonando-a, no entanto, as outras duas, (i) e (ii), abrem para dois textos diferentes e no entanto ligados:

– *texto 1 (t. literal),* textualizado sobre a (neol.) isotopia-base (i) – o poema exprime uma despedida entre amantes;
– *texto 2 (t. trópico ou alegórico),* textualizado sobre a isotopia-base (ii) – o poeta diz, ao se despedir, que seu corpo se vai, mas sua alma fica com a amada (pois não há como cortá-la em duas partes, para que uma vá com ele e a outra fique com ela: (*el alma no se parte*). Sobre esse entendimento, que serve de base, se cons-

trói o entendimento posterior do verso, visto que ele explica que *partir no es perderte;* pois, de um lado, como o v. 1 declarou, o corpo do poeta-amante se divide do corpo da amada e ele parte fisicamente, o que conota a "partida" com a "morte física"; como, por outro lado, as almas dos amantes estão fundidas numa só, se a alma do poeta não pode separar-se jamais da alma da mulher que ele ama (*si el alma no se parte*), não há força que os possa separar (*cómo es posible dejarte?*); e se eles não se separam, continuando em conjunção no mesmo espaço, mesmo que seu corpo físico esteja longe, como poderá ele "tornar" a vê-la"? (*cuánto más volver a verte?*).

A apreensão conjunta das isotopias contidas nesses dois textos constrói a estratégia discursivo-narrativa de um tropo barroco, o *equívoco* contido em *partir*, tão bem aproveitado pelo autor de *El Caballero de Olmedo* para dele retirar um belo efeito poético.

O discurso poético

Buscar, além dos aspectos externos da identidade, que fazem referência ao outro tipológico, para repeti-lo ou para negá-lo, os aspectos internos, os fatores de auto-organização dessa identidade, mediante os quais o poema faz referências a si mesmo, para repetir-se ou para negar-se. Por exemplo – é um mero palpite –, a função poética poderia explicitar-se do seguinte modo, no soneto clássico:

PRENÚNCIOS E VESTÍGIOS

Função poética

Princípio de hetero-organização Fatores exógenos:	vs	Princípio de auto-organização Fatores endógenos:
o esquema de estrofes (14 vv.), métrico (decassílabo etc), rímico (abba –abba –cdc – dcd etc.) desinvestidos, são fatores do enunciado ligados à competência repetível, paradigmática (de um discurso-tipo, abstrato) do sistema (da *langue*) poética.		a entonação, os tons, as assonâncias e consonâncias, o ritmo, o esquema de rimas investidos, que são fatores da enunciação, ligadas à performance irrepetível, sintagmática, de um dado discurso-ocorrencial, membro de uma classe dos discurso-tipo).

Astronomia e astrologia

Acho bom recordar, com Ch. Descamps (*Nouvelles Frontières de la Science. Entretiens avec Le Monde. 3. Idées Contemporaines,* Paris, La Découverte/Le Monde, 1984), que a diferença entre Astronomia e Astrologia não pode ser estabelecida em termos de saber *stricto sensu,* porque na Astronomia há menos conhecimento do que na Astrologia. Acho que a diferença, porém, está em que, na Astronomia, temos um saber parcial, que é o da classe dos discursos científicos, ao passo que na Astrologia temos um saber absoluto, da classe dos discursos míticos (revelados ou ideológicos). Ora, saber tudo é privilégio das axiologias, dos mitos, das religiões, e é, também – não esquecer – a marca mais denunciadora da charlatanice, já que *le réel demeure aussi problématique qu'au temps de Pythagore* (Christian Descamps).

EDWARD LOPES

CAMÕES E BÉCQUER

Contam – se é verdade, não sei – que Camões e Bécquer perderam, em penosas circunstâncias, os originais de suas obras. Brincando com outra ideia de Borges, direi que o português num naufrágio questionável, mas cuja autenticidade deve ser postulada já que ele metaforiza à perfeição (ele mesmo o diz ao final de seu luminoso poema) o naufrágio concomitante de sua pátria, e, como todos sabem, os tropos são em arte mais reais do que as banalidades que costumam ser o conteúdo dos incidentes históricos; e o sevilhano em consequência das tropelias da revolução de setembro de 1868.

Por vezes me surpreendo conjecturando (especulo ainda com a malícia de Borges) que os textos originais, remetidos ao eterno esquecimento, seriam chatos e pífios, e que Camões e Bécquer, inscientes de que a memória é uma faculdade imaginante, ou um *wishful thinking,* acreditavam entregar-se ao laborioso exercício de revocar formas originais quando reescreviam suas obras, e nem teriam suspeitado, jamais, de que recuperavam não a forma primeira de seus escritos, mas sim as formas primordiais, os protótipos (se não os arquétipos platônicos), daquilo tudo que a nossa espécie grafou para perpetuar seus remorsos e suas mentiras, essas duas coisas essencialmente humanas. É possível que não se perceba que a casualidade (outro nome com que mascaramos nossa ignorância acerca dos mecanismos que regem as causalidades mais profundas), tenha se manifestado na fatalidade dessas perdas para emprestar a obras votadas às valorações ordinárias o toque mágico que as transmudou em esplêndidas realizações.

O que importa na poesia – como em qualquer outra arte – é o projeto de fazer mediante o qual o artista produz o esboço de uma composição que será, sempre, enquanto obra nascida de um impulso criador autêntico, o anelo de um mito coletivo de que o artista se fez porta-voz, mas que permanecerá *ad eternitatem* no estado inacabado de discurso (todo discurso é inacabado), enquanto não tiver um leitor que, lendo-o, interprete esse discurso e o arremate por sua conta, convertendo-o em um texto: sem o leitor, o espectador, os atores, o pintor, o violinista que a seu modo os interpretam, os discursos verbais, as edificações, os *scripts*, os quadros, as partituras permaneceriam sendo cacos – fragmentos –, verborreias caóticas, montes de tijolos, blablás desconexos, telões borrados, barulheiras irritantes e não se alçariam, jamais, à condição de textos, catedrais, peças teatrais, pinturas, sinfonias.

Em *Os Lusíadas* e nas *Rimas* se cumpriu a mais alta condição a que pode aspirar se elevar o destino de um artista: o de aceitar, mediante o esquecimento do que é provisório (estas figuras--ocorrenciais que a manifestam), a colaboração da divindade para recuperar o que é eterno (a figura-tipo da *arché* artística). Só com essa colaboração é o artista capaz de fechar em esquemas intemporais a multidão desaforada das experiências iguais dos homens de todos os climas e de todos os tempos para as quais esses poetas cunharam a expressão mais adequada, que debalde procuraríamos a vida toda e sem a qual o que vivemos não teria o menor sentido.

Experiências pragmaticamente variáveis, pois, ao modo do parecer diferentes, mas paradigmaticamente invariantes, e, portanto, iguais, ao modo do ser, de que eles nos pouparam o vão labor de repetir: *a história de todos os homens é a história de um único homem* (para prová-lo, esse enunciado em itálico que pela segunda vez aqui coloco, fui buscá-lo em Borges, que o foi buscar em Carlyle, que o foi buscar em Platão, que o foi buscar no esoterismo egípcio, que o foi buscar em... *nihil novum sub sole*).

EDWARD LOPES

Por que o escritor escreve?

Não sei – para mim é o mesmo que perguntar por que a ave voa e o vento sopra. Mas vou substituir essa pergunta aí de cima por outra, que está mais próxima do terreiro onde cisco: por que *o ficcionista* escreve? E abaixo ponho especulações minhas sobre especulações deles, quero dizer, sorvidas do leite de outros autores que ordenhei, os quais, por sua vez, as sorveram de outros úberes mais poderosos (Kant, Schoklov, Martínez Bonatti, Croce, Unamuno...)

Começo com Kant, para lembrar que é paradoxal, mas ninguém participa deveras dos dois acontecimentos mais importantes de sua vida, que são o nascimento e a morte. "Participar", neste contexto, significa ter uma experiência própria e atual de um acontecimento, coisa que só se pode ter referindo a presente experiência a uma experiência análoga anterior, com a qual possamos compará-la para reconstruir a atual na forma de um saber. Acontecimentos rigorosamente inéditos, nascer e morrer não são, exatamente, "experiências" – uma, porque ninguém vive seu nascimento, já que para ter experiência é preciso primeiro já estar vivo; assim, as experiências de uma pessoa vão principiar a existir só depois de ter decorrido meses ou anos de estar ela no mundo; duas, porque, do mesmo modo, ninguém vive sua morte, visto que a morte se constitui precisamente da cessação de toda e qualquer experiência; *ergo*, ninguém pode dizer o que é que morrer significa.

Se, à parte especulações míticas e metafísicas, não sabemos por que, afinal, nascemos e morremos, não sabemos, tampouco, por que vivemos – talvez Malraux estivesse perto da verdade ao afirmar que é a morte que transforma uma vida (existência incompleta, e, portanto, sem sentido) num destino (existência completa, com sentido).

PRENÚNCIOS E VESTÍGIOS

Em conclusão: de um ponto de vista racional, fenomênico e não-metafísico, Shakespeare tem razão: a vida não tem nenhum sentido.

Dá-se, porém, que, para qualquer ser humano, de qualquer condição, em qualquer circunstância, é necessário que a sua vida tenha um significado. Repito: a vida não tem nenhum sentido, mas é preciso que tenha. Logo, se ela não tem um sentido real, não nos resta outra alternativa que não seja a de inventar um sentido para ela.

Está aí a origem dos sentidos que construímos para ela com os nossos discursos. Tanto quanto posso ver, essa é a razão de ser mais profunda da nossa "ficção": fazemos ficção para dar um sentido à vida, que não tem nenhum.

A FICÇÃO POLÍTICA. CONRAD E MACHADO DE ASSIS E O TEMA DO PODER

Nostromo talvez não seja a grande narrativa política de Conrad, mas é, sem dúvida (a opinião é de um crítico inglês cujo nome não me ocorre), aquela que melhor exprime o quanto a política deve ao exercício da ilusão. O caso é que não há como fazer política sem ser guiado por um ideal qualquer, a realizar. E o que são os ideais todos senão sublimações de metas ilusórias?

Da força do ideal se origina a instigação compulsiva característica do poder. O discurso político é, sempre, uma fala do poder, enunciada quer de dentro do lugar do poder (a fala jussiva, dos comandamentos da axiologia conservadora), quer de fora dele, ou seja, do lugar do não-poder (a fala subversiva, reformista ou revolucionária). Em um ou outro caso, contudo, o discurso político se instala no conteúdo enunciado, o qual se ocupa da distribuição dos lugares do poder entre os diferentes postulantes a ele.

É da força do ideal que se origina o poder, quer seja ela resultante daquela idealidade movida ao sabor da ilusão construtora, quer ao sabor da ilusão destruidora, ou das duas, ao mesmo tempo. Não só porque, como repetiram à exaustão os marxistas, o poder corrompe, posto que a falta do poder talvez corrompa ainda mais; o que se dá, de fato, o que é verdadeiramente novo na aquisição do poder é o mecanismo de autodestruição que ele traz na sua esteira, suprimindo aquilo mesmo que ele antes construiu. Destarte, a ilusão do poder culmina, enquanto ilusão, numa desilusão que se constitui, em essência, como destruidora de si mesma.

Em *Nostromo*, o vínculo que liga irredutivelmente os atores são as ilusões destruidoras de todos os ideais desrealizados – o ideal de autoperpetuação do ditador despótico, o ideal do *businessman*, o ideal liberal, o ideal da honra externa, pessoal, o ideal do revolucionário que imita Garibaldi e o ideal cínico, que, na negação da motivação de quaisquer ideais como disparadores da ação, pretende, paradoxalmente, negar todos os ideais – sem se dar conta de que isso, precisamente, o querer negar todos os ideais, constitui a afirmação de seu ideal – essa aparente inconsciência, esse alegado não saber que sabe, é que faz dessa atitude uma atitude cínica.

O crítico a que aludi sem o identificar, acima, declara pois, se bem me recordo, que o grande tema conradiano é a ilusão. Acho que está bem; mas, acrescento por minha vez, no fundo é sempre algum tipo de ilusão o grande tema de todos os escritores.

Julgando só por ele, Conrad e Machado, por exemplo, são da mesma família. Também o nosso autor tinha, digamos, para especificar melhor um de seus tipos prediletos de ilusão, o poder como miragem e mistificação. A força do poder político reside, para o mestre, em parecer poder: seria preciso citar a "Teoria do Medalhão", "A Cartomante", "A Igreja do Diabo", "Cantiga de Esponsais", "O Alienista"...? e quem não se lembra das catástrofes provocadas pelo choque entre o parecer e o ser (ou o não-parecer e o não-ser), entre a aparência assumida pelos ideais de amor (ilusões amorosas) e a essência da "queda na realidade", que forma o mais substancioso de "Casa, não Casa", "A Cartomante", "Missa do Galo", "Uns Braços", "O Enfermeiro", "A Chave"...? Ainda aí, uma das fontes do poder consiste em parecer poder: como Hume descobriu no *Leviatã*, a aparência de poder é poderosa.

Manipulação e automanipulação em *O Alienista*, de Machado de Assis

O último enunciado me leva como pela mão ao tema da origem da ilusão, que é a manipulação, mas só pode se concretizar, quando se trate de matéria "suasória", dependente do querer, se ela inclui alguma dose de automanipulação. A manipulação inexiste sem a ilusão. Sendo um fazer fazer, ela põe em jogo dois sujeitos do fazer (s1/s2) e dois projetos de fazer (pf1/pf2); a manipulação propriamente dita começa a existir quando s2 assume e personifica o projeto do fazer do outro (o pf1), porque só a partir dessa embreagem (é o nome que a Semiótica dá para essa assunção do projeto alheio) se pode dizer que s1 faz s2 fazer o seu projeto (pf1). Trata-se, em tal caso, de uma embreagem que inclui aquela margem de ilusão que existe em qualquer promessa feita por s1 a s2, de conceder-lhe, em retribuição, uma recompensa futurível (a ser cumprida num devir remoto e nebuloso).

Podemos ilustrar isso tudo com a lição aprendida pelo doutor Simão Bacamarte, de *O Alienista*.

Nesse conto, Machado está mais uma vez às voltas com um de seus temas preferidos, o da pretensão de saber, variedade de asneira que brota, sem dúvida, de um dos desejos idiotas do homem. Simão Bacamarte, o sábio sem par no Brasil, Portugal e Espanha, manipulado em primeira mão por essa ilusão do ideal cientista embutido no discurso médico, manipula o povo de Itaguaí, levando-o a assumir, por via de sua sapiência indiscutível, um poder desmedido, fiado só na promessa, que sua reputação garante, de erradicar o terrível flagelo da loucura que, segundo Bacamarte, assola o povo daquela vila. Num primeiro momento, o povo aceita de bom grado a internação no hospício local, da Casa Verde, de todo infeliz que o médico aponte como alienado mental. Simão reina, então, dono de um saber e de um poder quase absolutos.

Sua vocação é tanto mais perigosa quanto é verdadeiramente iluminada por um sublime ideal que o alucina, a ponto de transformar os dois, o ideal num sujeito de ilusões, manipulador, e Bacamarte num sujeito iludido, manipulado. Agora, o que era apenas ilusão, ideal, virou loucura.

Aí entram em jogo os motivos da lógica da loucura e da loucura da lógica. O que parecia, primeiramente, "lógico", a saber que os doidos eram os que se comportavam como insanos, demonstra ser, afinal, num segundo exame, apenas "loucura". É aí que Simão Bacamarte exibe sua genialidade: ele descobre que todos os sujeitos que se comportavam abertamente como "loucos" eram apenas "malucos simulados" (eles pareciam ser doentes mentais, mas não o eram, ao modo do ser) – essa é a primeira grande descoberta do médico – ao passo que, todo o contrário disso, o traço definidor da autêntica loucura – segunda descoberta de gênio – era a extrema "dissimulação" das pessoas que nos acostumamos a julgar "normais". Essas eram alienadas ao modo do ser mas não demonstravam isso, ao modo do parecer. Inerentemente ligada à simulação e/ou à dissimulação, a loucura constituía sempre uma espécie de "trapaça" – da *metanoia*, da metamorfose que troca o espírito de um ser pelo de outro ser. Se, assim, os verdadeiramente doidos se comportavam como sujeitos sãos, então pessoas sadias mentalmente eram apenas aquelas que se comportavam publicamente como lunáticos.

Fiado na irretorquível clareza de raciocínio que inspirou essas descobertas revolucionárias, Bacamarte manda soltar das celas da Casa Verde, o hospício de Itaguaí, os malucos simulados que ali primeiramente fizera trancafiar e faz encerrar, no lugar deles, os malucos dissimulados. Aí se patenteia toda a genialidade do Dr. Bacamarte, evidenciada na extraordinária tese de que os únicos loucos verdadeiros são as pessoas normais.

O fundo mais sombrio dessa tragicomédia só emerge, todavia, no momento subsequente ao da aplicação dessa tese, quando o Dr. Simão Bacamarte se dá conta de que não existia em Itaguaí ninguém que fosse mais normal do que ele mesmo. Se, portanto,

(i) era verdade que, como ele mesmo provara em sua tese, que os loucos verdadeiros eram as pessoas normais; e se, por outro lado,

(ii) com o fito de tratar e curar os doentes mentais era necessário encerrá-los em suas celas, no hospício da Casa Verde; e se, ainda,

(iii) após aturados estudos o Dr. Bacamarte concluíra ser ele mesmo a pessoa mais normal e de maior sanidade mental de Itaguaí (o que por si só significava, segundo o teor da sua tese, que ele estava completamente pirado), então era uma simples questão de coerência e confiança no saber científico reconhecer que ele, Dr. Bacamarte, tinha o dever incontornável de meter-se numa camisa de força, dentro de uma cela da Casa Verde. É o que ele faz, no final da história.

A ironia trágica de Machado está toda aí. Ela, que não era uma versão canhestra de algum tropo de palavras, nem uma mera estratégia discursiva elaborada com o objetivo de resolver um problema local de narração, mas era, muito mais do que isso, um princípio de construção da trama de sua narrativa, articulado no confronto de duas vozes que se chocam, contradizendo-se mutuamente no cerne mesmo de sua história, evidencia-se, em *O Alienista*, no conflito entre esses dois microuniversos de valores, um que exprimia uma axiologia do saber cientificista, pretenso saber absoluto, outro que expressava a contraideologia equacionável como "saber absoluto = loucura absoluta". O primeiro se dá, nessa obra, como a ideologia do Dr. Bacamarte-alienista, o segundo, como a contraideologia do Dr. Bacamarte-alienado.

O resultado do conflito que estala entre essa contradição absoluta é claramente posto: a realização do ideal do Dr. Bacamarte-alienista, que era uma ilusão da sapiência absoluta que lhe possibilita meter no hospício todos os alienados de Itaguaí, culmina na desilusão que acaba por fazê-lo enlouquecer e o leva a internar o Dr. Bacamarte-alienado no seu próprio hospício.

Ironia machadiana, ainda: fazendo-o, o doutor Bacamarte ilustra bem a ilusão da sapiência contemplada nos seus dois modos de existência, o do ser e o do parecer, e nos dois resultados finais do seu fazer, que pode ser visto, num desses modos, como uma Derrota do Sábio (que se transforma de um sujeito cordato em um sujeito insano), e no outro como uma Vitória dele – pois que, internando-se, afinal, no hospício cujas portas ele abre para todos os demais dementes, libertando-os (e confessando por esse modo ser ou estar todos eles, em algum momento, sãos, e, no mesmo momento, loucos), Bacamarte conclui com êxito seu projeto de trancafiar no hospital todos os alienados de Itaguaí (que se reduzem, agora, unicamente a ele mesmo, Dr. Bacamarte).

E isso o que significa senão que Machado tinha plena consciência de que as piores batalhas que cada indivíduo tem de lutar na sua vida são as que ele tem de travar contra si mesmo? Ora, como o doutor Bacamarte acaba descobrindo, essas batalhas o camarada só poderá vencer derrotando-se a si mesmo.

É bobagem falar do niilismo de Machado a propósito disso; isso é puro realismo – do mais sadio: do que tem os olhos abertos.

OUTROS EXEMPLOS DA IRONIA MACHADIANA EM SEUS RELATOS POLÍTICOS

É da própria falsidade das instituições democráticas nacionais que trata o nosso primeiro romance político, ainda no calor da proclamação da República e dos maus resultados do Encilhamento: *Esaú e Jacó,* de Machado de Assis.

Nesse livro, encontramos Pedro e Paulo, os quais, apesar de irmãos, são contrários em tudo, particularmente em política, para a qual vão entrar como deputados. Um é liberal, o outro conservador. O liberal se faz republicano, o conservador resiste como monárquico. Mas estas diferenças são perfeitamente intermutáveis: sem grandes razões, o republicano passa a monárquico e o monárquico, a republicano. Ambos pertencem à mesma classe, a dos burgueses enriquecidos e agora aristocratizados, de maneira que as suas diferenças políticas são puramente epidérmicas.

É por isso também que, num episódio paralelo do romance, a diferença entre Império e República se reduz ao problema da escolha do nome para uma casa de doces. Tinha o velho Custódio mandado pintar o letreiro para a sua *Confeitaria do Império* quando a notícia da implantação da República o fez correr ao pintor para que parasse na letra *d,* até que a situação política se esclarecesse. O sábio Conselheiro Aires aconselhou-o a mudar para Confeitaria da República ou então para nomes mais neutros, como Governo, Império das Leis, Catete ou Custódio. Apesar dos receios do doceiro, a troca de instituições políticas não vale mais do que a troca de nome numa tabuleta (Henrique Manuel de Ávila, "O Romance Político no Brasil", *Signum. Estudos Literários,* n.1, 1998, 21-22).

Agora, eu: a confirmação do que Ávila diz acima está recortada por idêntico figurino no mesmo *O Alienista* que acabamos de analisar: assim que a Revolução dos Canjicas, feita contra tudo que o prefeito representava na política municipal, triunfa, o vencedor vai ocupar a prefeitura e encontra numa gaveta da mesa do alcaide deposto uma proclamação concitando o povo a opor-se à Revolução dos Canjicas. O novo prefeito se apodera do discurso e o lê como se fosse seu, contra a autoridade deposta. Assim, o regime dos revolucionários nada muda do regime anterior, por eles derrubado.

Também na questão da abolição da escravidão, Machado corta fundo: algo parecido se dá com o episódio do cativo que, estando a ser surrado na rua pelo seu senhor, é comprado por outro velho escravo, já alforriado; o novo dono, entretanto, que já foi escravo, não o compra para conceder-lhe a liberdade – o narrador o encontra na rua surrando sua "peça" recém-adquirida. Mudam os donos – mas a servidão é a mesma.

E ainda há críticos que afirmam que Machado não fez "literatura política", que foi omisso em matéria de engajamento. Os poucos exemplos acima bastam para demonstrar que, ao contrário, ele tinha os olhos bem abertos para o modo brasileiro de fazer política – modo esse que pode ser resumido na frase que um amigo de Humberto de Campos lhe disse, por ocasião da vitória do golpe getulista de 1930: "A merda é a mesma, as moscas é que mudaram".

PRENÚNCIOS E VESTÍGIOS

O MOTIVO DO "MALFEITO EM NOME DO BEM": A *SINFONIA PASTORAL* E *PIERRE*. GIDE, FAULKNER, HAWTHORNE, MELVILLE, MACHADO (SEMPRE), MAUGHAM, PROUST E MALAPARTE

Em algum lugar de um de seus livros memorialísticos, A. Maurois se refere, a propósito do que ele chama de virtudes odiosas, à *Sinfonia Pastoral*, de André Gide. Em 1919, Gide publicou essa bela obra, da qual, no entanto, quando a escrevia, logo se cansou. Por isso, a concluiu às pressas. O açodamento, no caso, nada estragou dessa história cheia do humor cínico do autor.

Gide se vale da mesma temática de Faulkner e Hawthorne, peritos no tratamento do mesmo tema, o malfeito em nome do bem. Na *Sinfonia*, por exemplo, ele retrata a virtude odiosa de um pastor, algo velhusco, já, que recolhe e educa uma moça cega, movido pela caridade, segundo julga, mas, de fato, porque a deseja.

Bem antes de Gide, Hermann Melville já havia publicado, em 1852, *Pierre*, romance em que o personagem-título, na tentativa de proteger a todo transe sua meia-irmã Isabel, arruína a ambos, a ele e a ela, vindo a descobrir, depois, que seu móvel não fora o amor fraterno como ele mesmo pensara, mas um amor incestuoso.

Essas duas obras, afastadas no tempo e no espaço, tratam, contudo, de modo bastante semelhante, do mesmo tema – elas retratam a hipocrisia inconsciente dos bem intencionados que nem por um momento suspeitam estar polindo a prataria das virtudes da bondade e da caridade com a flanelinha esperta dos vícios da cupidez e da lascívia. A de Gide, realização superior à do norte-americano, é uma bela história. Cínica como tudo o que

Gide fez, ela lida com graça e bom humor com os sofismas espirituais do coração, do autoengano, bem na linha de Machado de Assis, de Somerset Maugham, de Proust e de Malaparte.

Um tema que Borges foi buscar entre os pitagóricos

Se dermos fé ao que diziam os pitagóricos, a saber, que os mesmos acontecimentos se repetem, dia virá em que estarei novamente aqui, com uma varinha nas mãos, falando a vocês [que estarão] sentados como agora. E todas as outras coisas serão como agora, e poderemos com toda a razão afirmar que o tempo será o mesmo. (Eudemo, IV séc. a.C.)

Confronte-se com "Nada puede ocurrir una sola vez…" (J. L. Borges, *El inmortal*) e, ainda, com

[…] *tutto quello che è accaduto nei racconti è destinato ad accadere in ogni tempo e su questa base i vecchi potevano dirci che i tedeschi son così e così e che a suo tempo lo avremmo saputo, come se ogni generazione dovesse immancabilmente fare la sua esperienza coi tedeschi e con la guerra, e per quanto mi riguarda questa concezione è stata perfettamente veritiera; il risultato è che il contadino non sa se Attila è passato di lì a venticinque o ventimila anni fa o se ha ancora da passare* […] (F. Camon, *Il quinto stato.*)

["… tudo o que sucedeu nos relatos está destinado a suceder em todo o tempo; baseado nisso, os velhos nos diziam que os alemães são assim-assado, coisa que no devido tempo saberíamos por nós mesmos – como se todas as gerações devessem necessariamente ter a mesma experiência com os alemães e com a guerra. Pelo que me diz respeito, essa concepção foi perfeitamente verdadeira – e o resultado é que o camponês não sabe se Átila passou por ali há vinte e cinco ou há vinte mil anos ou se ainda vai passar…"]

PRENÚNCIOS E VESTÍGIOS

Rousseau e o monólogo interior

Os pensadores e escritores sempre souberam que o homem possui, além de um espaço interior, mais internamente abrangida nele, uma intimidade. Rousseau foi um dos primeiros a percebê-la e expressá-la na forma de um monólogo interior, na sua configuração moderna. Na verdade, Samuel Richardson, que muitos consideram o fundador do romance na Inglaterra, com *Pamela* (1740), o precedeu na utilização dessa estratégia discursiva para exprimir o sentimento amoroso – mas quem se lembra dele? Utilizando essa técnica para exteriorizar os dramas íntimos vividos por seus atores narrativos, Richardson e Rousseau são, junto com Édouard Dujardin, precursores no uso de uma modalidade mais introspectiva do romantismo pós-iluminista (a particularização é necessária, porque o romantismo não é um estilo de época, é um estilo de expressão discursiva, que é de sempre). O fato de que o medíocre Dujardin tenha sido o primeiro escritor francês a se valer sistematicamente desse procedimento, em um obscuro romance, *Les lauriers sont coupés,* (foi aí, dizem, que James Joyce foi apanhar a lenha pra acender seu fogo), apenas demonstra quão pouco respeitosa pode ser às vezes a cronologia para com a genialidade.

Construir o natural

Haverá prazer maior do que encontrar o natural e a simplicidade na obra de arte? O natural que ninguém sabe o que é porque quem define o que é natureza é sempre uma cultura (E. Benveniste); e a simplicidade, que é fruto da estratégia discursiva da verossimilhança, a arte ilusionista do fazer persuasivo, que se resume em fazer parecer real. Dessas fontes provém o segredo do encanto particular de poetas como Bandeira e Adélia Prado. E, no entanto, não há nada de "natural" nem de "simples" em matéria de arte: esses dois atributos são, nela, apenas efeitos de sentido que só o talento sabe armar: aliás, por definição, como o nome diz, a arte é inteiramente artificial.

Com efeito, o artista precisa de muito talento para fazer o natural, posto que ele é cultural, e para fazer o simples, que é mais complicado de fazer do que o difícil.

Ciranda de ismos

Será que os "ismos" desaparecerão um dia? Bem faziam os escritores a quem nós, seus pósteros, creditamos a criação dos "ismos" quando prosseguiam tranquilos fazendo sua arte como lhes dava na cabeça, sem conceder aos rótulos que lhes pregamos a menor importância (até o nosso velho Machado, com sua fleugma, embirrava com o que lhe colavam nos papéis, de "realista", e protestava a seu modo quando afirmava que "a realidade é boa, o realismo é que não presta para nada"). Boa parte dos artistas a quem pregamos as etiquetas fáceis dos "ismos", olhada sua arte mais de perto, nem sequer cultivou os cacoetes da escola ou do estilo que os obrigamos a carregar como uma tabuleta às costas com a nossa exasperante mania de obrigar o presente a criar o seu passado.

Hemingway i – Ao lado de quem?

Na Primeira Guerra Mundial, Hemingway lutou como voluntário no fronte austríaco onde foi ferido por estilhaços de um obus. Estava, então, ao lado dos italianos. (Pouco tempo depois escreveu duas obras-primas, *O Sol Também se Levanta* e *Adeus às Armas*.)

PRENÚNCIOS E VESTÍGIOS

Na guerra civil espanhola, lutou em Guadalajara ao lado dos russos e da Brigada Internacional contra os nazifascistas, que eram, então, os alemães e os italianos.

Na Primeira Grande Guerra, Hemingway e o general Lukács (o escritor russo Maté Zalka) tinham se enfrentado como inimigos, face a face.

Em 1936, Hemingway frequentava o comando da 12ª Brigada Internacional, onde ia bater longos papos com o comandante dela que era o mesmo general Lukács. Bem, Lukács morreu lutando na Espanha, mas Hemingway sobreviveu à guerra espanhola para tomar parte ainda na invasão da Normandia – o Dia D – na Segunda Guerra Mundial. Estava, de novo, do mesmo lado que os russos e outra vez contra os alemães e italianos.

Nos anos 1950, durante o início do período macarthista de caça às bruxas, o escritor norte-americano teve de fingir que abandonara os comunistas russos.

Antes de morrer, contudo, ainda teve o gosto de saudar o triunfo de Fidel Castro e ir viver no litoral de Cuba, recém-inaugurado paraíso comunista.

Tendo lutado pró e contra todo mundo em algum momento ao longo de seus anos, essa prodigiosa coerência de vida – ele esteve sempre do lado do que, àquela altura, julgava estar com a justiça, contra o despotismo e a opressão – atinge o paroxismo de uma contradição quando, sentindo-se com certeza cansado de lutar contra as eternas mesmas coisas, e sem saber, talvez, onde se encontravam, então, o justo e o injusto, teve de lutar contra si mesmo. Como, aconteça o que acontecer, estamos condenados a sempre perder esse gênero de batalha, ele acabou por se fuzilar. Pensemos o que quisermos das escolhas que ele fez, não há como não reconhecer a bravura e a generosidade dos repetidos gestos que ele fez jogando a própria vida para lutar uma guerra que muitos nem sequer considerariam sua, mas que ele sabia que, sendo *do homem,* o punha em jogo irremediavelmente (vide a epígrafe de John Donne que ele escolheu para nos fornecer o *hipertexto* de *Por Quem os Sinos Dobram*).

Pobre Hemingway! Ao se matar, ele que escolhera sempre o que lhe parecia o lado certo, desta única vez escolheu o lado errado. Ao lado de quem, onde e em nome de qual causa estará Hemingway espingardeando e sendo espingardeado, agora?

A bobagem dos rótulos: realismo e barroquismo

Briussov – contado por Ehrenburg – escrevia, em 1922:

> O realismo – tomando-se a palavra não como um termo filosófico, mas como um termo aplicado ao campo das artes – coloca diante do artista o seguinte problema: reproduzir fielmente a realidade. Mas que artista, onde, quando, em que país, preocupou-se com outro objetivo? Toda a diferença consiste apenas no que se deve compreender como realidade. (Y. Eherenburg, *Memórias*, vol. I – *Infância e Juventude*.)

Impossível dizer melhor.

Outra bestice: situar o barroco nos séculos XVI-XVII. Prova são os poemas abaixo, que li numa crônica de Frei Betto (*Poeta & Poemas*); o primeiro é do nicaraguense Ernesto Cardenal, que dou numa *transcriação* (neologismo de Haroldo de Campos) minha:

No dia em que eu te perdi
Tu perdias e eu perdia:
        Eu, claro, porque tu foste
        Aquela que eu mais queria.

E tu, porque só eu fui
Quem não te esqueceu atrás.
Noves fora, de nós dois
Foste tu quem perdeu mais:
Eu amei outras, depois,
Com a paixão que me perdeu,
Mas, já nem tu te amarás
Mais que um dia te amei eu.

Apesar da ressonância, algo distante, no final, do último verso de *Las Golondrinas,* do romântico Gustavo Adolfo Bécquer (algo como *pero así como yo te he querido / desengáñate, así no te querrán*), haverá algo mais barroco do que essa composição de um contemporâneo nosso? E esta outra composição, de um anônimo, que não sei de quando data:

Deus pede estrita conta do meu tempo
E eu vou do meu tempo dar-lhe conta
Mas, como dar, sem tempo, tanta conta,
Eu que gastei, sem conta, tanto tempo?

Para ter minha conta feita a tempo,
O tempo me foi dado e não fiz conta,
Não quis, sobrando tempo, fazer conta,
Hoje quero acertar conta e não há tempo.

Oh, vós, que gastais tempo sem ter conta
Não o gasteis a destempo em passatempo,
Cuidai enquanto é tempo a vossa conta,

Pois aqueles que sem conta gastam o tempo
Quando o tempo chegar de prestar conta
Chorarão, como eu, o não ter tempo.

Querem coisa mais bem feita do que isso – e mais barroca?

EDWARD LOPES

A má intertextualidade

opera por interação de textos parcialmente diferentes. Ela mistura, por exemplo, estudando a estrutura do universo, um discurso religioso com um discurso científico. Trata-se de discursos irreconciliáveis porque feitos a partir de pontos de vista diferentes (imanente/transcendental), com metodologias de pesquisa diferentes (empírico-indutiva / hipotético-dedutiva), usando ferramentas diferentes (materialista-mecanicista/espiritualista-animista) e epistemês diferentes (conhecimento parcial e relativo, da ordem do saber / conhecimento total e relativo, da ordem do crer). São discursos, por isso, antípodas.

Mas, se não quisermos cair no mesmo dogmatismo do saber absoluto que se reprova ao discurso da religião, devemos reconhecer que, se os textos da religião e da ciência são diferentes, nenhum deles é detentor do saber absoluto de que os fiéis presumem que os discursos dogmáticos de sua igreja sejam feitos. Mas, ao modo do ser, não há, nem nunca haverá um saber absoluto, capaz de responder a perguntas absolutas. Assim, todos os discursos, da ciência ou da religião não importa, ao modo do ser contêm apenas saberes parciais – o que quer dizer, enfim, que ambos são apenas diferentes, não que eles sejam, ou não, complementares. Em definitivo, não os podemos comparar: sua comparação é indecidível.

Não se deve misturar, portanto, falando de intertextualidade, os campos da ciência e da religião. É um erro ver alusões à mecânica quântica na tradição hindu, do mesmo modo que é erro ver alusões aos antibióticos no Talmude, ou procurar uma consciência ao nível da célula-tronco. Como ensina Christian Descamps, é estimulante descobrir Metafísica na Física, Poesia na Matemática, Desejo na História. É estimulante mas é também perigoso: podemos confundir uma coisa com outra e tomar por verdades o que são só analogias.

PRENÚNCIOS E VESTÍGIOS

Não há de tudo em todas as coisas e cada saber tem direito à sua singularidade. Cada ciência, cada arte, tem direito à sua diferença, porquanto é a partir dela que se precisa sua identidade. E em matéria de arte é preciso desconfiar das ditas superações e ultrapassagens, que ocorrem por fora da história específica de cada disciplina artística e, embora sejam sempre, em última análise, ditadas por transformações sociopolíticas, via de regra inexiste qualquer correspondência visível entre determinado novo fator social e determinado novo fator artístico.

Os grandes nomes com maiúsculas – a Ciência, a História, a Arte... – são hipostasiações positivistas de um *wishful thinking*, que exprime um desejo, mas não uma realidade fora dele. É um engano pensar que as ciências se harmonizem umas com as outras, ou que se articulem entre si. Não há ciência nem arte unificada, e daí, nada acerca das homologias ou correspondências entre tal ou qual procedimento novo da ciência e tal outro da arte pode ser decidido em nome de um saber absoluto, nem de uma questionável interdisciplinaridade, sem fazer mito e ideologia.

Um possível cotexto ligando Machado e Bandeira

Estarei errado vendo no trecho que sublinhei de *O Enfermeiro*, de Machado de Assis, "A noite ia tranquila, as estrelas fulguravam com a indiferença de pessoas que tiram o chapéu a um enterro que passa, e continuam a falar de outra coisa", a inspiração consciente ou inconsciente para a composição da cena representada, quase com as mesmas palavras, na primeira estrofe do *Momento num Café*, de Manuel Bandeira?:

Quando o enterro passou
Os homens que se achavam no café
Tiraram o chapéu maquinalmente

Saudavam o morto distraídos
Estavam todos voltados para a vida

Absortos na vida
Confiantes na vida.

Esteja ou não correta minha suposição, aí estão dois bons exemplos de cotexto: é impossível ler um deles sem se recordar do outro e utilizá-lo como hipertexto interpretante do primeiro.

A paixão amorosa como fundamento-tipo das demais paixões. O trabalho do ator com a mentira cognitiva e a verdade patêmica

Bom escritor, como bom ator, é aquele que fala a verdade, mesmo mentindo. Dando por descontado que ninguém sabe o que é a verdade, porquanto ela terá de ser necessariamente conhecimento total dos fenômenos físicos e metafísicos, não existe nenhuma verdade na dimensão cognitiva – ela existe apenas na dimensão patêmica. Se, assim, a verdade, em matéria de arte e de vida, é coisa da ordem da paixão e do sentimento, bom escritor, como bom ator-intérprete, é aquele que é capaz de dizer mentiras cognitivas enunciando-as como verdades patêmicas. Nas declarações de amor fingido, no "te amo" mil vezes repetido das novelas televisivas, os bons atores geralmente passam a impressão de que se declaram à mocinha com absoluta sinceridade, parecendo sentir-se de fato enamorados por ela. E, embora todos, o galã, a mocinha, os espectadores, tenham plena ciência de que, intelectualmente falando, isso não é verdadeiro, que estamos perante uma mentira cognitiva, habitualmente afastamos esse saber para aceitar, em seu lugar, uma verdade patêmica como única verdade.

Em matéria de paixões, quantas vezes, enquanto o amor e/
ou o ódio são autênticos, unicamente as circunstâncias desprezíveis de estarem eles sendo declarados à pessoa errada, no tempo
e no lugar errados, são mentirosas? nesse caso, o *sentir* é verdadeiro, mas o *saber* é fingido.

Esse *mix* de [(sentir verdadeiro) + (saber fingido)] é um dos
sentidos da expressão inglesa *to play* (que implica sempre o ato
de *desempenhar o papel de um outro,* de onde provém "atuar
como um ator", representar um papel, *fingir,* brincar, jogar, cantar, "cantar" (no sentido da paquera = o fingido da declaração,
mas a verdade do sentimento sem um resquício do qual, por pequeno e efêmero que isso possa ser, nada sugeriria ao paquerador
declarar *eu te amo*) etc.

Aí entra o fingimento típico da ficção: a ficção finge que não
diz a verdade (confessada, no entanto, no protocolo de abertura
dos discursos desse tipo pelo pacto interlocutivo "é como se fosse...", que suspende a diferença entre autenticidade/fingimento),
enquanto que a História finge que não finge. Assim, a História
pretende ser verdadeira, quando não é (ela se compõe de "versões", que são fatos apenas ao modo do parecer, pois que "fatos"
não existem), enquanto a ficção, que finge ao modo do ser, é a
única que diz a verdade, apenas porque é ela própria, ficção, que
a cria intradiscursivamente: a verdade da ficção é uma verdade
interna. E é assim que o discurso ficcional é recebido pelo leitor,
que é o ator encarregado de fazer a sua interpretação: como relato verdadeiro – e isso é o único que importa.

Pois bem: todos nós que amamos e odiamos um dia, sabemos
bem que o amor e o ódio existem pressupostos como o fundamento-tipo de todas as motivações que impulsionam nossas atividades. A paixão existe, pois, num nível imanente em tudo o que
fazemos ou deixamos de fazer – é ela, afinal, enquanto conteúdo

último de nossa "intimidade", que dá um sentido final aos nossos pensamentos e às nossas ações.

De um jeito ou de outro, exibindo-se no nível de manifestação ou ocultando-se no nível de imanência de nossos discursos verbais e/ou gestuais, ela está sempre lá. Se não estivesse, se nosso comportamento não fosse profundamente passional, nada do que fazemos poderia materializar nossas intenções, e, sem intencionalidade, nossa atividade seria caótica, não racional. Nesse caso, nossos atos não teriam sentido, não seriam fazeres humanos, e nós mesmos, nem humanos seríamos.

Um discurso com dois textos (um, sacana) de Catulo

Vi algumas interpretações do gracioso poema em que Catulo deplora a morte do pardalzinho da sua namorada,

Lugete, o Veneres Cupidinesque
et quantumst hominum venustiorum,
passer mortuus est meae puellae,
passer, deliciae meae puella,
quam plus illa oculis suis amabat,
nam mellitus erat suamque norat
ipsam tam bene quam puella matrem,
nec sese a gremio illius movebat,
sed circumsiliens modo huc modo illuc
ad solam dominam usque pipiabat
(...)

[Chorai, Vênus e Amores
e vós que sois as mais formosas das mortais:
morreu o passarinho da minha garota,
o pardalzinho que fazia as suas delícias,
ao qual mais do que aos próprios olhos ela amava,

e que tão doce era à sua dona – a quem ele reconhecia
como a filha reconhece sua mãe –,
e de perto dela nunca se afastava,
pois que saltitando aqui e acolá
só para ela pipilava]
(..)

e posto houvessem todos os seus intérpretes traduzido o texto literal, que fala do pardal-passarinho que morreu, nunca vi nenhum deles traduzir a broxada a que o poeta alude no texto metafórico, invocando, já no primeiro verso, para prantear a morte do pardal, a Vênus e Cupido, duas divindades do amor carnal, erótico. Nele, Catulo, valendo-se dos sentidos chulos conotados por *passer*, no *sermo vulgaris* romano (tão usado em latim quanto passarinho, peru, rola, pardal, pinto, no nosso português, para designar os órgãos genitais do homem e da mulher), descreve, rindo de si mesmo, a decepcionada tristeza de sua namorada diante de seu "passarinho mole" – "o pardalzinho morto". E não obstante essa metáfora chula

passer mortuus – (gir.) pardalzinho morto = (chulo) "pinto mole"

não ser nova (está, de fato, em outras duas passagens de Plauto, uma, pelo menos, que marquei na *Asinaria*), nem ser velha (dizer que "teu passarinho morreu" para significar "broxaste, irmão", é eufemismo corrente ainda hoje), nunca vi tradutor algum se referir ao valor trópico desses versos. Em consequência, extingue-se, com o texto metafórico picante (não obsceno), o bom humor do poeta, a rir-se com bonomia de sua própria "falha técnica" e da indisfarçável decepção da namorada. Pruridos morais descabidos numa obra de arte literária reduzem uma peça graciosa a uma recriação de curto alcance, apequenando o poema em que

Catulo goza com bom humor um momento encabulador de sua intimidade afetiva com Lésbia.

O equivalente crioulo ao poema de Catulo

que acabei de citar, no tocante ao emprego dos sentidos chulos de "passarinho", "rola", "pomba" etc., está no poema de Carlos Drummond, abaixo (observem-se, ainda, as conotações paralelas *bicho* = órgão genital masculino, *passarinho* = órgão genital feminino).

O Passarinho Dela

O passarinho dela
É azul e encarnado.
Encarnado e azul são
As cores do meu desejo.

O passarinho dela
Bica meu coração.
Ai ingrato, deixa estar
Que o bicho te pega.

O passarinho dela
Está batendo asas, seu Carlos!
Ele diz que vai-se embora
Sem você pegar.

Literatura e cinema

Sempre que assisto a um filme "baseado" em uma obra literária me arrependo do que deixei dito nos *Fundamentos* – que, faço questão de lembrar, escrevi entre 1971 e 72 –, ao afirmar que os sistemas semióticos [...] são transcodificáveis: eles se deixam traduzir, com maior ou menor adequação, uns em outros [...]. Se alguém realiza um filme baseado num romance, pratica uma operação de transcodificação na qual o romance é a língua-objeto traduzida e o filme é a metalíngua tradutora. Essa primeira transcodificação pode ser seguida por outras; se eu vi o filme do exemplo acima, posso [...] contá-lo com minhas próprias palavras, a um amigo que não o tenha visto. [...] (segunda transcodificação) (pp. 18-19).

Curándome en salud: a despeito da tática discursiva de salvaguarda, do *hedge marker* de que me vali ao pontualizar "se deixam traduzir, com maior ou menor adequação", o que ali afirmei está errado, mesmo que não totalmente errado, pois é certo que o plano de conteúdo dos discursos conserva uma certa fração de significados puramente informativos (dados na substância de conteúdo).

Ocorre que o *dictum* que se traduz nos discursos artísticos não se resume às informações que provêm da sua substância de conteúdo senão que se embutem também na forma do conteúdo – e essa, ao contrário da primeira, é intraduzível.

Nos discursos artísticos, como os da literatura, importa mais o *como* se diz do que *o que* se diz – e o como se diz é criado autônoma, contextual e localmente por cada discurso enunciado. É isso, o material da construção contextual, que faz de cada discurso artístico uma obra única, inteiramente original e irrepetível. A prova disso está aqui: se eu quiser fazer alguém se recordar de dado poema não posso fazê-lo por meio de uma paráfrase em prosa, nem por meio de uma paráfrase poética, reproduzindo aproximadamente seus versos originais – essas transcrições aniquilariam por completo o poema em causa. Assim, o único meio de que disponho para dar a recordar um discurso artístico é o de citá-lo integralmente, vale dizer, re-citá-lo tal como ele veio à luz, na "originalidade" da sua primeira edição impressa.

Além disso, nos discursos artísticos o plano de expressão (PE) está de tal modo confundido com o plano de conteúdo (PC) e identificado a ele que o PE porta em si mesmo a sua significação e o PC contém em si mesmo a sua forma de expressão. É isso que

(i) constitui a peculiaridade da semântica literária (poético-verbal) e da semântica musical (ritmo-melódica); e,
(ii) em consequência, a menor alteração no PE de um discurso poético (ou musical) destrói o seu PC (este é o corolário do vice-versa: alterar o PE de um discurso artístico altera irremediavelmente o seu PC – por isso, a música e a poesia não podem ser "traduzidos", podem só ser re-citados, isto é, citados de novo, em sua integralidade original).

A frase que Valéry usou para caracterizar a poesia como o tipo de discurso que não pode ser traduzido deve ser ampliada para abranger qualquer discurso artísco, não só o da poesia. A rigor, um discurso traduzido se transformará necessariamente em outro discurso.

Nenhum filme baseado numa obra literária traduz a literaturidade (rus. *literaturnost*) dela: no melhor dos casos, a única coisa que um filme baseado em um discurso artístico faz é outro discurso, um discurso fílmico, no caso, nunca a obra-fonte de seu *script*.

A PROPÓSITO, AINDA, DE "OS SISTEMAS SEMIÓTICOS SÃO TRANSCODIFICÁVEIS". O DIALOGISMO INTERDISCURSIVO É INTRADISCURSIVO (= IMANENTE AO NÍVEL DE MANIFESTAÇÃO). DISCURSO E CONTRADISCURSO.

Todo discurso nos põe diante do Outro. Isso

(i) vale para a actância (cf. *Je est un autre* (Rimbaud); e muito antes dele, em português, "Dentro em meu pensamento / há tanta contrariedade /, que sento [= sinto] contra o que sento /, vontade e contra-verdade" (Bernardim Ribeiro); ou, se quiserem, mais próximo de nós, ainda em Portugal, "Eu não sou eu, nem sou o outro. / Sou qualquer coisa de intermédio, / Pilar da ponte do tédio / Que vai de mim para o outro" (Sá Carneiro); e

(ii) o mesmo vale para o discurso em si: nenhum discurso teria sentido se não contivesse dentro de si um contradiscurso que se lhe opõe (é impossível falar do amor sem falar do ódio, da vida sem falar da morte, da guerra sem falar da paz). Isso se dá porque o que faz sentido é uma oposição entre categorias contrárias (ou contraditórias), oposição essa que se discrimina, no nível inferior dos funtivos, como diferença, s_1 *vs* s_2, sobre o plano de fundo de uma função que estabelece, a nível superior, a identidade comum a s_1/s_2, num eixo semântico de referência, S. Como, nessa construção, S, do nível superior, é o termo mediador complexo de ($s_1 + s_2$), no nível inferior, essa formação constitui a estrutura elementar da significação, uma estrutura que, deve-se notar, é da ordem triádica – posto que $S = s_1 + s_2$ –, não binária como a conceberam Saussure e Greimas. O dialogismo é imanente – S funciona como o paradigma pressuposto ao sintagmaticismo s_1/s_2, do nível de manifestação. Essa é, para mim, a leitura contemporânea – uma das várias possíveis, como vimos – da sentença que Bakhtin exarou no *Problèmes de la poétique* de Dostoievski na forma de "o próprio monólogo é dialógico".

Reportando-me, agora, a Lévi-Strauss: esse antropólogo afirmou que um dos sentidos do termo "significar" aludia ao fato de que dada informação pode ser traduzida de uma língua dada, *x,* para uma língua diferente, *y.* Desse ponto de vista, o discurso artístico, poema ou peça musical, digamos, pertence a uma classe de discursos diferenciados. Por mais propriedades artísticas que eles contenham, e por mais que essas propriedades os convertam em artefatos preciosos para nós, há uma, ao menos, que eles não contêm: como discursos artísticos não podem ser traduzidos em qualquer língua diferente da original. A crer, como eu creio, no que assegura Lévi-Strauss, poemas e músicas têm sentido problemáticos. Fenômeno, de resto, nada insólito, já que todo sentido exprime de algum modo um não entendido.

A relatividade das noções de "belo" e "pornográfico"

Dentre os atributos gabados pelos receituários retóricos que ninguém nunca acaba de saber o que são, estão os referentes à noção de "belo" e de "gosto artístico". Extraio de Agrippino Grieco as duas primeiras amostras: (a) certa vez, aberto num jornal um concurso para saber qual seria o mais belo verso brasileiro, Antonio Ferreira de Almeida votou no alexandrino de Alberto de Oliveira: "Da serra da Bocaina até São João da Barra"; (b) alguns lavradores adquiriram *Raízes do Brasil,* de Sérgio Buarque de Holanda, pensando tratar-se de obra de Botânica; ao verificar que era livro de Sociologia, o devolveram ao livreiro; (c) flanando pelos passeios de Copacabana, Catulo da Paixão Cearense foi assaltado por ladrões que o despojaram de tudo o que levava, menos de um livro de poesias de sua autoria, que lhe devolveram na hora (Catulo não se importou muito com o saque, mas nunca perdoou à malandragem do Rio menosprezar os seus poemas).

Algo parecido ocorre com a noção de "pornografia". Veja-se, para exemplo, essa pérola desovada por Bernardo Vieira, poeta muito festejado em seus dias:

Iris parlero, Abril organizado,
Ramillete de pluma con sentido,
Hybla [?] con habla, irracional florido,
Primavera con pies, jardín alado.

Tirando o impossível *hybla* do terceiro verso, que duvido haja um só cristão que saiba a que diabo atira – será desleitura de "hidra"? Mataram a charada? Sabem de que portento trata o irracional versejador? Do que fala ele? Ora, de um vulgaríssimo papagaio. Pornografia, é isso. Não há dúvida: estamos em presença de um autêntico pornoenigmáticopoema. E, se não for, penso como Oscar Wilde, é de um mau-gosto atroz, daquele tipo de mau-gosto, que em literatura faz mais mal do que a pornografia.

ESTADOS DE ALMA = PAISAGENS (F. PESSOA)

Um belo fragmento de Pessoa:

1) Em todo o momento da atividade mental acontece em nós um duplo fenômeno de percepção: ao mesmo tempo que temos consciência de um estado de alma, temos diante de nós, impressionando-nos os sentidos que estão virados paras o exterior, uma paisagem qualquer, entendendo por paisagem [...] tudo o que forma o mundo exterior num determinado momento da nossa percepção.

2) Todo estado de alma é uma paisagem. Isto é, todo o estado de alma é não só representável por uma paisagem, mas verdadeiramente uma paisagem (F. Pessoa. *Páginas Íntimas e Autointerpretação*).

O que admiro neste trecho é que, nele, a intuição de Pessoa levou-o a definir um percurso figurativo, projetado na imagem das paisagens, nos termos do percurso temático, que fala dos estados de alma que lhe correspondem: isso é prática semiótica, e das boas.

EDWARD LOPES

HÁ UM LUGAR DE CONVERGÊNCIA PARA O INCONSCIENTE E PARA A LINGUAGEM,

isso é sabido, e esse lugar-comum reside na propriedade sígnica que ambos devem possuir para ser significantes, de modo que um deles se deixe interpretar pelo outro. Enquanto o texto do sonho interpreta, numa linguagem cifrada com desvios figurativos, o discurso da vida pragmática, real, o discurso do inconsciente, que é o enunciador do sonho, por sua vez, só se deixa interpretar pelo mecanismo da linguagem dos tropos, onde as imagens fazem de plano de expressão trópico de signos que Freud denominava de imagens condensadas ou deslocadas, e são para os semiolinguistas, respectivamente, metáforas e metonímias.

Palpito que o sistema modelizante primário, aquele que molda o outro à sua imagem e semelhança, não é, como pensei durante muito tempo, uma língua natural dotada de signos verbais (indo-europeu, ou sânscrito, por exemplo), porque as chamadas línguas naturais, indo-europeu e/ou sânscrito inclusive, são línguas culturais, as quais, diferindo entre si em graus diversos, devem ter sido moldadas por uma única "língua verdadeiramente natural", que seria algo como um (gr.) *typos*, quer dizer, um molde ou arquétipo semiótico, pre-enunciativo, abstrato (infinitivo, isto é, da ordem contínua, alheio às demarcações circunstanciais [actanciais, espaciais e temporais]) certamente da ordem mítica, mas que não sei precisar o que possa ser.

A IRONIA, COMO TROPO VOCABULAR E COMO ESTRATÉGIA NARRATIVA EM MACHADO

O humor constrói uma típica relação de superioridade (presumida) entre os dois sujeitos participantes de representação da

PRENÚNCIOS E VESTÍGIOS

cena cômica, o sujeito vitimado pelo seu fazer (Operador) e o sujeito Observador, detentor de um saber sobre esse fazer do outro. Desta sorte, na cena de humor, ao fracasso do Operador-vítima (penso nas cenas cômicas protagonizadas por Carlitos, a eterna vítima) corresponde o triunfo do Observador (o espectador, que não leva com a torta de creme na cara, nem cai no buraco da calçada etc., ao contrário de Carlitos). Essa pretensa superioridade do Observador sobre o Operador-vítima observada é um dos elementos que suscitam o riso.

Acrescente-se a esse mecanismo do humor a inversão da expectativa contextualmente criada – o procedimento a que Aristóteles alude sob a denominação de peripécia – e se obterá o processo de funcionamento da ironia.

A ironia não deveria ser estudada como se faz, por exemplo, na alusão antifrástica aos "devotos tempos" em *Memórias de um Sargento de Milícias*, mas, deveria ser analisada como estratégia narrativa, vale dizer, no seu peso de procedimento construtivo do *estranhamento*, que alude à emergência da figura de construção sintáxico-semântica da história, tropo que Aristóteles chamava de "peripécia", e concebia como uma inversão das expectativas que o leitor nutre no tocante ao desenvolvimento futuro, imediato, do percurso narrativo que ele segue ao ler. A meu ver, o princípio de composição do estranhamento se apresenta sob as duas modalidades patêmicas da *expectativa* – ora como *decepção* (o que se espera que aconteça a seguir não acontece), ora como *surpresa* (o que não se espera que ocorra, ocorre). Isso tudo se tornará mais claro através de dois exemplos que vou buscar nos contos de Machado de Assis.

A *decepção* se dá com Nogueira, em *Missa do Galo*; Nogueira, após o processo de sedução com que o assediou em vão Conceição, na noite anterior, esperava encontrar, no café da manhã do dia seguinte, um olhar cúmplice, ou ao menos malicioso, de Conceição,

133

mas se encontra só com um olhar gelado, indiferente, dela. Já a *surpresa* se dá com Camilo, na cena final de *A Cartomante*, quando, atendendo ao chamado de seu amigo, Vilela (de cuja mulher, Rita, ele é amante), Camilo chega à casa do casal, esperando ser recebido amigavelmente (fora o que lhe garantira a cartomante que dá o título ao conto) mas recebe dois tiros na cara.

Essa é a poderosa ironia de Machado – uma estratégia de descrição dos dois modos de existência das cenas narrativas, do parecer e do ser, e da inversão dramática, súbita e catastrófica da expectativa antes criada, que desencadeia o surgimento fulminante do acontecimento estranho, que muda radicalmente a história dali para a frente.

Enquanto estratégia discursiva e narrativa, a ironia de Machado se monta precisamente sobre o núcleo característico da classe das narrativas curtas a que chamamos "conto": há uma situação inicial equilibrada, no estado-de-coisas inicial, quando acontece algo que causa uma transformação irresistível nesse estado inicial – este é o conteúdo do estado medial, que é sempre transformador –, e dali para a frente as coisas já nunca mais serão as mesmas (este é o estado final, que via de regra inverte o estado inicial). Essa ironia visceral aguarda ser melhor definida em função de seu papel sintáxico-semântico estruturante para poder ser incorporada à Teoria da Narrativa. Face a ela, a pobre ironia de palavra a que nos acostumara a retórica clássica não passa de um berloquezinho estilístico inconsequente.

"Poética", em Aristóteles

Por si mesmo, o adjetivo de Aristóteles, *poética* – que ele usa não no sentido atual desse vocábulo, de "teoria da poesia", mas no sentido da *poiesis* grega, de Teoria do Fazer Literário –,

PRENÚNCIOS E VESTÍGIOS

[...] põe a marca da produção, da construção, do dinamismo em todas as análises: e primeiramente nos termos [da *Poética* de Aristóteles] *mythos* e *mimesis* que devem ser tidos por operações e não por estruturas. (Paul Ricoeur, *Temps et Récit*, Paris, Seuil, 1983, tome I, 57.)

Trocando em miúdos: *mythos* e *mimesis*, na poética aristotélica, significam, respectivamente, "ação de moldar, de construir uma réplica ocorrencial (sintagmática) de alguma classe de objeto artístico (*mythos*), arquivado como um modelo (paradigma), em competência; e ação de imitar, nesse fazer (*poein*), o paradigma tomado como molde". Mais claro, impossível.

Anti-Freud, a propósito de suas ideias sobre a arte

Não sou partidário da ideia de Freud de que a obra de arte seja apenas uma satisfação da fantasia, nem penso, como Kuno Fisher, que o mundo estético se encerre em si (avatar de Kant?), tendo em si mesmo a sua finalidade. Ora, o imaginário humano não nasce das nuvens, assenta na realidade, refere-se a ela, e para ela deve retornar, se há de cumprir a sua função. Julgo, por isso, que, assim como o real precisa ser imaginado para ser real, o imaginário necessita da realidade para existir (a prova de que a realidade inclui o imaginário está em que ela própria é imaginária: o que denominamos de "realidade" é a imagem que nos fazemos da realidade).

Em definitivo, e para não perder mais tempo: o imaginário existe no real, é real, e está a serviço da compreensão da realidade. Como nada na vida, exceto a própria vida, possui um fim em si mesmo, a arte nasce da história concreta dos homens e só encontra sua razão de ser quando essa mesma história retorna à concretude da vida, significando-a – dando-lhe um sentido.

Assim, também, em sua existência o homem mente (vivemos o que vivemos ao modo do parecer, simulando ser o que não somos), e esse mentir costuma disfarçar-se de segredo, de mistério, quando é apenas dissimulação nossa (vivemos dissimuladamente, quer dizer, parecendo não ser o que de fato somos).

É por conceber a trapaça como uma *cover-word* que subsume simulação mais dissimulação, que defino o homem como "um animal trapaceiro" – daí, não me espanta que a nossa existência, cá na droga dessa bolinha de barro, não tenha, em si mesma, nenhum sentido. Ela, devido a estar em devir incessante, por se constituir como uma transformação interminável, não pode ter e não tem sentido algum; única possibilidade: se tiver, só poderá ser quando os sucessivos processos de transformação do sujeito acabem, ou seja, quando o camarada morra. Mas, se a morte não der sentido à existência humana, ela, pelo menos, a converte em um destino, como declarava Malraux. E o destino já é alguma coisa, já é o núcleo duro de uma história, trágica ou cômica – algo que se pode relatar (converter em discurso) e, a partir daí, investir de um sentido (converter em um texto). Essa é a importância maior da narrativa: dar um sentido à vida humana, que em si mesma – isto é, enquanto a vivemos – não tem nenhum sentido.

PARA QUE SERVE SER LIVRE?

Em *L'Âge de Raison*, Brunet, um dos personagens, quer convencer Mathieu a ingressar no Partido Comunista. E ironiza:

– Est-ce que tu t'imagines que tu pourras vivre toute ta vie entre parenthèses?

[– Será que você pensa que poderá viver a vida inteira entre parênteses?]

Antes explicara o que queria dizer para ele "viver entre parênteses":

– Tu as suivi ton chemin. Tu es fils de bourgeois, tu ne pouvais pas venir avec nous comme ça. Il a fallu que tu te libères. À présent c'est fait, tu es libre. Mais à quoi ça sert-il, la liberté, si ce n'est pour s'engager?

[– Você seguiu o seu caminho. Filho de burguês, não poderia vir conosco asssim, como um burguês. Devia libertar-se, antes – agora, pronto, você está livre. Mas, para o que é que a liberdade serve se não for para a gente se comprometer?]

Ora, isso mesmo é o que eu ia perguntar a esses senhores: pra que é que serve a liberdade se não for pro camarada correr atrás do seu ideal?

ENVELHECER, ESPERAR

Viver consiste em esperar e esperar e esperar, ainda. E quando tudo que tiver preenchido o tempo do índio nesta sala de espera já tiver se esvanecido, e tivermos perdido tudo o que vínhamos trazendo conosco, em nosso corpo ou com o nosso corpo (como se qualquer coisa que carregamos conosco valesse alguma coisa), quando tudo em nós tiver caído ao longo desse caminho que não leva para lugar nenhum, nós, velhos, teremos ainda de esperar a nossa vez de cair e nossos ossos virarem farinha e nosso esqueleto de gravetos se incorporar à terra, de que saiu.

Até lá, darei razão a Gide, que concebia o envelhecer como a tentativa de reencontrar alguma coisa que se perdeu em algum lugar. Só que para mim, que vivi mais do que ele, é mais grave ainda, porque acho que tentamos reencontrar alguma coisa que buscamos o tempo todo mesmo sabendo que o que foi, foi, e que já não há nada mais para ser reencontrado ali, em lugar algum – pois, não é verdade que malbaratamos boa parte do tempo que temos procurando reencontrar o que nunca tivemos (por exemplo, o amor de uma mulher)? Assim a vida, essa *Halteplatz des Nichts*, "plataforma do Nada" (Heidegger), se sustenta de um puro motivo do engano metafísico, apoiada numa promessa implícita de não se sabe o quê, embutido na esperança; é que a esperança finge ter um conteúdo que a transcende (esse é o engano metafísico que ela nos força a engolir garganta abaixo), mas, creiam, ela não tem nada dentro de si, teor nenhum, ela é oca – a esperança apenas faz esperar.

Experiência de uma expectativa infinita montada sobre essas duas modulações da esperança que são "a expectativa objetiva", que nos faz esperar a plena relização de nossos projetos de vida, e "a expectativa subjetiva", com que o indivíduo aguarda a realização do *Ichideal* de Freud, o eu ideal do devir, aquele que cada um de nós espera vir a ser um dia (não confundir com aquela outra manifestação de um *wishful remembering*, a "memória desejosa" que cria o *Idealich*, o eu ideal do pretérito, o mítico simulacro do ser infantil que o adulto finge que foi para se consolar da perda irreparável da infância [o qual, naturalmente, ele nunca foi de fato])... ah, paremos por aí.

Entretanto, agora que falei nisso, como parar por aí? Pronto: já é tarde. É na forma mentida disto que me lembro da criança que, por não ser, fui, e do moço abestalhado que fui, amando sempre a quem nunca me amou – comi muita pedra em minha vida, quando a fila andar para mim, não levarei temor nem saudade para a frente do portão onde irei bater: o que foi, foi – acabou, compadre; eu que me aguente comigo.

(Como dizem os caboclos da minha terra, "galinha que come pedra sabe o cu que tem".)

PRENÚNCIOS E VESTÍGIOS

NÃO SE PODE CONFIAR NA REALIDADE

nem na História. Sendo ambas paradoxais (vida e morte, amor e ódio etc.), nelas, tudo é possível – todos os disparates e absurdos acontecem. Confio infinitamente mais na ficção, posto que nela nem tudo pode acontecer. Se a ficção tem de ser verossímil sob pena de ninguém acreditar nela, e por isso se policia, não se permitindo relatar eventos que a fariam perder a credibilidade e se aniquilar, já na realidade, que nunca teve nem tem vergonha (porque não carece de que se acredite nela), na realidade tudo acontece, os sucessos mais escabrosos, as proezas mais cabeludas, e pronto!, já está: acreditem ou não nos fenômenos através dos quais se manifesta, ela *poco se ne frega*.

MENTIRA E IMAGINAÇÃO

Uma implica de algum modo a outra:

O potencial da mentira na política tem a sua explicação na origem da palavra, que vem do latim *mentire*, que quer dizer "inventar", da raiz *men* –, que, por oposição a corpo, designa a atividade de pensar. Explica Hannah Arendt que a ação requer imaginação, ou seja (definição de "imaginação"), a faculdade de pensar que as coisas podem ser diferentes do que são, e que, por conseguinte, elas podem ser mudadas.

Entretanto, essa mesma imaginação, que permite contestar os fatos para se ter a iniciativa de transformá-los, permite desconsiderá-los. Coisa que, em outras palavras, quer dizer que as capacidades de mudar fatos e de negar fatos estão interrelacionadas na imaginação. Este é o vínculo apontado pelo padre Antonio Vieira, entre os "juízos temerários", feitos pela imaginação, e os "falsos testemunhos", construídos pela mentira.

Aí temos, pois, na *mentira*, "uma tentação que não conflita com a razão porque as coisas poderiam ter sido como o mentiroso as conta". (Celso Lafer, "Sobre a Mentira", *O Estado de S. Paulo*, 20.7.2008, p. A2.)

A importância da imaginação e da mentira para a literatura: sem a faculdade de imaginar, isto é, de fantasiar que as coisas podem ser diferentes do que são, não há ficção, nem boa nem má; e sem a capacidade de mentir não há poeta que se aguente, porque lá diz um dos maiores da língua, "o poeta é um fingidor". Ou, melhor ainda, como ele mesmo também diz,

> Falo, e as minhas palavras são um som.
> Sofro, e sou eu.
>
> (F. Pessoa, *Mensagem*.)

Quer dizer: a verdade patêmica, dos sentimentos ("sofro, e sou eu") é mais verdadeira do que a verdade cognitiva, da razão ("falo, e as minhas palavras são um som")

A NOÇÃO DE *PESSOA* NA TRAGÉDIA GREGA

Leio, às vezes, que a Grécia antiga não conheceu a noção de indivíduo, sujeito singular. Sei que existem sociedades para as quais a ideia de indivíduo é impensável – dizem, por exemplo, que para os persas (ou celtas?) antigos, tirando o Rei, todo o mundo é Ninguém (como de si mesmo afirmou Ulisses, na caverna de Polifemo); e do mesmo modo, Vernant lembra que é isso mesmo que significam, no fundo, os sistemas de castas na Índia. Compreende-se: nesses grupos, é impensável o indivíduo enquanto tal pois que ele se define necessariamente pelo lugar que ocupa nas hierarquias previstas nos sistemas de castas, que são os verdadeiros atores do jogo social.

O caso da Grécia é diferente – trata-se de uma cultura que não prevê lugar para a subjetividade – o diário íntimo, as confissões, as memórias, que exigem revelações de segredos íntimos e

PRENÚNCIOS E VESTÍGIOS

confidências, que vão se transformar em gêneros literários com Rousseau e, depois dele, com os românticos, constituem classes de discursos literários inexistentes na antiga literatura grega. Ocorre, contudo, entre eles, um claro reconhecimento da singularidade da pessoa, que conflita dolorosamente com a aguda consciência da sua pertença ao grupo, provocando, essa ambiguidade, uma crise que se manifesta de modo privilegiado na forma das personalidades problemáticas que fundam as grandes tragédias gregas. O mesmo Vernant demonstrou, aliás, que elas se compõem de atos de responsabilidade ambígua, quer dizer, de atos que parecem derivar de um lado da vontade demoníaca dos deuses, que se sobrepõe ao querer dos indivíduos, mas derivam, também, por outro lado, do desejo autônomo do indivíduo que age na conformidade da *moira* profetizada.

Esse conflito entre o livre-arbítrio do indivíduo e o imperativo da obediência devida às determinações transcendentais é o cerne da tragédia grega no que tange à "responsabilidade pelas ações cometidas" – trata-se de um impasse que constitui um dos fundamentos trágicos do fazer humano, na medida em que ele põe em xeque a própria condição humana: o que é o homem? Um ser dotado de livre-arbítrio, que pode decidir o que quer fazer, fazê-lo e que – não obstante seja ele o herdeiro de uma maldição do sangue derramado por seus pais ou seus ancestrais – deverá ser o único a ser responsabilizado pelo que ele livremente escolheu fazer e fez? ou um ser cuja sina está predeterminada e escrita de antemão pelos caprichos da vontade de um *daimon*, um ser transcendental implacável, em cujas mãos ele não é mais do que um joguete do destino?

Quando Agamenon sacrifica sua filha Ifigênia, a quem e a que obedece ele? Ele se conduz como "sujeito" de seu próprio destino ou como joguete da vontade dos deuses? Se observarmos de perto o texto de Ésquilo, parece que o gesto de Agamenon lhe pertence, a ele e à sua "psicologia": ele não pode renunciar à expedição que deseja empreender, seus aliados estão reunidos e não existem ventos para enfunar as velas dos navios. Aí estão razões suficientes para persuadi-lo de que o sacrifício de sua filha é necessário. Sua ambição de rei vem antes do seu amor de pai.

Mas existem, também, outras coisas que o texto indica claramente. Inicialmente, houve um oráculo a partir do qual Ésquilo diz ter "ordenado" o sacrifício de Ifigênia. Além do mais, Agamenon é "possuído" pela maldição de sua raça, que, a cada geração, desencadeia o assassinato. Assim, ao matar sua filha, Agamenon não é o responsável por este assassínio. Vocês veem, então, por meio deste exemplo, que o mundo grego ainda não conhece a "vontade" que o Ocidente inventará. (Entrevista de Jean Pierre Vernant a Jean-Paul Enthoven e Jacques Julliard para o *Nouvel Observateur*, "O Personagem da Semana – Vernant", *O Estado de S. Paulo*, Caderno Cultura, 23.11.1980.)

O QUE OS LINGUISTAS REALISTAS – POSITIVISTAS – NUNCA ENTENDERAM

é que as condições de produção do discurso não são localizáveis fora do discurso, na história político-social, como fenômenos que se desenvolvessem feito fatores extratextuais, independentes do discurso. Pelo contrário, na medida em que possamos afirmar que tais ou quais condições existem, são reais e conformam tipologicamente as diferentes classes de discurso, essas condições de produção são fatores intratextuais, que participam do discurso como constituintes semióticos de seu sentido.

UM PROBLEMA DOS ALEMÃES: A SUA GRAMÁTICA

Em suas *Memórias,* Albert Speer conta que, no presídio de Spandau onde ele cumpriu a pena a que o condenou o Tribu-

PRENÚNCIOS E VESTÍGIOS

nal de Nuremberg, permitiam aos detentos escrever cartas até o máximo de 1 300 palavras. A dado instante, contudo, os prisioneiros foram instruídos para não escrever mais do que 1 200 porque havia sempre divergências sobre como demarcar as fronteiras das palavras em alemão, e era melhor a correspondência ter menos vocábulos e passar pela censura do que ter mais do que o permitido e ficar retida nela. E – pergunta Speer, querendo dar uma amostra da gravidade do problema – se uma barbaridade como *Himmelkreuzdonnerwetter* (que tem o ar de ser uma locução interjectiva para exprimir alguma coisa parecida a "com mil demônios!", ou "com todos os diabos!"), deveria ser considerada uma ou mais palavras. E se ele, que era falante nativo do ingrazéu teuto, não se aventura a dar uma opinião, não serei eu, que nada sei da algaravia deles, tão tolo que meta a minha colher torta nesse caldeirão. Tanto mais que tenho vivas na lembrança outras traquinagens linguísticas teutônicas diante das quais Mark Twain se horrorizava, coisas pouco amistosas tipo *Freundschaftsbezeigungen,* que vale tanto como "demonstrações de amizade", subversivas como *Unabhaengigkeitserklaerungen,* "declarações de independência" ou barbaridades que justificam a abertura de um Boletim de Ocorrência no distrito mais próximo, tal, digamos, *Generalstaatsverordnetenversammlungen,* a qual, tanto quanto posso intuir (sem garantir nada), é a sopa de letrinhas com que os germânicos designam as "sessões do Congresso" (será isso? da Assembleia Legislativa Estadual? da Federal, do Senado? das duas Casas em reunião conjunta, se seus ritos previrem isso? Mas, caramba!, se for e se agridem eles com esse palavrão as reuniões dos órgãos legislativos deles, como chamariam as dos nossos, hein?).

Matutar sobre essas charadas insanas me ajudou a solucionar uma questão antiga. Pois, tendo de elaborar, redigir, cifrar em código secreto, transmitir, decodificar a mensagem cifrada para repô-la nos termos do absurdo alemão normal e, principalmente, compreender corretamente os planos, as instruções, diretivas do comando e ordens em geral do Estado Maior do Exército redigidas num xarabiá desse porte... fala sério, compadre: que chance tinham as tropas da Wehrmacht? Nenhuma, mesmo – nadica de nada. Falando uma língua dotada de uma gramática dessas, apesar de ser os melhores soldados do mundo, os alemães só estavam bem preparados para perder as duas guerras mundiais em que se meteram, antes mesmo de começá-las. Está explicado: a derrota foi culpa da língua alemã.

Pintores barrocos holandeses

Os pintores barrocos holandeses representam, encantados, as trivialidades da vida comum, do ramerrão quotidiano. Numa época em que os barrocos espanhóis, tirante Zurbarán e Velázquez (bom, mas é preciso descontar, deste, o retrato do *Niño de Vallecas*, *Los Borrachos*...), só tinham olhos para a fealdade do ser humano e a beleza da divindade, os holandeses miravam com respeitosa atenção a doçura dos interiores domésticos, pintando através deles a dignidade de que se reveste a vida do homem que coexiste com os afazeres e os gestos mansos das coisas pequenas, do quarto e da cozinha, que vão se perpetuar enquanto nós durarmos porque, geração após geração, a espécie continua a reproduzir as mesmas práticas e liturgias.

Sempre que vejo uma tela deles tenho a impressão de que esses nossos ancestrais sabiam que convém conservarmos o sentido das proporções humanas. Zurbarán, por exemplo, me dá a impressão de aconselhar o observador, "você deve ler São Francisco, não pisar nas formigas, catar os alfinetes e cuidar dos cães vadios da rua, recolher as cascas de pão que caíram na mesa e ter bem

PRENÚNCIOS E VESTÍGIOS

presente que um vintém é um vintém. Humildade e *reverenza!* Fazer as coisas pequenas, sem muitas pretensões. Porque este é um mundo pequeno".

E nós, "bichinhos da terra, fracos e pequeninos" (Camões), somos menores ainda.

A CONSTRUÇÃO DO REAL E A FICÇÃO

A compreensão do real passa pelo imaginário. O exemplo maior: ninguém sabe qual é o sentido da vida, se ela, afinal, tiver algum. E ninguém pode saber o que ela é porque para conhecer alguma coisa que se desenvolve feito um processo, como a vida, precisamos de, primeiro, chegar ao fim do processo e, segundo, de ter uma experiência pessoal disso. Ora, o fim do processo da vida tal como o conhecemos na terra é a morte. Então, precisaríamos saber o que é a morte para saber o que é a vida. Mas, para saber o que a morte é, necessitaríamos de ter uma experiência pessoal dela – e isso ninguém pode ter porque a morte significa precisamente o fim de toda experiência pessoal (estou fazendo um tosco *tutti quanti* do começo de uma das *Críticas* de Kant). Devido a isso, é impossível saber na realidade qual é o sentido da vida. O que se pode fazer, então?

Bem, acho que o único que nos resta a fazer é fingir: fingimos que sabemos o que a vida é. O relato disso é que costumamos chamar de ficção.

É essa a situação: enquanto vivemos, estamos presos por uma armadilha representada por um problema insolúvel, o de vivermos dentro de uma contradição real – a contradição representada pela oposição primal vida *vs.* morte. Não podendo conciliar seus termos nem lhe dar uma resolução real, damos-lhe uma solução imaginária. A ficção me oferece a oportuni-

145

dade de imaginar o sentido da vida de um ator cuja existência, eu, criador da narrativa, crio desde o nascimento até sua morte. E depois de fingir essa vida em um relato, um discurso-objeto, interpreto-o em minha leitura, atribuindo-lhe um sentido. É ele que transforma as vidas imaginárias narradas no discurso lido em destinos – só a morte, advertia Malraux, transforma a vida em um destino. E como ler é sinônimo de interpretar, é assim que lendo-o, converto o discurso-objeto em um *texto*. Depois, se calhar, o sentido que essa interpretação me dá numa leitura (uma leitura = a interpretação coerentizada de uma isotopia) significa essa vida como um destino (só a morte transforma a vida de um ator num destino, advertia Malraux) e assim, lendo-o (interpretando-o, dando-lhe um sentido), converto esse discurso em um texto. Depois, se calhar, finjo que não finjo, fazendo com que a vida representada, imaginária, funcione para mim como expressão figurada da realidade "real".

É assim que o mundo imaginário cria o mundo real – através dos três estágios do discurso simbólico de que falava Lacan: vamos do imaginário para o real, e daí para o simbólico.

O herói como representante das virtudes coletivas de seu povo. Bismarck e Hitler

Quando Braudel, em certa ocasião, cochilara a ponto de atribuir a Bismarck individualmente a decisão de atacar o inimigo em Sadowa, Julien Benda saiu em defesa da tese contrária, de que quem agira realmente fora o povo alemão inteiro, através de Bismarck:

> Se Bismarck lá se encontra, no campo de batalha, é porque há pelo menos um século, e talvez mais, milhões de alemães sonharam com a unidade alemã batendo seus canecos de cerveja em seus *Stammtische* ou tagarelando

sob as tílias ou escalando o Broken... Todo um movimento romântico de esperança e sonho é apanhado nas borrascas dessa era subitamente realista, a era dos feudais das Marchas, dos industriais do Ruhr [...] Muito antes de Bismarck, a Alemanha já existe, como grupo de interesses econômicos a partir do momento em que se concretiza o Zollverein (1832) e há séculos como ser histórico. Se Bismarck está em Sadowa, roído por angústias mortais [...] é pela força das coisas alemãs, pela vontade dos homens alemães. Ele é seu delegado, nada mais. (*Apud* Pierre Daix, *Ferdinand Braudel, Uma Biografia*, Rio de Janeiro/São Paulo, Record, 1999, p. 244.)

Neste ponto, um francês que viveu esta época não pode deixar de saltar. "Seu delegado, nada mais"? Pronunciado em 1941 ou em 1943-44, reescrito em 1947? Quer dizer então que Hitler também seria um delegado do povo alemão, nada mais? A ser assim, então, é o povo alemão que faz a história alemã. "É ele o personagem que dura, a substância viva da história alemã." Deve-se lembrar isso, sim, desde que se recorde, também, como escreveu L. Febvre,

[...] que essa produção alemã, toda essa produção alemã apresenta um terrível problema. *Cultura*, dizem eles. De quê? Seja o que for, *não da humanidade*. Mas frequentemente da *desumanidade*. E isto, não. Nunca. Não devemos nos cansar de dizê-lo. De denunciá-lo. [...] o respeito da humanidade no homem, as Exigências e os Direitos do Homem são um dogma (*op. cit.*, p. 245).

Aí estão, outra vez, resquícios da mesma *Kultur* que Unamuno detestava, que perpetrara, depois de planejá-los cuidadosamente, anos a fio, os maiores genocídios do planeta, e pretendera – não todos, por honra da nação, mas boa parte dela, se não a maioria – fazê-los passar depois como "calamidades naturais", sem culpa de ninguém (no mesmo dia em que as cidades alemãs eram conquistadas pelos aliados, na Segunda Grande

Guerra, já não se encontrava um único sujeito que se dissesse nazista, em suas ruas). Com que, então, sem culpa de ninguém? Então, Hitler não existiu? Então, Hitler não foi eleito livremente pelo povo alemão?

Não foi por bravata que o mesmo Unamuno se atrevera a contestar, alto e bom som, com um *muera la muerte!* (que era seu modo de proclamar *viva la vida!*) a insolente saudação *viva la muerte!* berrada pelo General franquista, sentado à mesma mesa do banquete a que o autor de *Niebla* presidia na Universidade de Salamanca, de que era, então, reitor.

A COESÃO E A COERÊNCIA COMO PRODUTOS DO FAZER ENUNCIATIVO MAIS FAZER INTERPRETATIVO

Com o acontece que é nosco exaltante. Rapidamente do apoderando-nos mundo estamos hurra. Era um inofensivo aparentemente foguete lançado Cañaveral americanos Cabo pelos do. Razões se desconhecidas por órbita da desviou e provavelmente algo ao roçar invisível a terra devolveu o o. Crista nos caiu na paf, e mutação repentinamente entramos em. Rapidamente a multiplicação aprendendo tabela estamos de, dotadas bem literatura para a somos de história, pouco química menos um para a, um até desastre agora esportes no, não importa mas: das será galinhas cosmos o, diabo que. (J. Cortázar, "Por Escrito Gallina Una", *La Vuelta al Día en Ochenta Mundos*.)

O enunciador enunciou esse discurso assim, sem coesão nem coerência alguma; mas como essas coisas não existem unicamente no nível do sintagma, mas, sim, no nível da competência do enunciatário, nos paradigmas que operam a interpretação do discurso, elas podem facilmente ser restabelecidas pelo enunciatário (assumido pelo leitor) de modo a normalizar o discurso, tornando-o consistente, isto é, coeso e coerente.

PRENÚNCIOS E VESTÍGIOS

A textualização e a ambiguidade. Leitura semiótica da diferença

A ambiguidade dá a entender ao enunciatário que ele percebe dois enunciados semânticos "e_1" e "e_2" ao nível da manifestação de um mesmo segmento enunciado lexical, "e_x", sendo os dois de ocorrência equiprovável. Surge, aqui, um problema de interpretação que deve ser resolvido mediante recursos propiciados pelo contexto, tais como a observância do princípio de consistência sintáxica – dita "coesão", que diz respeito às regras de coordenação e subordinação que conectam os vários segmentos sintagmáticos de acordo com a função que cada um deles desempenha no contexto, mais a observância do princípio de consistência semântica, isto é, da coerência isotópica, que opera uma varredura do contexto recrutando os significados parciais espalhados por ele como constituintes do sentido total do segmento e os articula numa totalidade de sentido contextual constituído.

Dos dois enunciados apreendidos pelo fazer interpretativo da leitura, de ocorrência equiprovável no contexto fixado, apenas um (digamos, "e_1"), deve ser retido, explicitado e atualizado pelo fazer normalizador no trabalho de textualização, ficando o outro ("e_2"), descartado, implicitado e virtualizado, quer dizer, não eliminado, mas confinado ao nível de imanência, onde se alojará como significado disponível, pronto para ser atualizado pelo fazer interpretativo em outra textualização. É o que se observa com mais facilidade na plurissignificação do discurso poético.

A partir desse duplo fazer textualizante, emerge sempre uma hipótese questionadora de toda e qualquer interpretação realizada. Perfazendo a impugnação de todo o fazer parafrástico do leitor, ela ameaça invalidá-lo, porquanto põe em jogo a possibilidade de que o leitor esteja compreendendo menos do que está sendo dito ("aqui se diz mais do que isso"). Por conta desse *déficit da leitura*, toda textualização se torna também imanentemente ambígua: "o discurso "d_x" diz isso, mas diz também outra coisa".

Uma das razões pelas quais dizemos que todo texto é necessariamente imperfeito, reside no fato de ser ele produzido por uma interpretação do enunciatário, a qual refaz em seus termos a primeira interpretação do enunciador.

O fato de que o significante tenha de ser sempre algo diferente do significado pressupõe que a representação sígnica extrapole, por falta ou por excesso, os limites dentro dos quais supostamente deveria se conter.

A extralimitação por falta caracteriza a esquematicidade dos modelos e dos paradigmas: os esquemas são representações esqueléticas, de arcabouços nus, quase vazios, que anotam exclusivamente os traços suficientes, pertinentes, de um paradigma ou forma-tipo, com exclusão dos traços acessórios, contextuais dela, exclusivos da discursivização sintagmática da forma-ocorrencial ou, para falar como Jakobson, exclusivos da projeção do eixo dos paradigmas sobre o eixo dos sintagmas;

De outro lado, a extralimitação por excesso caracteriza a representação da passionalidade: as paixões são afetos intrinsecamente excessivos.

Tanto a falta quanto o excesso fazem uma referência ao limite.

É a percepção de uma medida-padrão do ser virtual que constrói na mente do ser atualizante que a pensa agora a possibilidade da extrapolação futurível do limite do ser percebido. Em outros termos, o ser é observado, através do limite, como algo constituído pela somatória do que ele já é mais aquilo que ele ainda não é, mas possivelmente virá a ser. A fórmula do ser, portanto, constitui-se, assim:

ser = [(ser) + (não-ser)];

em outros termos, constituído do *ser* perceptível, no presente, como /presença atualizada dentro do limite/, e de *não-ser*, perceptível, ainda no presente, antecipado nas expectativas abertas pelo *devir*, como ausência do que não foi, ainda, atualizado *dentro do limite*, mas poderá vir a realizar-se futurivelmente fora do limite. Na brecha aberta por esse devir, cada um de nós pensa em si mesmo como um *eu*, sem ter consciência clara de que cada *eu* consiste, a rigor, de um discurso polêmico, tramado no cenário conflituoso da sua subjetividade, entre as duas ideologias que ali se debatem no desempenho dos papéis contrapostos do *eu que é* versus o *eu que não é* (= o *eu passado*, que já não é mais, e o *eu futurível*, que ainda não é).

A somatória – ser = [(ser) + (não-ser)] – nos impele a definir o *eu* e o discurso como *grandezas em transformação*, entes intrinsecamente incompletos, que são parte de uma totalidade, uma unidade maior constituída, que ignoramos o que seja.

O LUGAR DO OBSERVADOR: REPRESENTAÇÃO E PONTO DE VISTA NA PINTURA

Tudo o que é representado na pintura ou no cinema, é representado sob um ou outro aspecto, da contemplação do objeto a partir de um ponto de vista. O ponto de vista não indica só, contudo, a localização do objeto observado num ponto do espaço e do tempo, indica, concomitantemente, a localização do sujeito observador. Em princípio, o lugar do observador é sempre exterior ao lugar do objeto observado, pois que o olho que vê não se vê vendo.

Entretanto, os góticos – e, depois deles, os barrocos – deram um jeito de fazê-lo, valendo-se, para isso, da estratégia discursiva de representar o quadro dentro do quadro.

Estou pensando no caso de Jan Van Eyck, mais exatamente em uma pintura dele que analisei há muito tempo em *Metáfora* (São Paulo, Atual, 1987). Trata-se da tela em que ele pinta O *Casamento de Arnolfini*. Dentro dela, há um espelho que Van Eyck utiliza para pintar seu autorretrato; é uma manifestação a mais do arquiconhecido motivo do quadro dentro do quadro. Sempre me intrigou o fato de o pintor não se representar, ali, no ato de pintar, já que parece natural supor que é isso, aparentemente, o que ele deveria fazer, uma vez que, ao se observar no espelho, ele pintava a cena das bodas. Aqui abro um parêntese para recordar que foi assim que Velázquez se autorretratou de frente para nós, pintando-se no ato de pintar a visita que as filhas dos Reis da Espanha fazem aos pais, que estão posando para um retrato (um retrato do Poder Imperial que só se vê, esfumaçado, num segundo plano, aos fundos!), no ateliê do pintor, em *Las Meninas*. Sincretizam-se, assim, nessa obra-prima, três obras: o retrato dos Reis, quase invisibilizado no espelho ao fundo; a visita de suas crianças ao ateliê onde os Reis estão posando; e o autorretrato de Velázquez. Este último ocupa na arquitetura geral da composição, de longe, a obra de maior destaque, pois que nela o pintor se situou, cabotinamente, num primeiro plano muitíssimo mais elevado, para deixar bem claro quem é o protagonista da verdadeira cena, o ator mais importante dentre todos eles. Do ponto de vista artístico, Velázquez tinha razão, é claro; mas, que ele tenha se atrevido a dizê-lo, ali, com tamanha transparência, não deixa de ser uma outra amostra da arrogância espanhola; contudo, isso é outra história. Fecho o parêntese. Torno à vaca fria: em *As Bodas de Arnolfini*, o Van Eyck que vemos no espelho está assistindo ao casamento que descreve em sua pintura – o casamento desse burguês endinheirado e o ato de pintá-lo são, pois, contemporâneos. Deveriam ser registrados na pintura sobre os fios das isotopias diferentes, a que descreve o casar-se (foco nos noivos Arnolfini),

PRENÚNCIOS E VESTÍGIOS

e a que descreve o pintar (foco no pintor). Curiosamente, este último papel temático – o pintor – que implica no sincretismo de dois diferentes sujeitos, um Observador pressuposto (que vê as cenas do casamento e da pintura) e um Operador pressuponente (que pinta as duas), é desdobrado para separar os dois Observadores mediante a inscrição na tela de uma segunda semiótica, a verbal, desta vez, que diz, ambiguamente, *Joannes Van Eyck fuit hic* ["este foi Van Eyck" / "Van Eyck esteve aqui"]. Aí está mais uma amostra do sentido problemático, no mínimo ambíguo, sincrético, do discurso artístico. Mas isso é jeito de se desfazer ambiguidades – complicando-as?

A TEMPORALIDADE OPOSTA DA MÚSICA E DA ESCULTURA

A música representa sempre o agora; já a escultura representa o fim do começo. Essa bailarina esculpida que levanta e abaixa os braços com graça, enquanto gira o corpo de alfenim ao som da caixa de música à minha frente, está me flertando, a danada, está me enamorando, *coquette*, com a graça da música que se expõe traduzida na gestualidade da sua dança. Ela me conquista, lógico, antes mesmo de acabar de dançar. Sei que a sua graciosidade provém de uma gesticulação construída, robótica, porque lhe advém de fora dela, lhe é dada, enquanto discurso, mas esse robotismo se destrói diante da comoção que ela me provoca, a mim, Observador – e essa comoção, agora, vem de dentro de mim, enquanto texto.

Sei que seu encanto é programado para seduzir a qualquer Observador, mas, diante da graciosidade com que ela me manipula, o que importa essa infidelidade profissional, coletiva, se no momento em que a observo, ela é só minha? Sei, mais, que, em um segundo instante, o mecanismo de molas deixará de agir, a música cessará e a bailarina se imobilizará num gesto triunfante, sem cumprir nenhuma das promessas insinuadas pela exibição daquela performance sedutora que me prende e fascina, agora. Mas, e daí?

Descobri o segredo do fascínio que essa pequena bailarina de caixinha de música exerce sobre mim: essa bailarina constitui uma metáfora escultórica do amor: contemplando-a, quer dizer, considerando o amor que tive, percebo que, tal como a bailarinazinha, o que eu tive de dançar manipulado por molas, feito um bocó, dancei; agora que a bailarina se imobilizou, a dança acabou.

É... comigo também: a dança acabou, mas o dançado permanece.

O BRASILEIRO, FRUTO DE TRÊS RAÇAS TRISTES. A IDEOLOGIA DO PESSIMISMO *VS.* A IDEOLOGIA DO OTIMISMO, NOS ESTUDOS SOBRE O CARÁTER NACIONAL BRASILEIRO

Constitui um lugar-comum nas *brasilianas,* afirmar que à saudade dos portugueses, perdidos nos mares, distantes da pátria, se acrescentam, aqui, no Brasil, o banzo dos negros, a melancolia originária de ter sido ele desterrado à força da África e isso tudo teve continuidade na tristeza dos mulatos (Gilberto Freyre lembra que o caboclo "era quase um doente em sua tristeza").

Ali por volta de 1920, aproximando-se o primeiro centenário de nossa Independência, renovam-se os estudos sobre o caráter nacional brasileiro. A essa altura, a grande maioria se não a unanimidade dos "brasileiristas" concordaria no tocante ao tópico de nossa tristeza herdada. Começam a surgir, no entanto, as divergências relativas à avaliação de suas causas, seus modos de manifestação e seus efeitos. Paulo Prado, por exemplo, estava convencido

PRENÚNCIOS E VESTÍGIOS

da influência malsã e deletéria da mestiçagem, enquanto Gilberto Freyre via tal influência como positiva.

O caso de Euclides da Cunha tipifica a evolução no pensamento de muitos; ele, que começara acreditando como um positivista (não debalde fora aluno do Colégio Militar onde pontificava nosso positivista-guaçu, Benjamim Constant) nas bobagens do Conde de Gobineau de que a mestiçagem criara no Brasil uma raça de caboclos degenerados, assim que os conheceu de perto durante a Guerra de Canudos, ficou impactado com o amplo desmentido do "racismo cientista" que lhe era dado a ver na realidade. Em consequência, ele evolui – pelo menos em parte – para a postura oposta, que manifestou de forma lapidar no dito "o sertanejo é antes de tudo um forte", depois de haver assinalado precisamente o contrário nas páginas anteriores do mesmo *Os Sertões*.

Como Dante Moreira Leite diria mais tarde, o problema racial se contaminara no Brasil de uma "ideologia do pessimismo". Trata-se de um racismo que pode ser rastreado desde os missionários que viam no indígena um ser demoníaco – a demonização do silvícola e de suas divindades está presente, por exemplo, já no *Auto de São Lourenço*, do Padre Anchieta – e, ainda na literatura maldizente de Gregório de Matos e continua séculos afora. Um de seus expoentes na passagem do século XIX para o XX foi Silvio Romero.

Vem de longe, portanto, a tara nacional que Nelson Rodrigues chamou de "complexo de vira-lata" – o sentimento que o brasileiro tinha de se sentir um ser inferior, sobretudo quando comparado aos habitantes das regiões industrializadas da Europa (Moacyr Scliar).

Contagiado pelos mesmos estereótipos foi Paulo Prado que, continuando a tradição iniciada por Gregório de Matos, repôs em circulação – como assinala Octávio Ianni –, na passagem do pré--modernismo ao modernismo, o que poderíamos chamar de "ideologia do pessimismo", como marcadora da valoração negativa aplicada nos estudos brasilianistas, privilegiada, com ou sem razão, por certos ensaístas, na condição de característica invariante ao longo da História de nosso país. Foi Paulo Prado, com efeito, quem, de certo modo, aglutinou parte daquele primeiro grupo de pensadores sociais (Ribeiro Couto, Graça Aranha, Cassiano Ricardo, Menotti del Picchia, Sílvio Romero e vários integrantes do movimento modernista de 1922) [e mesmo antimodernistas como o primeiro Monteiro Lobato, o do Jeca Tatu], que concebeu e fixou um retrato do Brasil como exemplar de país condenado à servidão e ao atraso por culpa de seus males atávicos – a preguiça, o analfabetismo, a miscigenação, e, mais até do que um certo conformismo, uma certa fruição de "escravo feliz" com o marasmo e a miséria em que ele, pária da pátria, vivia estagnado.

A par de Ianni, M. Scliar observou, igualmente, que essa leitura fundamentava-se em preconceitos arraigados que se cristalizavam em signos, símbolos e emblemas, os quais (e essa seria sem dúvida a causa principal da injustiça básica dessa redução) ignoravam os mecanismos e estruturas de dominação das classes que se beneficiavam com esse suspeito reducionismo. Que personagens mais simbólicas de nossa indigência ensimesmada do que o major Quaresma, de Lima Barreto, "o homem cordial", de Sérgio Buarque, Macunaíma, de Mário de Andrade, o Jeca Tatu, de Monteiro Lobato, Juca Mulato, de Menotti del Picchia – todos pobres, mas, também, fruidores satisfeitos e até orgulhosos da sua venturosa miséria?

Àquela "ideologia do pessimismo" se contrapunha a "ideologia do otimismo", cujo arauto será Afonso Celso, que, com seu *Por que me Ufano de Meu País* (1900) chegou a criar uma corrente de opinião, o "ufanismo", que contou, no entanto, com muito menos seguidores (o epítome desses talvez seja o Major Quaresma, de Lima Barreto).

Assim, em meio à laia quase inumerável de embusteiros, batoteiros, chicaneiros, vagabundos, malandros que vivem de pequenos e grandes roubos e só exercitam sua inteligência em enganar o próximo, a meia dúzia de "otimistas" que possuímos talvez se envergonhasse de fazer o papel de otários.

A TEMPORALIDADE DA ESCULTURA – II

Continuo a perceber, confusamente, que meus pobres objetos domésticos me traduzem, na temporalidade da arte que os construiu sob a figura aparencial de esculturas. Aqui mesmo, em meu escritório, está *O Beijo*, de um gosto fortemente discutível. Ignoro quem assinou essa réplica torturante, mas seja lá quem for, mesmo na forma tosca colocou o essencial da união entre dois amantes: o mistério e o segredo que se implicam nessa modalidade de afeto em que se encena o jogo da vida e da morte, que são os significados mais radicais, de todas as chegadas e de todas as partidas. Os corpos entrelaçados se unificam numa fusão de almas exteriorizadas no encontro dos lábios num beijo que não cessa, que se torna, por causa do tempo – por causa do tempo infinito mais do que por causa do beijo, pecaminoso (é pecaminoso, escandaloso e até criminoso tudo o que não finda: o que nasceu no tempo, no tempo deve acabar). Imortalizado em pedra, esse beijo fez o afeto do desejo entrar na dimensão atemporal do mito, como o estado inicial de um percurso narrativo sexualizado que está apenas começando, mas já é eterno (ah, aquele que não sobreviveu ao amor que viu morrer só para descobrir, depois, que a amada nunca o amou de fato, não compreenderá jamais o que dói na contemplação de uma imagem esculpida com o fervor dessa infinitude atemporal do mito; e, o que sempre dói é aquele fim do começo – perceber que elas retratam não o começo do amor, nem o auge do seu tempo de duração, mas o misterioso "além disso tudo", pois que toda permanência é aparencial (é sentença dos deuses que se burlam do homem, que tudo o que nascer no tempo, no tempo morrerá); e o que fica, depois, e permanece, é somente a pungência dessa dor. Assim, o que dói nessa escultura é ver que ela fixa para a eternidade um fim que os dois conhecerão mas que, para um deles pelo menos, depois de acabar por fora estará por dentro, todos os dias da sua vida, a vida inteira começando.

O sadismo, em Brecht:

Ele riu porque pensou que eles não eram capazes de atingi-lo. Não podia imaginar que eles estavam se esforçando para não o atingir.

Epígrafe

Amor est titillatio (Spinoza, *Ethica,* iv, prop. 44, *dem.*)

O bom do Spinoza mostra bem com essa frase que pouco entendia das artes do amor, já que confundia o jogo principal com os exercícios preliminares de esquentamento dos atletas.

Viver i

Acabo de voltar, amargurado, de uma Faculdade onde participei de uma homenagem meio equívoca prestada a uma pessoa que não foi, de modo algum, aquilo tudo. Mas, tudo bem: homenagens são feitas em cima da História, que é um tipo de discurso escrito pelas amnésias. Lá, tive de suportar o trauma de rever uma (como direi? pessoa? vá lá: pessoa, do latim, *persona*, que era originariamente o nome da máscara teatral que ostentava a dobrez de suas duas caras opostas, a da comédia, que ria, e a da tragédia, que chorava); então (repito), o trauma de rever uma pessoa *de cuyo nombre no quiero acordarme*. Na viagem de volta para casa, não me saiu da cabeça um verso de Ehrenburg, que me parecia sintetizar tudo, toda a pena de ter vivido o que vivi:

sufocar a tristeza no punho como um pássaro morto.

VIVER II

Ainda a propósito do caquinho acima. Receio que o homem, que vai deixando cair tudo e acaba tudo perdendo ao longo desse duro caminho que temos de percorrer mesmo sabendo que ele não nos leva para lugar nenhum, não possa se livrar de nada. É possível que esteja bem assim – não merecemos muitas coisas, mesmo. E depois, tal como o planetinha precisa de chuva, de barro e de esterco para fazer rosas, do sapo, da cobra, da podridão e do monturo para fazer borboletas, das adúlteras, das moribundas, das prostitutas e das donas de casa para fazer mães e santas, necessitamos de triunfos e de desmoronamentos para fazer uma vida bem vivida. Nem tudo na existência humana se compõe só das baboseiras de vitórias e pompas – graças a Deus, viver é muito mais do que ser feliz.

UMA COISA QUE SEMPRE ME INTRIGOU EM *NIEBLA*, DE UNAMUNO,

para ser mais exato, naquele trecho em que o próprio Unamuno debate com seu personagem, Abel Sánchez, e este introduz na conversa o motivo do sonhador, caro aos gregos (Sófocles), aos poetas chineses da época de Li Po, aos maneiristas-barrocos ingleses (Shakespeare, Donne etc.) e espanhóis (Calderón de la Barca, Quevedo etc.):

[...] cuando un hombre dormido e inerte en la cama sueña algo, qué es lo que más existe, él como conciencia que sueña, o su sueño?

– Y se sueña que existe él mismo, el soñador? – le repliqué, a mi vez.

– En ese caso, amigo don Miguel, le pregunto yo a mi vez, de qué manera existe él, como soñador que sueña, o como soñado por si mismo?

– Y fíjese, además, en que, al admitir esta discusión conmigo [Augusto Pérez, que aqui discute com Unamuno, é um personagem criado por Unamuno neste mesmo romance, Niebla], *usted me reconoce ya Independiente de sí.*

– No, eso no! eso no! – le dije vivamente. Yo necesito discutir, sin discusión no vivo y sin contradicción, y cuando no hay fuera de mi quien me discuta y contradiga, invento dentro de mi quien lo haga. Mis monólogos son diálogos.

– Y acaso los diálogos que usted forje no sean más que monólogos.

(M. de Unamuno, *Niebla, Tres Novelas Ejemplares y un Prólogo*, 7ª ed., Buenos Aires, Espasa-Calpe Argentina, s. d.)

Os quadros surrealistas nos fizeram compreender que não se pode tomar uma metáfora qualquer, e menos ainda aquelas que designamos por oníricas, ao pé da letra, como metáforas do sonho. Uma, porque, quando contamos um sonho a alguém o fazemos em vocábulos, traduzindo os tropos de um sistema semiótico imagético, de signos visuais, nos termos de um outro sistema semiótico, o linguístico, de signos verbais; desse modo, traduzimos (traímos) o sonho em outra coisa, uma descrição verbal dele, falseando-o. E duas, porque, tanto quanto sei ou penso saber, a única coisa que o sonho não pode representar é a si mesmo, enquanto sonho. Prática significante do inconsciente, lhe está vedado tomar consciência de si mesmo, de seu significado. Se o pudesse fazer, ele deixaria de ser sonho, performance do inconsciente, fazer produzido por um sujeito do não-saber, para ser operação consciente, fazer de um sujeito do saber. Em outras palavras, o estado de sonho me impede de saber que eu sonho, pois se eu sei que estou sonhando, então estou consciente, não estou sonhando.

E aí temos um paradoxo do mesmo tipo formulado pelo enunciado "1", abaixo

1 – Este enunciado "1" diz uma mentira

paradoxal porque, se for verdade o que diz o enunciado 1, o enunciado 1 diz uma mentira; como, no entanto, ele mesmo diz com todas as letras que "diz uma mentira", então o enunciado 1 diz uma verdade (todavia, se ele for verdadeiro, afirmando ele próprio que "diz uma mentira", sou obrigado a aceitar que ele mente, porém...) e assim por diante *ad nauseam*.

Acresce que, como depõe Uspenski (*A New Model of the Universe*), o homem não pode no sono pensar sobre si mesmo, a menos que o próprio pensamento seja um sonho – não obstante, é isso mesmo que sugere Unamuno-personagem a seu interlocutor, o narrador Unamuno ("e se sonha que existe ele mesmo, o sonhador?").

Então, em que ficamos?

O TODO E AS PARTES

A totalidade está presente em cada uma de suas partes – é o que constitui a função, sendo as partes seus funtivos constituintes; mas a totalidade não é constituída pela soma de suas partes (esse é o erro capital das Linguísticas Frasais, que jamais chegarão a ser uma Linguística do Texto ou do Discurso): a totalidade é maior do que a soma de suas partes isoladas.

EDWARD LOPES

Trololós do poder

Na horda primitiva há um pequeno grupo em que o macho adulto mais forte é o dominante: ele exerce o monopólio das fêmeas e das fontes de alimentos, ostentando uma autoridade despótica sobre as fêmeas, os filhos e os machos mais jovens, que são mantidos pela força ao largo (para mim, autoridade despótica é aquela em que uma dominação é exercida a benefício do dominante, não do dominado). Foi de nossos irmãos primatas que herdamos uma das bases do conceito de família, aquela, pelo menos, que está vinculada à ideia de propriedade: o território (espaço dominado como refúgio privativo de caça, sexo, moradia e fuga) contém, condensado, o mesmo imperialismo que depois, expandido, vai dar no sentimento da pátria (Rui Barbosa: "a família amplificada"), bem como qualquer curto período de dominação é o embrião do que vai depois, transcendido em longa dominação, desembocar na tradição.

Daí: os pregoeiros pela manutenção da Tradição, Pátria, Família e Propriedade são os arautos das marcas mais emblemáticas das ideologias conservadoras mais selvagens, das do tipo "viva o luxo e padeça o bucho".

(Nessa altura, o fantasma de meu avô regouga no meu ouvido interno, "menino besta, falou demais; olha que a galinha come mas é com o bico fechado; e enquanto a bezerrada sem tino berra, o bezerro calado mama na mãe dele e mama nas mães dos outros".)

Duas alegorias antropopáticas impecáveis, de T. S. Eliot e de V. Aleixandre

A de T. S. Eliot que descreve a inundação das margens de uma represa destroçada, humanizando a natureza como um náufrago a lutar contra o afogamento,

The river's tent is broken:
The last fingers of leaf
Clutch and sink into the wet bank

[A represa do rio arrebentou:
Os últimos dedos da folhagem
Crispam-se no barranco lamacento e nele
afundam]

e a metáfora dos versos de Vicente Aleixandre que falam do coração do homem apaixonado que se reduz a um "pássaro de papel preso na gaiola do peito" que fenece se não encontra correspondência para o seu inútil amor em outro coração que se cala:

Un pájaro de papel en el pecho
Dice que el tiempo de los besos no ha llegado;
[...]
Para morir basta un ruidillo,
El de outro corazón al callarse.

[Um pássaro de papel no peito
Diz que o tempo dos beijos não chegou:
[...]
Para morrer basta o barulhinho
De outro coração ao se calar.]

Talvez se possa chamar as duas de "metáforas antropopáticas".

O erro essencial dos Analistas do Discurso

tipo Bakhtin e Van Dijk, por exemplo, é o de tratar o discurso como um sistema e um produto, quando ele é um processo e um produtor.

EDWARD LOPES

Uma metáfora de Chaucer

Quando Chaucer diz, a respeito da mulher de Bath,

For she koude of that art the olde daunce

[Pois ela conhecia a velha dança dessa arte]

ele se refere não a alguma dança esquecida dos saxões da antiga idade, referia-se, com pachorra, à arte de amar. A "velha dança" de que fala o poeta aí descreve a gesticulação do bailinho mais velho da humanidade – aquele que a tia cobra ensinou a Eva e Eva a Adão e a quem mais lhe pagava a comida.

Budismo para principiantes

A doutrina budista repousa nos pilares de quatro verdades:
(i)   tudo o que existe, sofre;
(ii) os sofrimentos se originam dos desejos;
(iii) a supressão dos desejos extingue os sofrimentos;
(iv) a extinção dos sofrimentos é o nirvana.

Onde a porca torce o rabo é na (impossibilidade da) supressão dos desejos, que não é bondade dada a ser humano nenhum: não querer alguma coisa é outro modo de dizer que se quer algo, *scilicet*, que se quer não-querer. Em virtude disso, aliás, é que inexistem, no fundo, autênticas revoluções, que exigiriam, para instituir-se, a mudança absoluta de todo o microuniverso de valores da axiologia vigente, no momento de irromper o movimento que romperá inteiramente com ela, para inaugurar uma nova axiologia: é que o não-querer constitui, ainda, um modo de manifestação do querer.

Meu Deus, o reino de Buda não é deste mundo. Aliás, diria ou disse alguém mais cru do que eu –, não é de mundo nenhum.

EM *A IGREJA DO DIABO*,

depois de aceitar a definição medieval do demônio como "aquele que nega", Machado foi parcial, como se queixava, depois, o Torto, por ter defendido o partido do Todo-poderoso contra ele. Se quisesse ser de fato imparcial, o bruxo do Cosme Velho deveria ter acrescentado na entrevista do Cão com o Senhor, duas outras ponderações, a saber,

(i) que não só Deus, o diabo também veio ao mundo como sucedâneo do Pai, o que faz toda a diferença, não direi por quê. Freud – que estará penando no inferno só por isso – constatou que Deus e o diabo eram originariamente idênticos, condensados em uma só figura que mais tarde se separou em duas com qualidades opostas; torno a repetir, agora (porque não quero delongar com explicações cabulosas junto a São Pedro, minha entrada triunfal no céu), que essa heresia é de autoria daquele compadre lá – não é minha, não, vige Maria! nem a embreio; e

(ii) que a queixa do Sujo de fato procede: a coisa toda é injusta (alega o querelante) porque Machado contou só um dos dois lados da história – e não foi o dele.

O DRAMA

A raiz do drama é a contradição entre dois comportamentos divergentes que se apresentam como projetos de solução de um problema. Assim, o drama reflete o momento em que aflora o

problema da mudança de uma epístemê, criadora de um conflito ou um problema, para o qual surgem duas soluções antagônicas, igualmente possíveis na aparência:
– a solução apresentada até então por um comportamento velho, promovido à condição de pauta ou padrão histórico de solução;
– a nova solução proposta, diferente do comportamento velho, promovida por um comportamento novo, desviado.

Assim, o drama exprime o conflito da coexistência dilemática, interiorizada na competência do homem, do apelo à permanência com o apelo à mudança. O drama existe no conflito.

A DIFERENÇA ENTRE TRAGÉDIA E DRAMA

Na tragédia grega, a desgraça provém de um ordenamento divino que preexiste ao crime do homem que o viola e, por isso, terá de expiá-lo (exs.: *Édipo, Oresteia*). O esquema proppriano geral do drama seria:

Regra → Violação (=Dano) → Reparação do Dano → Punição do Violador + Recompensa do Herói

No drama – a tragédia moderna – o homem causa a sua própria desgraça, violando regras impostas por injunções humanas; os deuses não entram em conta para nada. Exemplo: *Otelo*.

Os gregos descobriram que a vida é um puro absurdo pois desemboca na morte, e que a existência humana é o espaço da paixão, essa psicose que torna a vida impossível porque ela a arruína inteiramente. As tragédias são feitas dessa matéria-prima: vida que desemboca na morte, amor, fidelidade e felicidade que terminam em ódio, traição e sofrimento, constituem o conjunto de que provém a iluminação necessária para se ver toda a tragédia do existir, à qual se deve acrescentar a inversão do esquema de sanções positivas e negativas *supra*, assim:

Regra → Violação → Reparação → Punição do Herói reparador + Recompensa do Vilão violador

Essa inversão, ressentida pela consciência do sujeito ético, leitor ou observador, nos termos do sentimento da injustiça cometida, é que causa a sua revolta e indignação, fazendo do drama em causa uma *tragédia*: é profundamente trágico que vivamos num mundo em que os heróis habitualmente são castigados enquanto que os vilões são recompensados.

Boa parte dos romances do século XVI para cá são trágicos porque são feitos assim, cheios de gemidos e de felicidades obscuras. Os escritores modernos – dos fins do século XIX para hoje – descobriram que estamos todos nos inclinando perante os mictórios públicos, dedicando mais tempo a venerar os supostos tesouros materiais, os genitais, o poder e a glória mundanos do que as beatas a venerar os sacramentos. Crescemos para encontrar os deuses mortos, todas as fés falsificadas e todos os altares derrubados por terra. A espécie enlouqueceu e a nossa alma está doente.

Para remate de males, o dramaturgo e o romancista trágicos descobriram, mais, que não se pode, tampouco, acreditar na vida depois da morte, porque então tudo acabará bem e o que se terá composto sob o pretexto de iluminar o sentido do viver humano não será nunca uma tragédia – nelas, as coisas acabam sempre mal –, será sempre um *divertissement*, uma comédia. O que corrobora o acerto do dito daquele célebre personagem russo, "se Deus existe, então tudo está certo".

Sintomático de quão verdadeira é essa observação é o relato segundo o qual, depois que começou a crer na outra vida, Racine nunca mais conseguiu escrever tragédias.

EDWARD LOPES

Os trabalhos e os dias – iv

Apareceu, enfim, no dia aprazado, o afresco do coro de São Lourenço, trabalho que ocupou os últimos dias de sua vida e que inspecionei com olhos minuciosamente marejados, surpreendendo um laço de continuidade entre o que seu trabalho diz da pintura e o que ele diz acerca da santidade. Instalava-se, de fato, naquele tremendo afresco, submergido entre as luzes em combate com as trevas, na telinha ao lado, de Rembrandt (em meio àquele trevor imperscrutável, devorador de todas as circunstâncias do entorno dos seres vivos, que é assinatura infalsificável do holandês), e o verde apaziguador de Zurbarán a garantir que está tudo certo debaixo do sol, uma total neutralidade, feita de compreensão universal e perfeita indiferença para com as glórias do mundo e para com as contradições de que somos feitos, a vida e nós.

Mas, o que sobremodo me causava espanto era constatar que o contrário disso, dessa neutralidade, dessa indiferença e dessa compreensão, tinha sido afirmado pela autora do risco que compôs aquela série de nus que se isolam uns dos outros, espectros pendurados sem socorro nas paredes onde se retorcem, abandonados, sem esperança de redenção, pelos homens e pelos deuses, votados ao tormento, à ruína e à decomposição.

Observando o conjunto, pensei, primeiro, "é assim que é, então, o campo de batalha das almas contra a dissolução"; pensei, depois, "não; esse é, apenas, o lugar do encontro entre o olhar inumano de nossa espécie e o espelho negro que o reabsorve para que o olho possa se ver vendo de dentro dele, de dentro da tela para dentro da realidade, de dentro da realidade para dentro do corpo do homem, de dentro do corpo do homem para dentro da alma, de dentro da alma para dentro da morte, de dentro da morte para dentro da vida".

PRENÚNCIOS E VESTÍGIOS

O HIPÓCRITA, NO TEATRO GREGO, E O ATOR, NA SEMIÓTICA

Na Grécia, antes que Ésquilo separasse do Coro um segundo personagem, fundando o diálogo entre personagens individuais, os atores dialogavam (através da persona, aquela máscara com uma embocadura que lhes servia de alto-falante), com o Coro. Os atores chamavam-se, então, *hypokrités*, quer dizer "respondentes", pois que retrucavam ao que lhes dizia o Coro. Dessa função, que consiste em personificar o outro, derivam o papel e o sentido do ator e do hipócrita: o ator, que somos todos nós, é essencialmente um hipócrita, uma *máscara*, um sujeito que não representa sua própria personagem.

Dessa mesma função de assumir o papel do outro, personificando-o – mecanismo que na Semiótica se chama de "embrear" – deriva o sentido da palavra ator, que já se definiu como "aquele que representa o papel do outro, diante do outro". Um exemplo: Juca de Oliveira, que, no palco, representa Otelo (ator de ficção, que à primeira vista se pensaria que não existe fora da obra), enquanto o mesmo Otelo só está ali para, por sua vez, representar o espectador, o qual, com certeza, existe na plateia, fora da obra. Com essa arte, o discurso fala da realidade e com especial vigor o fazem os discursos artísticos: não são os ciumentos da realidade que dão sentido ao ciumento do discurso fictício, a Otelo, no caso – ao contrário, é Otelo que dá sentido aos ciumentos da realidade. Foi para isso que Shakespeare o criou. É para isso que ele está aí: para assumir o nosso papel, para representar-nos, a nós, espectadores, que somos seus outros, diante de nós que o observamos, da plateia.

Não é isso que Fedro queria dizer ao advertir na abertura de suas fábulas, "a fábula fala de ti, leitor"? É, é claro que é. Se tu, espectador, não percebes de repente que, ao observar Otelo,

169

te observas – se tu, lerdo, não percebes, em algum instante, ao assistir à peça, que o papel de ciumento que Otelo representa no palco à tua frente mimetiza o papel que tu mesmo desempenhas às veras quando te mostras ciumento com a pessoa amada, não compreendes nada do teatro, nem, por consequência, toleirão, compreendes coisa alguma da tua própria vida.

Mas o fascínio do teatro é tão grande que mesmo o baboso da aldeia se deixa penetrar por ele. Por esse fascínio intuis, *bon gré, malgré toi-même*, de um modo espiritual, ainda que não cor-poral, com tua *anima* se não com o teu *animus*, que *a fábula que presencias sobre o palco fala de ti*. Se tal não sucedesse, não te interessarias em nada por ela – por que o farias, se ela não te dis-sesse respeito do modo mais direto possível, cognitivo-passional? Cada um de nós só está verdadeiramente interessado em sua lin-da pessoinha, por mais que aparente estar interessado no outro, no sujeito ao lado. É isso a *hipocrisia*.

Os atores ontológicos, sujeitos observadores (espectadores), tanto quanto os atores discursivos, sujeitos observados (atores da peça de ficção), nos igualamos no sermos todos atores no nosso fazer gestual, prático ou simbólico, e respondentes hipócritas no nosso fazer enunciativo, ao falar sobre esse fazer.

A FALA OPERA A REVELAÇÃO

A tradição judia pensa a Bíblia como Livro revelado. Ela admite, pois, que a maior prova de amor de Deus para com o homem não é que Ele o tenha criado à sua imagem, mas que Ele se tenha feito anunciar. Que Ele lhe tenha dado uma Lei para a vida, Lei que não é diferente da sua própria. Que Ele tenha estabelecido em vínculo de palavra uma Aliança com o homem-bruto. Pois sem esse vínculo, sem uma Revelação, o bruto permaneceria a uma distância incomensurável de Deus, já que a criação sozinha não permitiria se pensasse a ultrapassagem da separação que ela inaugura, ao produzir o ser: pois [falar, como o provam o Gênesis e o ato da enunciação, é criar e] criar [exige sempre que o eu do enunciador se debreie de si mesmo para abrir o espaço do plano do enunciado onde virá a se alojar o eu do outro e assim criar requer] sempre criar o outro diverso de si-mesmo, aquele que poderá dispensar o seu criador. O homem enquanto criado pode viver ateu e tranquilo [...]. O tema de uma Revelação é, contudo, necessário para que o mundo do homem não se encerre em uma solidão ontológica. (Catherine Chalier, "Philosophie et Révélation", *Esprit*, n. 9, sept. 1982, pp. 135-136.)

O QUE A FIGURA-OCORRENCIAL, SINTAGMÁTICA, DO DISCURSO, IMITA,

não é a coisa-da-realidade, é o paradigma do código que criptografa o modelo da coisa-tipo, isto é, um elemento semiótico. A realidade não cria diretamente (sem mediações simbólicas) o discurso, o que cria o discurso são outros discursos. E, tal como no *Gênesis* bíblico, ao ser criado, o discurso enunciado cria a realidade de que ele fala – cria-o *more semiótico* (caso contrário, não a poderíamos conceber). Repito, porque muita gente ainda não compreendeu que, ao contrário do que eles pensam, a realidade não cria o discurso; ao contrário, o discurso é que cria a realidade.

O DILEMA DO *ÉDIPO* DE SÓFOCLES E O DE GIDE

A oposição fundamental da peça de Sófocles, aquela que constitui a contradição maior de Édipo, aquela que deve ser resolvida, mas permanece, no fundo, insolúvel, é a da impossibilidade de conciliar a predestinação com o livre-arbítrio. No *Oedipe* de André Gide, o protagonista brada a certa altura:

O que eu fiz eu não podia não fazer!

Ora, "não poder não fazer" é a definição do "dever" – e, de fato, o oráculo revelou que Édipo estava de antemão condenado: ele devia assassinar o pai e coabitar com a mãe, e não tinha como escapar disso. O que essa exclamação revela é que, sendo predestinado a fazer o que fez, Édipo não pode ser responsabilizado por atos que ele praticou involuntariamente, por uma injunção das divindades que regem os destinos humanos, sem que seu livre--arbítrio, o querer da sua intimidade mais refugiada no seu espaço interior, fosse consultado.

Com efeito, ninguém pode ser responsabilizado por ter praticado um ato que não queria praticar mas praticou por força de um dever que lhe foi imposto. Assim, Édipo é inocente e sua condenação é injusta. Debalde se dirá que, cegando-se, o Édipo de Gide pune em seus olhos a figura da sua incompetência, do não--saber que o vitimou sem que ele tivesse culpa; como exclama, ele não podia fazer outra coisa. Esse é um dos lados da questão.

Para ilustrar o outro lado dela, vou me valer do mesmo Édipo de Gide. Gide deixou claro que o duelo Édipo–Tirésias ilustra a "oposição entre o perspicaz antimístico e o crente; entre o cego pela fé e aquele que procura responder ao engano". Tirésias se diz inspirado por um deus – o que se pode perguntar, porém, é por que esse deus que o inspira não o ensinou também a responder à Esfinge?

Entram em confronto, aí, dois desejos, dos quais derivam dois deveres, o do Estado (que, representado pelo governante, é um reflexo, no mundo imanente, dos seres humanos, das leis ditadas no mundo transcendental, dos deuses) e o do indivíduo. Para o grego da época de Sófocles, o dever do Estado era irretorquível, pois que só ele concedia ao ator particular a condição de cidadão, membro da pólis – e essa cidadania, concedida pelo Estado, era a condição indispensável para o ator particular ser, ao mesmo tempo, membro da sociedade profana (ser "um tebano") e membro da sociedade sagrada (ser um protegido dos deuses que regiam os destinos de Tebas).

Daí se segue que desobedecer aos mandados da pólis implica para o infrator a perda automática de seu lugar na cidade dos homens e na cidade dos deuses. Sem a obediência às suas leis, que se impõem como "deveres do indivíduo particular para com o Estado", o grego não existiria pois estaria abandonando as duas pátrias em que ele vive. É isso mesmo, aliás, que constitui o teor das primeiras falas de *Édipo Rei*: debalde Tirésias, iluminado pelos deuses, multiplica advertências de que Édipo sofrerá, enquanto indivíduo, a punição que ele mesmo, Édipo, impõe, na qualidade de governante de Tebas, a quem quer que seja o responsável pela desgraça que flagela a cidade – e a tragédia toda estala quando se descobre que é ele próprio o responsável.

Mas é aí mesmo, também, na ação de Édipo, que a existência humana se eleva em toda a sua trágica dignidade, dado que por si só ela demonstra que, mesmo que a vida de cada homem esteja predestinada a ser o que ela é, se pretende receber algum galardão por ter vivido, ele necessita de ser responsável pela sua própria sorte. Se não se deve punir aquele que age forçado a praticar o mal que não quer, não se deve, tampouco, recompensar o que pratica o bem que não escolheu, contra sua vontade, e apenas em obediência a uma lei maior.

O homem certamente há de ser punido por tentar violar o desejo dos deuses que pretraçaram o risco-de-bordado da vida de cada qual, mas homem nenhum é plenamente digno do nome se não tentar fazê-lo. Aqui, o tema do heroísmo: herói é aquele que consegue ser por seus próprios esforços aquele que ele escolheu ser, que *quer* ser e *é* ao se superar, isto é, suprimindo o ser que ele vem sendo por meio de seu fazer de agora. Como se sabe, não tardará muito e os judeus criarão com o relato de Adão e Eva a versão mítica dessa verdade histórica: o primeiro casal do Éden é, também, o primeiro par de heróis que deixa o mítico "mundo sem problema" do Paraíso em que se situavam em sua origem, enquanto seres semidivinos, para, abandonando o quietismo contemplativo do Jardim, penetrar, mercê de um ato autenticamente seu, no mundo da História, um mundo degradado, cheio de problemas.

Esse é o autêntico pecado original, ter ousado o homem violar uma Regra divina antepondo-lhe a execução de um fazer autenticamente humano – o que pode haver de mais autenticamente humano do que a desobediência e o crime praticados em função de um desejo que não era do Outro, a despeito mesmo de ser esse Outro seu próprio Criador?

A memória é imaginária

por só evocar acontecimentos do passado não em relação com as circunstâncias do entorno que os produziram outrora, mas reportados às condições do presente em que é feita a evocação. Toda lembrança é descrita por uma memória-enunciadora que só a narra depois de filtrá-la à luz dos interesses do sujeito evocador, no presente da evocação. Como escreveu Pessoa:

"Se fui feliz outrora? Fui-o outrora agora",
verso que articula, os dois valores que tornam o tempo pretérito ambíguo: (i) no que diz respeito ao fato lembrado, enquanto objeto da evocação, aquele acontecimento passou ("fui feliz outrora", mas isso já se foi, passou); (ii) no tocante, porém, ao actante lembrador, enquanto sujeito da evocação, aquele acontecimento ainda está se passando na subjetividade – na memória – dele, e permanecerá impregnado de uma presentidade contínua enquanto o lembrador o estiver a narrar. É a isso que alude o "agora" do verso de Pessoa, que se deve compreender "agora que me recordo do tempo passado, e confrontando o que então vivia com o que hoje vivo, me

capacito de que 'fui feliz outrora'" (subentende-se: "coisa que eu ignorava àquela época").

Ao igual que Pessoa, Unamuno também sincretizou numa frase lapidar essa dupla temporalidade embutida no passado recordado, quando deixou dito que *lo pasado queda*. E Santo Agostinho, que sabia tanto quanto esses dois profanos porque era santo de auréola areada, os antecedeu nesse entendimento ao escrever (*Confissões*, cap. XIII, se não me trai a memória) "o passado existe agora". Daí a melhor definição de memória continuar a ser a que nos deu Poulet, "a faculdade de lembrar não o que já passou, mas o que ainda está passando".

NOTAS PARA GUIAR UMA INTERPRETAÇÃO DE
O MÁGICO DE OZ

Oz era um grande feiticeiro, capaz de se transformar em qualquer coisa que lhe desse na pituca. Por isso, não tinha sentido querer saber como é que ele era na identidade dele mesmo, que feição ou jeito próprio ele tinha quando não estava encantado nem transformado num ser diferente. Quem ele era, que forma tinha, ninguém sabia.

Para o palácio de Oz se dirigia uma ruma de viventes – uns humanos, outros nem tanto. O que essas criaturas tinham em comum era estarem todas elas sofrendo com algum problema. Eles tinham ouvido falar do grande feiticeiro que era o dono de lá, e daí acabavam vindo, todos, em busca de solução para os seus problemas. Viajavam de longe, às vezes sozinhos, às vezes em grupos.

Um desses grupos tinha se formado em torno de uma menininha, Dorothy, que fora arrebanhando pela estrada os demais companheiros. Um deles era um Leão Covarde, que ela encontrou um dia desanimado da vida, se lamuriando à beira do caminho porque cansara de ficar andando o tempo todo, perneando, perneando, na chuva e no sol, dia após dia, por aquela estrada, sem chegar a parte alguma. Vai daí, ele descoroçoara, não queria mais caminhar. Então, Dorothy, que era muito corajosa e nunca desanimava com coisa alguma, animou o Leão Covarde explicando que ela tinha certeza de que, se eles caminhassem bastante mesmo, até dizer "chega!", eles chegariam, mais cedo ou mais tarde, um dia ou outro, a algum lugar – tinha o palpite de que seria Oz. O Leão se convenceu de que devia segui-la.

E assim foram caminhando e incorporando outros companheiros de jornada pelo caminho. Um, o Homem de Lata, que desejava possuir um coração. E outro, o Espantalho, cujo corpo era feito de palha.

Primeira aproximação à Interpretação: o Leão Covarde é o animal que contraria o *dharma* – o mandado que diz a cada ente para se comportar de acordo com a conduta que foi transcendentalmente programada para a sua espécie e se resume no *motto* dos antigos que era tido como uma das chaves para alcançar a felicidade: *natura sequens* – "seguir a natureza". Ora, o Leão Covarde contraria sua natureza e, portanto, será sempre infeliz, já que *ele era aquele que ele não era* (= ele não é si-mesmo).

Já o Espantalho é ele mesmo, mas, feito de capim, o pobre tinha palha na cabeça – não tinha pensamentos, coitado; mas, mesmo assim, ingênuo e lamuriento como era, esse pateta talvez representasse, com sua fraqueza e sua humildade, o melhor lado do homem. É aquele que tem um coração, ainda que frágil como a palha, mas não tem miolos, não tem juízo.

O Homem de Lata, por sua vez, tinha um corpo sólido, mas não tinha coração – não sentia nada, nem tristeza nem alegria, nem dor nem nada, mas, por isso mesmo, não poderia saber nunca como era ser humano. O Homem de Lata é a figura que representa a personagem que tem cabeça, mas não tem coração.

Os quatro personagens representam aquilo que cada um de nós é de algum modo: um Homem – à semelhança do Leão, o ser humano teme, em certas ocasiões, ser aquele mesmo que ele é; outras vezes, por ser desmiolado como o Espantalho, só faz tolices; e finalmente, outras vezes mostra-se insensível como o Homem de Lata e age feito um ente sem coração, praticando crueldades e atrocidades.

É..., é assim que somos, mesmo, na maior parte do tempo. Mas, não importa: cobertos pela benignidade de nosso Pai comum, para quem não existe filho torto, estamos todos a caminho, e, uns marchando mais apressados à frente, outros se arrastando, preguiçosos, na retaguarda, vamos fazendo todos como podemos a nossa viagem em busca de Oz.

ALGUÉM DISSE QUE OS RUSSOS NÃO ESCREVERAM NADA MELHOR

do que almanaques de engordar porcos, até 1825. É possível. Mas então aparece *Eugenio Onéguin*, de Puchkin, e logo sai o *Dmitri Rudine*, de Turgueniev, pronto seguidos pelos escritos de Lermontov, Gogol, Gontcharov, Doistoievski e Tolstoi, e tudo se encadeia nessa arte de letras, a trepar de um píncaro mais baixo para outro mais elevado até *Irmãos Karamazov*, em 1880. E aí chegado, já não se trata mais de almanaques que ensinavam os mujiques a criar porcos, mas de obras-primas plasmadas nos dois grandes gêneros literários da Rússia, que são, a partir daí, a autocrítica selvagem e o profetismo messiânico. Não há o que estranhar – afinal, esses sujeitos excepcionais conheceram e sofreram na própria pele a prisão, o exílio, a traição amorosa, o ódio político, a Sibéria, o suicídio, a loucura, o fanatismo político e o religioso (nesse particular, suas biografias não os diferenciam, os igualam).

Enquanto isso, o pobre Tolstoi tinha saudade do tempo em que engordava porcos.

O inverossímil, segundo Tolstoi

Por falar no homem, aí vai uma fina observação dele:

"[...] o inverossímil é, em matéria de sentimento, o signo mais garantido da verdade".

Duas outras saudades de Tolstoi foram encarnadas por Erochka, o Caçador, e por Platão Karataiev, o mujique vagabundo e inspirado: dois caras que se libertaram, um pela selvageria, outro pela espiritualidade. No fundo, o que Tolstoi tinha era inveja deles.

Ah!, é claro: e uma imensa saudade do tempo em que criava porcos.

Há uma relação de aumento da interioridade do ator paralela ao aumento do avanço da literatura cristianizada

comparada com a pagã. O personagem que constrói a sua interioridade sobre o percurso dos obstáculos e das provas que balizam seu caminho ao longo dos dias, não adquire uma intimidade, um espaço interior, como fruto de uma única experiência, mas de várias, que foram de há muito manifestadas por uma mistura de estratégias de composição herdadas dos modos de narrar bíblicos e pagãos, das tradições orais e escritas dos "romances" medievais românicos, teutônicos e célticos.

Scholes & Kellog escolhem para exemplo dessa mescla a história de Percival, Parsifal ou Parzifal, "que alcançou um ponto muito elevado de desenvolvimento nas mãos tanto de Chrétien de Troyes quanto de Wolfram von Eschenbach, no século xii", aceitando-a como a primeira estória na literatura ocidental europeia a mostrar o desenvolvimento interior do herói. Mas, se esses historiadores baseiam seu julgamento na fala com que Parsifal justifica seus furtos, dizendo

> Possa eu sofrer vergonha e escárnio para sempre nesta vida e na outra se essa senhora fez alguma coisa errada quando lhe arrebatei o broche e tomei seu anel de ouro. Eu era então um doido, não um homem, não tendo ainda atingido a sabedoria,

palavras nas quais Scholes & Kellog julgam ver uma tirada que "representa uma revolução em matéria de caracterização no romance", o que diriam, então, dos processos de construção do desenvolvimento interior do personagem abundantemente utilizados mil anos antes pelas narrativas bíblicas ao descrever os conflitos entre a razão e a fé expressos nas lamentações de Jó ou no lancinante brado com que São Paulo manifesta a batalha que se trava na intimidade de sua alma entre o querer e o fazer, "não faço o bem que quero, e o mal que não quero, faço"?

A EXPRESSÃO DA INTIMIDADE NA LITERATURA; O MONÓLOGO INTERIOR E O APARTE

Os procedimentos de manifestação da interioridade do ator mais utilizados na ficção moderna, como o monólogo interior, e o aparte, apesar do que dizem as Histórias da Literatura, não são técnicas composicionais recentes. Quem não se recorda que alguns dos mais representativos heróis de séculos passados – penso, agora, nas palavras do autodiálogo (Unamuno) do Segismundo de Calderón de la Barca, abrindo *La Vida es Sueño*, e no

Rei Lear (para não falar no sovadíssimo Hamlet, de Shakespeare) – caracterizavam-se, já, pela intensa vida interior que exprimiam em seus monólogos?

E já que falamos de dois dos maiores gênios da literatura ocidental, não será talvez inútil fazer observar, mais de espaço, que se a estratégia narrativa do monólogo interior ou do solilóquio, por eles utilizada, era, formalmente, enquanto princípio de composição, a mesma, já a função que esse princípio cumpria nas obras citadas deles era bem diferente. Em Calderón e em Shakespeare, o monólogo interior manifestava um dos temas centrais da arte barroca, concretizado na forma do problema de poder ou de saber distinguir e separar o que, no conceito da realidade de cada um desses protagonistas, era "real" e existia ao modo do ser, do que era "aparencial" e existia, nela, apenas ao modo do parecer. O que se punha em tela de juízo era, então, uma correlação, ferramenta da ordem lógica, consistente em uma relação articulada entre duas relações anteriores, a saber,

Em Homero, contudo, a função dessa modalidade de monólogo interior era mais visceral, mais arraigadamente fundamental, digamos assim, porquanto ela surgia para exprimir a concepção dos filósofos antigos (no fundo, uma concepção platônica) que via o pensamento muito simplesmente como a fala menos o som.

Essa teoria, primeiramente filosófica, depois linguística, que continuou a ser predominante na Europa até, pelo menos, Humboldt, foi decisiva para a questão da representação do pensamento (algo interno) na literatura (que se manifesta por meio do discurso escrito, algo externo). Na visão de Platão, o pensamento nada mais seria do que "uma fala não pronunciada", que só poderia ser representado pela fala; uma fala (enunciada) cujo sentido esperava-se que fosse compreendido pelo interlocutor, leitor ou ouvinte, como o conteúdo de um pensamento inexpresso – um querer dizer do enunciador, que se visibilizava apenas na intimidade da mente dele como um enunciado não-enunciado (coisa que, convenhamos, surge para nós, nos dias de hoje, como uma óbvia contradição em termos, posto que só se pode falar de "enunciado" depois que ele foi enunciado).

Apesar dessa declaração acaciana, por monólogo interior se entendeu durante muito tempo "uma fala que era pronunciada (caso contrário não se tomaria conhecimento dela) mas se fingia não ter sido falada, em absoluto". Era, essa estratégia discursivo-narrativa, como se vê, a transposição da figura cênica do "aparte" (fala à parte), inicialmente privativa do teatro. Como todos se lembram, o "à parte" funcionava, no teatro, como um artifício da dicção, com o qual um dos atores fazia algum comentário sobre a cena, meio a furto, diretamente ao espectador, comentário esse que, por convenção, deveria permanecer ignorado pelos demais personagens que com ele contracenavam no palco, sendo recebido, por isso, como um pensamento íntimo, tácito e não-expresso, do personagem aparteador.

Para resolver esse paradoxo impossível da enunciação não-enunciada, o autor da obra terá de apelar para as artes trapaceiras da retórica, a única estratégia discursivo-narrativa apta para levar o leitor a fingir convincentemente não ter ouvido a fala que ele ouviu, construindo assim em sua mente a cena ilusória de um "diálogo interno", do ator falando e debatendo consigo mesmo, em sua subjetividade, nesse "autodiálogo", que era como Unamuno chamava o monólogo. A estratégia do monólogo interior, que é da

ordem retórica e não simplesmente linguística, dobra pois o caráter fingido do discurso de ficção, já que o leitor tem de fingir duas
vezes: uma que ele não ouve a fala que ele ouve, e duas que isso que
ele não ouve ele presencia como um outro participante internali-
zado na cena muda da subjetividade do herói.

Assim também se faz o solilóquio na arte de Homero, do
ponto de vista formal. Do ponto de vista conteudístico, essa estratégia surgia para narrar a transformação do homem comum
num herói, num quase semideus, pois que o poeta a empregava
justo nos momentos em que, espicaçado por seu amor à pátria e à
ética cidadã de um inflexível cumprimento do dever, o ator focalizado abandona considerações e sentimentos ignóbeis, próprios
dos vis e dos covardes, como seu medo da morte, para adotar, em
seu lugar, sentimentos e considerações mais altas que vão até à
disposição de sacrificar-se, se preciso for, pelo bem comum. Com
tal procedimento, esse tipo de protocolo remetia o leitor para o
ponto exato em que o homem comum, sobrepondo-se aos seus
justos temores em favor de uma causa coletiva mais nobre do que
a sua própria sobrevivência física individual, tem de optar e, de
fato, livremente opta pelo bem de todos, convertendo-se, desta
sorte, de homem comum em herói – o ator que representa as
virtudes coletivas do seu povo.

Há uma pá de coisas inexplicáveis na derrota da França,

em 1940. Por exemplo, nunca compreendi a absurda veneração
que os franceses dedicavam a Pétain, tudo lhe perdoando, mesmo aquela sua estranha tibieza, que raiava pela cumplicidade,
na trágica Queda da França; tibieza, essa, agravada pela chantagem com que ele confrontou o primeiro-ministro Reynaud, na

reunião do Conselho Ministerial de 16 de junho, em Bordeaux, ao lhe apresentar seu pedido de demissão para derrotar as táticas de retardamento de que Reynaud, desesperado, se valia para não apresentar a rendição de sua pátria aos alemães. Num momento em que a discussão chegara a um impasse, Pétain se levantou e inesperadamente leu a seguinte carta de demissão dos postos a que fora recém-nomeado, de ministro de Estado e vice-presidente do Conselho de Ministros:

> A gravidade da situação militar me convence da necessidade de o governo pôr fim imediatamente às hostilidades. Esta é a única medida capaz de salvar o país. O inimigo avança e se não se puser um fim a isso, o resultado será a ocupação e a destruição do nosso território.

(Adiantando um pouco o filme: o ter sido dado, por exigência do velho Marechal, um fim àquela situação, provocou, como se sabe, a nomeação de Pétain para chefe do Governo de Vichy – e a instalação deste, na "zona [ao princípio] não-ocupada" *diretamente* pelos alemães, mas pelos franceses colaboracionistas, deu como resultado "a ocupação e a destruição do nosso território", que o Marechal tanto dizia temer.)

Voltando à reunião de que eu falava: feita a leitura de seu *ultimatum*, o Marechal fez menção de deixar a sala, com outros ministros preparando-se para segui-lo. Reynaud deteve-o argumentando que, tendo apresentado seu pedido de demissão por escrito, Pétain deveria aguardar uma resposta formal, também escrita. Pétain concordou de má vontade e se sentou, declarando que esperaria até às 17:00 horas – não mais, declarou.

> Às 17:00 horas, 24 ministros entraram na sala do Conselho da Prefeitura. [...] Não era mais possível adiar a decisão a que tinham fugido durante seis dias de irresolução. (John Williams, *França – 1940. A Catástrofe*, Rio de Janeiro, Renes, s.d., p. 141.)

No decorrer da reunião, o presidente Lebrun recebeu um apelo do general Georges, de Vichy, declarando que a posição piorara; e concluía: "É absolutamente vital que se chegue a uma decisão". Tratava-se de uma declaração que, dadas as circunstâncias, significava que a França deveria se render imediatamente. O pior foi a reação negativa dos ministros à oferta que De Gaulle fazia em nome de Churchill de se proclamar uma União Anglo-Francesa – na verdade, era um mero expediente do ministro inglês para forçar Reynaud a não se render – tempo era, então, o que mais fazia falta à Inglaterra, para se preparar para enfrentar os alemães na Ilha. O ardil não escapou a Reynaud, que escreveria, depois: "era para me dar novo argumento para manter a França na aliança)". "Caindo [a oferta inglesa] como uma bomba numa atmosfera tão desfavorável", esclareceu, depois, o presidente Lebrun, "a reação foi muito fria". Reynaud percebeu que era o único, ali, a aceitar essa proposta – a qual, insidioso como sempre, Pétain qualificou, com sarcasmo, como "uma fusão com um cadáver". Como o cadáver a que ele se referia era, evidentemente, a Inglaterra, essa tirada de supremo mau gosto, atirada à face dos camaradas que estavam, ainda, lutando e morrendo ao lado dos gauleses para garantir a permanência da França na guerra, salvando-lhe, de quebra, *l'honneur* tão vociferado naqueles dias, essa tirada, repito, servia, apenas, para expor o surto de germanofilia de que Pétain estava possuído. Infelizmente, Paul Reynaud entregou as rédeas do governo ao homem a quem, ironicamente, chamara, quatro semanas antes, para inspirar seu vacilante gabinete e reforçar a vontade dos generais franceses de prosseguir.

A certa altura, escutados os debates entre os ministros, Reynaud se deu conta de que estava tão só que já não tinha mais, na realidade, um mandato para chefiar o governo. Levantou-se, então, e tomou uma decisão dramática: apresentou formalmente sua demissão ao Presidente e indicou seu sucessor: o marechal Pétain.

PRENÚNCIOS E VESTÍGIOS

Assim – comenta J. Williams –, após 38 dias de luta pesada, ingrata, em favor de uma causa já agora claramente perdida, Paul Reynaud entregou as rédeas do governo ao homem a quem, ironicamente, chamara, quatro semanas antes, para inspirar seu vacilante gabinete e reforçar a vontade da França de prosseguir lutando; desgraçadamente, esse mesmo homem, Pétain, foi o sujeito que, em última análise, não fez outra coisa senão sugerir recuos, entregas, pedidos de paz.

Pormenor revelador: às 22:00 horas, quando acabou sua reunião com Lebrun e Reynaud, o Marechal já tinha em sua pasta a lista dos nomes dos seus ministros: tão tardo em outras coisas, como se mostrara já na Primeira Guerra Mundial, no arrebatar o que restava na França de poder, Pétain não perdera tempo.

Às 12:30 de 17 de julho, seu novo ministro do Exterior, Paul Baudoin, entrava em contato com Lecquerica, embaixador da Espanha, tomando as primeiras medidas para pedir o armistício à Alemanha.

Adicione-se a isso a abjeta sujeição do Governo-títere de Vichy, na aparência chefiado por Pétain mas no fundo instalado em tudo às ordens de Berlim, tal como se viu quando da adoção de inúmeras "medidas administrativas", que até então não haviam sequer sido sugeridas pelos nazistas. Entre elas, estava a que perseguia os judeus do território sob a jurisdição do Marechal, ordem cruel, que acabou levando, sempre por iniciativa dos colaboracionistas do Eixo, milhares de pessoas, crianças, mulheres e idosos, entre elas, aos campos de concentração e às câmaras de gás nazistas.

Sim, gostem ou não os franceses de se recordar disso, Pétain, que foi, como o considerou a França inteira, um dos heróis que salvaram a honra de sua pátria na Primeira Guerra Mundial, na Segunda, se não chegou a ser um traidor no sentido pleno da palavra (e o general De Gaulle, que fora, anteriormente, seu subordinado,

185

ainda no exílio, em Londres, publicou um Decreto considerando-o isso mesmo, e o condenando à morte) foi, no mínimo, um colaborador dos inimigos que a invadiram: daí que não dá para entender: se o herói da Primeira Guerra foi recompensado, por que o colaboracionista da Segunda não foi punido?

Outra circunstância intrigante, presente no mesmo livro:

As zonas da retaguarda estavam repletas de soldados que aparentemente não haviam entrado em ação. O presidente Lebrun, viajando de Tours para Bordéus, no dia 14, ficou preocupado ao ver multidões de soldados inaproveitados nas cidades e aldeias. Em recente reunião do Conselho de Ministros, o próprio Weigand [então Comandante Supremo do exército francês] admitira a existência de uns 800 mil homens, em acampamentos e quartéis, sem qualquer armamento. Entretanto, nos julgamentos de Riom (o Tribunal de Riom foi criado em julho de 1940 para julgar os líderes que, segundo se dizia, haviam contribuído para a derrota da França), fizeram-se extraordinárias declarações da existência de quantidades imensas de equipamento e material sem uso nos depósitos – tanques e canhões antitanques, milhões de cartuchos. Na zona livre da França e na África do Norte, diziam haver cinco mil aviões, 1 700 de linha de frente; 2 500 desse total nunca haviam voado.

Naqueles dias sombrios, boa parte dos franceses foi abertamente germanófila; e muitos dos que não o eram inicialmente acabaram por acomodar-se e nada fizeram nos anos seguintes contra os invasores alemães.

De qualquer modo, há muita coisa esquisita a ser, ainda, esclarecida, na *débâcle* francesa de 1940.

Motto

Elephas indus culos non timet (*motto* do estema de Malatesta di Rimini) – "o elefante indiano não tem medo de cus". Ué...!? E é pra ter?

PRENÚNCIOS E VESTÍGIOS

Que diabo o panaca do Malatesta pretendeu dizer com essa atrocidade?

O sonho é imprescindível:

antes de realizar um projeto do fazer ou do ser, preciso, ao menos, sonhá-lo; os sonhos são, assim, o primeiro modo de realização de uma atividade. Sonhar é fazer um projeto e fazer um projeto é começar a fazer a coisa projetada.

A Inconfidência Mineira como expressão do Iluminismo

O Iluminismo manifesta, na Europa, a etapa histórica da ascensão da burguesia e do capitalismo que, não tivesse sido suportado pelo ouro levado do Brasil, dificilmente teria promovido a reforma econômica e social que produziu no Velho Mundo. O fato é que ao Iluminismo corresponde a ascensão da burguesia, financiada nas suas duas vertentes, a do capitalismo indutrial inglês e a do capitalismo comercial francês, pelo ouro de Minas. É o tremendo montante das lavras de Minas que vai promover uma evolução europeia em cascata, a ascensão social de uma *noblesse de robe,* da burguesia que controlava financeiramente o Estado, o comércio ultramarino, a expansão mundial do comércio e da indústria, acompanhadas, paralelamente, pela decadência da nobreza de sangue, devidamente expropriada em 1789.

Também no Brasil, a adoção do Iluminismo corresponde à ascensão da burguesia endinheirada – ou melhor, afazendada, já que detentora não do escassíssimo metal sonante que estava todo em mãos do colonizador português, mas de terras, fazendas de lavras e de criatório. Não é por acaso que na raiz da Inconfidência Mineira

187

está a ameaça da derrama, a imposição do imposto *per capita* no total imenso de quinhentas arrobas de ouro. Causa pasmo saber que essa taxação extra se fazia a propósito de compensar a queda da arrecadação dos impostos anuais que Portugal extraía desta colônia.

A Inconfidência nasce do conhecimento que os mineiros tinham de que, dado o esgotamento de minério de suas minas, a cobrança dessa importância absurda importaria no automático confisco dos bens dos conjurados, em grande maioria poetas, mas nem por isso alienados, posto que eram todos – com a única exceção, talvez, de Gonzaga, o maior dos poetas – além de bons versejadores, pouco abaixo dele, ricos proprietários de casas residenciais e comerciais, fazendas, gados, escravos e minas (que não consta que o Ouvidor possuísse). Alvarenga Peixoto, a despeito de estar fortemente endividado em 1788-89, possuía fazendas e latifúndios no sul de Minas, aparelhadas com engenho de açúcar, gado, cana, café e lavras de ouro; o padre Carlos de Toledo era senhor de grandes propriedades com minas, engenho de açúcar, cana, milho e feijão; o mesmo se dava com as terras do coronel Francisco de Oliveira Lopes, que abrigavam trezentas cabeças de bois (era muito, à época), mais porcos e aves; Cláudio Manuel da Costa, dublê de poeta e agiota, engordava porcos e explorava a lavra de ouro na sua fazenda do Fundão, entre Vila Rica e Mariana – para aquilatar da sua opulência basta lembrar que, pleiteando junto à Coroa portuguesa o Hábito de Cristo, uma honraria tão elevada que implicava na sua inscrição no livro que registrava a nobreza do Reino, pagou para obtê-lo, em 1761, 120 quilos de ouro ao Tesouro Real (e mesmo assim, por ter um embaraçoso avô vendedor de azeite trepado na sua árvore genealógica, só veio a enfidalgar-se com o Hábito pago, dez anos depois, em 1771).

De sua parte, o padre Rolim, amante de Quitéria Rita, filha da coquete Chica da Silva, a "Chica-Que-Manda", amásia do mais

PRENÚNCIOS E VESTÍGIOS

abastado contratador do Tejuco, não obstante fosse um ministro da religião, vivia maritalmente com Quitéria, traficava escravos, contrabandeava diamantes, fora acusado de homicídio e por tantos títulos de glória merecera já uma ordem oficial de banimento da Capitania, mandado que o ensaboado cura nunca cumpriu, sem que a justiça da terra lograsse unhá-lo, fosse lá por que fosse.

Outro caso interessante era o do comandante das tropas dos Dragões na Capitania de Minas, o coronel Francisco de Paula Freire de Andrade, que, sendo filho ilegítimo do segundo Conde de Bobadela e de dona Maria Correia de Sá e Benevides, ainda que por um ramo torto, abastardado, descendia pelos quatro costados da mais alta nobreza lusa da época, contando entre seus avoengos gente de alto coturno, ex-governadores do Rio de Janeiro e de Minas Gerais. E para não encompridar ainda mais essa relação, recorde-se que os três homens mais ricos da Capitania do ouro eram precisamente os três maiores devedores da Coroa – João Rodrigues de Macedo, o maior comerciante (importador, por atacado, de mais da metade das mercadorias, os "secos e molhados", que entravam na Capitania) e dono da mais luxuosa mansão de Minas, a atual Casa dos Contos, devia oito vezes o seu ativo; seu fiador junto à Fazenda, o fazendeiro e capitalista Domingos de Abreu Vieira, que lhe morava defronte, no outro lado da rua, devia outro tanto; e, finalmente, Joaquim Silvério dos Reis, que devia 200.000$000 (duzentos mil-réis) à Fazenda Real, isso numa época em que a oitava de ouro era cotada a 1$500 réis (essa dívida quase ilimitada e, por isso, impagável, foi, sem dúvida, o que obrigou Silvério dos Reis a entrar na conspiração mineira, na esperança de, vitoriosa a sublevação, ver decretada a sua extinção – ou de, quem sabe, na hipótese de falhar o levantamento, virar a casaca e lograr, mediante a denúncia dos implicados, o perdão real para ela. Mas, ainda que ele haja de fato denunciado os inconfidentes não há provas de que ele houvesse premeditado a traição antes mesmo do levante.

Três coisas, pelo menos que hoje sabemos, são certas: (i) Silvério dos Reis não foi o primeiro delator, como ainda hoje se repete até no Brasil, na esteira da má-fé da historiografia oficial de Portugal – houve dezenas de pressurosos alcaguetes amanhecendo na fila diante do guichê dos dedos-duros instalada no Palácio de Cachoeira do Campo: o braço longo da *soi disant* justiça do colonizador era pesado e, como até hoje se diz, quem tem furico tem medo; (ii) ainda que culpado de traição à causa, pois ele próprio se deu a conhecer a companheiros como inconfidente (e com certeza o seria, pois se a derrama se verificasse, ele teria de quitar a segunda maior dívida da Capitania, uma soma monstruosa que ele não tinha como pagar, calamidade que o arrastaria à prisão e à miséria absoluta, ao passo que, colaborando com a sublevação, uma vez que ela fosse triunfante, todos os seus débitos seriam perdoados) Silvério só traiu chantageado pelos poderosos da terra, o governador e o juiz Manitti, que lhe ditaram a carta de denúncia em Palácio e o obrigaram a assumir, assim, a condição de bode expiatório, desviando as suspeitas de "consentidores" (isto é, cúmplices na intentona, o que o Visconde foi, de fato) que pairavam sobre as suas próprias cabeças; (iii) o que agravou a culpabilidade relativa de Silvério, tornando-a impagável foi o ter-se aproveitado ele para auferir grandes lucros com ela, o perdão da medonha dívida, inclusive, e ainda a recepção de novos cargos públicos.

Entretanto, os primeiros traidores foram o ouvidor Manitti e Barbacena. Manitti, este sim, foi o verdadeiro infame, o primeiro traidor da intentona planejada, e o primeiro sicofanta que lucrou com ela, vendendo-a, por chantagem, ao governador Barbacena, a quem obrigou a agir contra os inconfidentes. Esse mesmo alma-baixa, o juiz Manitti, foi, ainda, além de traidor, chantagista, corruptor corrupto, ladrão e assassino do outro juiz, seu colega na devassa mineira, o doutor Saldanha.

PRENÚNCIOS E VESTÍGIOS

Resta a patética figura do Visconde de Barbacena, que estava a par de todo o motim que se planejava, como "consentidor" e "rebelde passivo"que não podia deixar de ser, em razão da Governadoria que ocupava e do documento que lhe encaminhara o infame Manitti, o qual, sendo, ao mesmo tempo, pelo seu teor, uma denúncia e um ultimátum para que agisse sem perda de um só dia, acabou sendo, por isso, o verdadeiro detonador da repressão. Barbacena não só ordenou a repressão contra seus aliados, como se fez sócio e cúmplice de Manitti. Desta sorte, foram esses dois, o doutor Manitti e o governador Barbacena, que verdadeiramente teceram a trama do que eles queriam que fosse a rebelião de Vila Rica.

Como quer que seja, para dar uma ideia de como as transações dessa gente toda acabavam se entrelaçando em pequenos e grandes negócios, formando uma rede de interesses legítimos e espúrios inextricáveis, recorde-se que Cláudio Manuel, que pelo lado materno descendia do bandeirante Pais Leme e era primo do genealogista Pedro Taques, foi, além de advogado de Macedo, Abreu Vieira e Silvério dos Reis, credor e compadre de Alvarenga Peixoto, sócio na lavra de ouro com Vieira, coautor de parte das *Cartas Chilenas*, com seu "irmão" (era assim que se tratavam), o ouvidor Gonzaga; este, o celebrado "Dirceu" de Marília, era primo de Alvarenga Peixoto e havia sido contemporâneo de Cruz e Silva, em Portugal.

São melodramáticas, se não puramente trágicas, as relações que esses dois homens mantiveram ao longo da vida. Cruz e Silva, o poeta da belíssima cantata *Dido* e do afamado *Hissope*, foi contemporâneo e conhecido, quando não amigo, de Gonzaga, na Universidade de Coimbra. Transferido para Minas para atuar como um dos juízes da devassa mandada instaurar por Lisboa para averiguar da normalidade (em termos) ou não do primeiro processo instaurado pelo governador Barbacena, em Minas (Barbacena o expedira a toque de caixa expressamente para oficializar a versão dos fatos que ele precisava fazer seu tio, o Vice-Rei, no Rio, e Lisboa, engulirem para poder livrar-se ele próprio do labéu de traidor, que na verdade foi), o doutor Cruz e Silva acabou julgando e condenando o colega Gonzaga, ao degredo na África, onde o autor das *Cartas Chilenas* morreu. Cruz e Silva foi, ainda, rival do ouvidor Gonzaga na corte a Marília, com o resultado que se sabe – Gonzaga foi preso uma semana exata antes de casar-se com ela, enquanto o doutor Cruz e Silva, estando Gonzaga preso, a cortejou, sendo rejeitado.

Quanto às relações entre Gonzaga e Silvério, o que se sabe é que até a época em que conheceu Marília-morena (Maria Doroteia), Gonzaga foi amante de Bernardina Quitéria, a quem chamava, também (antes de conhecer Maria Doroteia), de Marília – mas se trata, agora, da Marília-loura; (anos mais tarde, a existência das duas Marílias ocasionou uma grande confusão no bestunto dos críticos que, ignorando a existência de Bernardina Quitéria, queimavam em vão a mufa por não saber a que atribuir o fato de que Gonzaga celebrasse ora uma Marília loura, ora outra morena); ora, o segredo é este: Bernardina Quitéria, que era, também, a musa de Joaquim Silvério (sim, Silvério também teve veleidades de poeta e músico, seu apelido era "Saltério" dos Reis, por estragar os ouvidos da Vila toda com essa espécie de lira chamada "saltério"); mas, dizia eu, Quitéria, rejeitada por Gonzaga, veio a se casar com o delator, Silvério, enquanto uma de suas irmãs se casou com o pai do Duque de Caxias.

Assim, por ironia do destino, um dos maiores delatores da história do Brasil, Joaquim Silvério, viria a ser tio de um de nossos maiores heróis.

Dois efeitos secundários da Inconfidência

Mineira foram desmentir os ditados idiotas que dizem (i) que o crime não compensa e (ii) que a verdade acaba sendo sempre descoberta:

PRENÚNCIOS E VESTÍGIOS

(i) o crime não compensa? Só se for no jardim do Éden, porque lá em Minas, na ocasião, deu certíssimo para Silvério dos Reis, o Visconde de Barbacena, Manitti – o primeiro traidor da conspiração (depois foram dezenas), seu maior dedo-duro e o causador da desgraça toda –, e o coronel Rebelo: Silvério queria o perdão das dívidas, mais cargos, prebendas e dinheiro – obteve; os outros miseráveis queriam esconder que tinham conspirado também (Barbacena e, talvez, Rebelo) e enricar: ficaram todos podres de ricos, à custa de chantagens (retirando dos *Autos* os nomes de outros rebeldes, como o do homem mais rico da província, à época, o dono da Casa dos Contos de Vila Rica, João de Macedo, que, extorquido até o fim por Barbacena e Manitti, ficou pobre). Nesse caso, o crime compensou; e

(ii) a verdade acaba sendo sempre descoberta? Só se for no céu. Aqui em Minas, por mais claras que estivessem, até nos *Autos* oficiais, as provas dos crimes praticados pelos potentados portugueses, do governador ao juiz Manitti, e ao comandante dos Dragões, Freire de Andrade, passando pelos delatores lusos e brasileiros a eles associados, nunca ninguém se atreveu a contar a verdade sobre aqueles ominosos dias. Assim, não só o crime compensou, como vimos há pouco, e compensou tanto que até hoje a verdadeira história da Inconfidência é, por uma razão ou outra, sempre falsificada.

Por essas e outras é que um sábio afirmava que os historiadores podem mais do que Deus – porque Deus não pode alterar o passado, mas os historiadores vivem fazendo isso o tempo todo.

A REBARBARIZAÇÃO DO PAÍS

Há uma rebarbarização do país em marcha. As periferias se favelizam, os bairros erguem barricadas, os malandros que têm algum dinheiro se malocam em "condomínios fechados" – nomes modernos para os redutos fortificados da Idade Média –, as relações sociais se limitam aos contatos obrigatórios no trabalho e no clube; e, tal qual nos tempos de guerra, na rua andam todos de olhos baixos e se evitam porque temem a todos. O país se retribaliza: torna a dividir-se em tribos de bugres de catadura feroz e bendegó no beiço, fumando *crack*.

O anti-intelectualismo militante se estende de alto a baixo, do Presidente que se ufana de nunca ter lido nada e afirma de público que não lê nem jornais porque "lhe dão azia" aos ditos "alfabetizados", alguns até portadores de títulos universitários, que, no fundo, são analfabetos contentes, analfabetos de retorno à mais crassa ignorância, porque nunca leram coisa alguma depois que largaram da cartilha do abecê, e se leram não compreenderam bulhufas, como aqueles de que fala Gil Vicente no *Auto de Mofina Mendes*,

> Senhora, não monta mais
> Semear milho nos rios
> Que querermos por sinais
> Meter coisas divinais
> Nas cabeças dos bugios.

A cultura de mais baixo nível do planeta, a cultura visual, já desenvolvida pelos neandertais que pintaram as cavernas de Altamira e do Piauí expulsa aos poucos a cultura da escrita duplamente articulada e reconstrói a divisão que se exprimia outrora na antinomia alfabetizado–analfabeto pela dicotomia alfabitizado–analfabitizado. Esta é, no entanto, apenas a face visível de um mais inquietante antirracionalismo, que para lá de refletir uma revolta da cultura visual contra a cultura escrita, manifesta, subjacente a ela, uma rebelião contra a razão, o que salta aos olhos no campo das artes que eles dizem – outra idiotice – "pós-

-modernas". No curro desse malandante pós-modernismo (onde até o nome é bestial), o rancho todo dos antirracionalistas repete em altos brados o refrão emblemático da irracionalidade zurrado pelas bruxas na cena de abertura de *Macbeth*,

fair is foul, and foul is fair,
[o belo é feio e o feio é belo]

Daí três características da cultura atual:

(i) é contra qualquer tipo de regra – a ridicularização da lei, dos códigos e da ordem é um sintoma de uma mais profunda revolta contra o Pai;

(ii) a cultura popular produzida não em benefício da massa, seu destinatário, mas produzida em benefício só do ganho de popularidade para o destinador, como diz Lee Siegel, não é "cultura popular", é "cultura da popularidade" – que é precisamente o que faz o Presidente que agora temos;

(iii) o anti-intelectualismo brasileiro, e essa "cultura da popularidade", banalizaram o excepcional, o anormal, o execrável, tornando-o popular – isso é uma cultura pornográfica (não há mais privacidade, os atos que, depois de sair da Idade da Pedra, a humanidade costumava fazer no segredo dos cômodos fechados são escancarados à malícia e ao deboche de incontáveis milhões de basbaques, no *Jornal das Oito* [exemplo: os *Big Brothers*]).

LEITURA E INTERPRETAÇÃO – OS QUATRO TEXTOS, SEGUNDO DANTE: O LITERAL, O ALEGÓRICO, O ANALÓGICO E O ANAGÓGICO

O mérito do discurso não consiste em apresentar ao leitor de hoje um sentido ou uma mensagem exatamente iguais aos que ele tivera à época em que fora escrito, sem nenhum progresso ou alteração (como se o discurso fosse só um artefato da memória ou, pior, como se a memória que ele conserva, excluísse a imaginação, quando sabemos que ela a inclui). Ele consiste, ao contrário, em recriar no espaço-tempo presentes, do leitor, um sentido ou uma mensagem presentes, não necessariamente iguais aos que ele teve outrora, quando foi primeiramente enunciado, posto que a leitura é, como sabemos, uma prática significante (J. Kristeva), não reprodutora do sentido enunciado, mas produtora dele. Operadora de sentidos, ainda que alterados ou diferentes, a prática da leitura gera significações que permanecem tão válidas para os dias de hoje em que os lemos quanto o foram para os dias em que o discurso-objeto original foi composto, em outro lugar, em outro tempo. O mundo gira, o tempo passa, nós mudamos, o sentido das palavras muda, o discurso muda. Pois não é isso que as traduções fazem? Tradutor, traidor. E não é assim mesmo, malgrado seu tradutor, recriadas e refeitas pela tradução, que o que chamamos de obras-primas de outras literaturas perduram? Pois é isso, também, essa capacidade de dizer algo valioso, relembrado embora se reinvente para cada leitor, em cada leitura, num texto diferente, que assegura a perenidade do discurso, sua (relativa) imortalidade de obra-prima. Pouco importa que a autoria do discurso enunciado original tenha sido deste ou daquele escritor, posto que o texto que o interpreta é da autoria do leitor.

Minha filha Raquel leu *A Metamorfose* [de Kafka] quando tinha treze anos e achou engraçado. Gustav Janouch, um amigo de Kafka, leu-a como uma parábola religiosa e ética; Bertold Brecht julgou-a como obra do "único escritor realmente bolchevista"; o crítico húngaro Gyorgy Lukács considerou-a produto típico de um burguês decadente; Borges leu-a como narrativa que reconta os paradoxos de Zeno; a crítica francesa Marthe Robert viu na obra um exemplo da clareza da língua alemã; Vladimir Nabokov considerou-a (em parte) uma alegoria da *Angst* adolescente. (Alberto Manguel, *Uma História da Leitura*, São Paulo, Companhia das Letras, 1997, p. 96.)

O que é que significa *A Metamorfose?* Uma revelação enigmática – exatamente como as profecias.

No método escolástico – a explicação é de Manguel (*op. cit.*, p. 110), a leitura obedecia a passos predeterminados.

Primeiro vinha a *lectio*, uma análise gramatical na qual os elementos sintáticos de cada frase seriam identificados; isso levaria à *littera*, ou sentido literal do texto. Por meio da *littera* o aluno adquiria o *sensus*, o significado do texto segundo diferentes interpretações estabelecidas. O processo terminava com uma exegese – a *sententia* –, na qual se discutiam as opiniões de comentadores aprovados. O mérito desse tipo de leitura não estava em descobrir uma significação particular no texto, mas em ser capaz de recitar e comparar as interpretações de autoridades reconhecidas e, assim, tornar-se "um homem melhor". (Manguel, *op. cit.*, pp. 96-97.)

Por volta de 1316, em uma carta [...], Dante sustentou que um texto tem pelo menos duas leituras, "pois obtemos um sentido da letra dele e outro daquilo que a letra significa; a primeira é chamada de *literal*, a outra de *alegórica* ou *mística*".

Dante prossegue sugerindo que o sentido alegórico compreende três outras leituras. Apresentando como exemplo o verso bíblico "Quando Israel saiu do Egito e a casa de Jacó se apartou de um povo bárbaro, Judá tornou-se o santuário do Senhor e Israel o seu reino", Dante explica: "Se olharmos *apenas a letra*, o que é posto diante de nós é o êxodo dos filhos de Israel no tempo de Moisés; se a *alegoria*, nossa salvação forjada por Cristo; se o sentido *analógico*, vemos a conversão da alma do sofrimento e da desgraça do pecado para o estado de graça; se o *anagógico*, mostra-se-nos a partida da alma santa da servidão dessa corrupção para a liberdade da alma eterna. E embora esses significados místicos recebam vários nomes, todos podem ser chamados em geral de *alegóri-*

cos, uma vez que diferem do literal e do histórico". (*Apud* Manguel, *op. cit.*, pp. 106-107.)

É certo que cada leitor está livre para aceitar ou negar uma, várias ou todas essas interpretações, se quiser; permanece, contudo, o fato de que, a menos que nada compreenda da língua que lê, coisa que desconstruirá o discurso enquanto artefato significante, sua leitura produzirá sempre *alguma interpretação* – e que essa interpretação constituirá o seu texto.

Coloque-se, por favor, de epígrafe para leitura e interpretação, o seguinte:

Perguntaram ao rabino Levi Yitzhak, de Berdichev, um dos grandes mestres *hassidim* do século XVIII, por que faltava a primeira página de todos os tratados do Talmude babilônico, o que obrigava o leitor a começar na página dois. Ele respondeu: *Porque por mais páginas que o homem estudioso leia, ele jamais deve esquecer que ainda não chegou à primeira página.* (Manguel, *op. cit.*, p. 110.)

As transições marcam ou *épocas de mudanças*,

quando se passa, do ponto de vista da história curta, de uma conjuntura para outra, dentro do mesmo universo de valores (de pobre para rico, por exemplo, na axiologia econômica), ou *mudanças de épocas,* quando se passa, do ponto de vista da história de longa duração, de uma época para outra, renunciando a um sistema de valores para aceitar outro, diferente, como acontece, por exemplo, na História Antiga (antes do Cristianismo, *grosso modo*) para a História Medieval (do século V, princípios da cristianização da Europa para o Iluminismo, no século XVIII) e daí para a história moderna (do século XVIII para cá).

PRENÚNCIOS E VESTÍGIOS

ORDEM E PROGRESSO

Houve um tempo em que São Tomás de Aquino podia definir o conceito de ordem como o conjunto de relações que se estabelecem em dado universo para permitir que os seres realizem a perfeição da sua natureza. Hoje, que tudo se faz para impedir as pobres criaturas que somos de realizar o que quer que seja a nossa meta, eu continuo ignorando de que diabo, afinal, fala essa gente.

O DOCE LEITE DA PIEDADE HUMANA

No caso de caíres ou seres sequestrado, e estando em vias de ser torrado pela Santa Inquisição, deves contar ao Grande Inquisidor alguma coisa que ele (ela) já saiba e possa conferir. Entretanto, bestalhão, não cometas a asneira de "dar todo o serviço". Conservarás a credibilidade e talvez até os dentes, em três situações:

(a) enquanto te mantiveres calado (não recomendável para quem tem carnes e ossos mais brandos do que a grã do porretinho ferrado);

(b) enquanto mentires um bocadinho, desde que tenhas o cuidado de escolher somente os casos e as palavras que o Grande Inquisidor quer ouvir (mira-te nos discursos dos políticos em épocas de eleição ou nas palavras de tua mulher quando ela explica por que foi dormir na casa da amiga e se esqueceu de te avisar);

(c) enquanto contares algumas coisas verdadeiras, desde que poucas e inócuas, das que não prejudicam a ninguém e os interrogadores já conhecem, de modo que se forem testá-las se convençam de que estás sendo sincero (o perigo é incentivá-lo a dobrar as bordoadas para que fales mais).

Em qualquer caso, presta atenção, abestado: não faça de maneira nenhuma todo o jogo deles. Eles não acreditarão numa só palavra do que disseres se forneceres todas as informações que o Grande Inquisidor tiver a bondade de te solicitar, principalmente se elas foram verdadeiras (uma, porque então eles saberão que és um puto de um traidor e ninguém confia em traíras fodidos como tu, pricipalmente os que se beneficiam com a traição deles; duas, porque ninguém mais – muito menos o Grande Inquisidor – acredita na verdade).

Seguindo à risca esses bons preceitos e contando com o máximo de sorte, talvez consigas que eles troquem de pena e, em vez de te torrar, te empalem (no que farão muito bem, traidor fodido).

A simbologia de Saturno – para a poesia de Cláudio e de Gérard de Nerval

Saturno é o planeta maléfico dos astrólogos. Sua triste e débil luminosidade foi, desde os primeiros tempos, evocadora de desgostos e provações da vida. Alegoricamente se representa com os traços fúnebres de um esqueleto agitando a foice. (André Barbault, *Dictionnaire des symboles, apud* Hélio Lopes, *Letras de Minas e Outros Ensaios,* São Paulo, Edusp, 1997, pp. 98-99 *passim.*)

Na mais profunda função biológica e psicológica, simbolizada em Saturno, descobrimos de fato os fenômenos consecutivos do desligamento, da separação e da perda, numa série de experiências periódicas, algumas cíclicas, que se encadeiam ao longo do percurso narrativo de toda a história de vida de qualquer ser humano. O primeiro é o corte do cordão umbilical do recém-nascido, que é seguido por uma série calamitosa de atos de desligamentos (da mãe, do lar, do pai, dos irmãos…), separações (das paisagens e dos lugares conhecidos nos primeiros anos), das perdas (dos amigos, animais, caminhos e brincadeiras) figurativizados nas imagens mitificantes do tempo feliz da infância que não volta mais, os quais se materializam na forma dos diversos abandonos, renúncias e sacrifícios que somos obrigados a suportar ao longo dos anos. E cada vez que a vida nos impuser um desses desligamentos, uma dessas separações, uma dessas perdas – dos amigos ou das pessoas que amamos, por exemplo – eles serão compreendidos à luz da experiência primal, por meio de uma reversão do adulto à fase em que ele, então recém-nascido, sofreu o corte do cordão umbilical que o arrancou do Paraíso, isto é, do mundo-sem-problemas que é, mitificadamente, a vida intrauterina – e isso se repetirá inumeravelmente em nossas vidas, até que as Irmãs Fatais, no gesto piedoso da libertação final, cortem as amarras do último fio-da-vida de cada um de nós.

Ao longo desse processo de rupturas, desde o corte do cordão umbilical que atava o recém-nascido à mãe até o corte, pelas Parcas, do fio de prata que ata o velho à vida, Saturno permanece como a divindade encarregada de libertar-nos da prisão interior de nossa animalidade e do apego aos bens mundanos. É ele, portanto, o deus que nos livra das cadeias da vida instintiva com todo o seu cortejo de misérias e das paixões com todo o seu séquito de horrores e traições. Nesse sentido, Saturno age em benefício do espírito como o grande impulsionador da vida intelectual, moral e espiritual do homem.

O "complexo saturniano" – diz Hélio Lopes, comentando Barbault – é a resistência na recusa de perder aquilo a que, sucessivamente, nos agarramos no decurso da vida, fixação cristalizada na infância, no tempo da desmama, e em diversos momentos de frustração afetiva, conduzindo a uma exagerada avidez manifesta sob diversas formas (apetite insaciável, cobiça, inveja, avareza, ambição, erudição…) ajuntando-se o aspecto canibalesco do mito ao tema de Kronos, o devorador dos próprios filhos. A outra face desse Jano apresenta o quadro inverso de um desapego excessivo sob variados aspectos de anulação de si mesmo, de renúncia do "ego", de insensibilidade, frieza, abdicação, atingindo o pessimismo, a melancolia, a recusa de viver.

A vida é uma sucessão infindável de desligamentos, rupturas e perdas que começa no instante em que entramos no mundo com o corte do cordão umbilical que nos desliga da mãe – a perda primordial, da qual nunca nos refazemos no restante da vida –, passa pelos desligamentos e perdas que ocorrem no lar natal, e depois com os membros da família, com os amigos da infância, com as primeiras namoradas, as pessoas amadas em geral, cada uma das quais reproduz em nossos sentimentos a dor da perda primordial da mãe (ou do pai, ou do irmão), até os desligamentos sucessivos daqueles todos que cada um de nós foi na sua infância, juventude, maturidade, culminando, na etapa final, com a ruptura definitiva das três Parcas: primeiro, da Parca que fiava novos ligamentos para compensar os que perdíamos, a qual a certa altura deixa de fiar, depois da Parca que contava, a qual, quando encontra o ponto final do "fio da vida", já não tem mais o que medir e para de contar, e, enfim, o desligamento definitivo do mundo que ocorre com o rompimento do cordão da vida desatado pela Parca que corta (três batidinhas na madeira, que quase eu disse o nome, não vá ela pensar que a invoco, Deus me livre e guarde!).

O TEMA CONDUTOR DA POESIA DE CLÁUDIO MANOEL DA COSTA É A SEPARAÇÃO E A PERDA

Observar que o motivo do retorno e da viagem em busca do espaço e do tempo perdidos – por meio das memórias – é a busca do "eu" na sua relação com "o outro perdido". O retorno é uma tentativa de suturar essa ruptura primordial, reparando a ferida que a perda causou e recuperando o que foi perdido. Esses são os motivos mestres da poesia da *Odisseia,* da poesia de Cláudio (que não debalde se criptografava Glauceste Satúrnio, sabendo--se que Saturno é, na simbologia dos astrólogos e ocultistas antigos, o planeta maléfico das perdas, da separação e da morte, é uma figura de Kronos, o tempo que devora os própros filhos [a significar que tudo que nasce no [ou do] tempo, no [ou do] tempo morre]).

> Tudo há de achar o fim: bem que a vaidade
> Em uma e outra glória faça estudo
> Nada escapa à fatal voracidade.

> (Cláudio M. da Costa)

Os loucos

Poucos desejos são tão exatos, isentos e puros quanto os dos desparafusados. Meça-se por aí a crueldade burguesa da psicanálise, que quer voltar a integrá-los no pandemônio da *vida normal* de que tanto lhes custou se livrar. Cáspite! Pensam que é fácil um vivente saltar do planetinha, cortar as amarras de todos os cordões umbilicais, enganar-se nos afetos, principiar e abandonar ofícios, rir quando deveria chorar, fazer sexo com uma mulher que em sua cabeça imagina estar a transar com o outro, ser retalhado no hospital, afirmar para a visita que está tudo bem quando tudo está uma bela merda, chorar o abandono quando criança, passar fome e frio, descobrir que aquele que você tem por amigo te trai, desistir dos planos infantis, desacreditar do que dizem os livros sagrados, perceber que os padres e gurus mentem, descobrir que o caminho que escolheu não leva a parte alguma, perder as palavras-chave, já não crer em crenças, não ter reputação nem posses, rasgar certidões, assumir sobrenomes, ler listas telefônicas, deixando tudo para trás, a fim de lograr endoidecer a frio, deveras, sem o álibi de nenhum ideal, nenhum fervor, nenhum quixotismo?! Em seus *Écrits,* Lacan deixou dito que

L'être de l'homme, non seulement ne peut être compris sans la folie, mais il ne serait pas l'être de l'homme s'il ne portait en lui la folie comme la limite de sa liberté.

[O ser do homem não só não pode ser compreendido sem a loucura, como, além disso, não seria o ser do homem se ele não contivesse em si mesmo a loucura como o limite da sua liberdade.]

Sim – as criaturas da nossa espécie não seriam quem hoje são se seus antepassados não tivessem se arriscado a passar de um para o outro lado das fronteiras entre a cordura e a insanidade sem retorno. Pois, como diz Pessoa,

Sem a loucura, que é o homem
Mais que a besta sadia,
Cadáver adiado que procria?

Outra lambugem dos loucos sobre os bípedes implumes da chatérrima normalidade é que eles costumam ter um estilo inspirador, como qualquer um pode constatar através das músicas, versos e pinturas dos esquizofrênicos.

A alguns especialistas ouvi atribuir essa perfeição a um suposto saber – para eles, por viver autisticamente em seu intramundo, o louco sabe mais a seu próprio respeito do que qualquer outro sujeito. Mas, embora não sejam facilmente discerníveis os vínculos entre a inteligência e a anormalidade psíquica que, no mais das vezes, se relaciona menos com a dimensão cognitiva do que com a dimensão patêmica, afetiva, parece que a afirmação de que o doente mental sabe mais a seu próprio respeito do que todos os analistas carece de sentido, na medida em que o "doente mental" ignora seu saber por causa do *eclipse do sujeito*: no campo do conhecimento, o sujeito e a loucura excluem-se mutuamente.

É da maior importância fazer notar, porém, que, se transferimos a causa prevalente da enfermidade mental do campo das relações cognitivas para o campo das relações patêmicas, ou passionais, fazendo-a radicar no Desejo, não há diferença entre o doido e a dita "pessoa normal": ambos são malucos a mesmo título, desde que o desejo do "eu" de qualquer sujeito é uma expressão inconsciente do Desejo do outro (cf. Hegel: "quero o que o outro quer"). E para terminar, Guimarães Rosa: "Louco não há, ou há todo mundo" – não foi esse o tema que Machado narrativizou em *O Alienista*? Por falar nessa obra-prima de Machado, não lhes parece que ela poderia utilizar para Moral da História esses versos de Lessing?:

> *Jeder sage was ihm Wahrheit dünkt,*
> *und die Wahrheit selbst sei Gott empfohlen.*

> [Que cada qual proclame o que pensa que é verdade
> e que a própria verdade seja deixada a Deus.]

BORGES E A FÃ

Pouco antes de morrer, João Alexandre Barbosa me contou que uma orientanda sua, que se preparava para fazer uma tese de mestrado ou de doutorado baseada na obra de J. L. Borges, a certa altura, movida por fervor estético, resolveu ir conversar com o Mestre amado. Arranjou o endereço dele e tomou o avião para Buenos Aires. Sem coragem, contudo, para ir quebrar, incerimoniosamente, o retiro sagrado do velho, nossa heroína montou uma campana na Calle Maipú, na testada da casa onde ele então residia. E ali deu plantão, debaixo de chuva e sol, dias seguidos. Até que, certa feita, o viu sair da casa e vir, hesitante, batendo a bengala cegueta, passeio afora. O grande homem vinha na sua direção e, o que era ainda melhor, sozinho. Incapaz de sofrear por mais tempo sua impaciência, a jovem correu ao encontro dele, postou-se ao seu lado e não achou nada melhor para dizer-lhe, à guisa de apresentação, do que:

– *Señor Borges, yo escribo cuentos.*

Sem se deter, o homem replicou:

– *Yo también* – e continuou bengalando seu destino de *gaucho* míope, rua afora.

O TÓPICO DO MUNDO COMO "NAVE DOS LOUCOS" É MUNDIAL

Em 1494, o estraburguense Sebastian Brand publica em Basileia o *Narrenschiff* (a nave dos loucos), que sai depois, em 1497, em latim (*Stultifera navis*), e no mesmo ano em francês (*La Nef des Fols du Monde*). Em 1512, Gil Vicente escreve *A Barca do Inferno,* na esteira do *Encomium moriae* (*O Elogio da Loucura*)*,* de Erasmo de Rotterdam.

TRÊS FASES DA HISTÓRIA DO DESENVOLVIMENTO DAS RELIGIÕES

En el desarrollo de toda religión [fase da história das ideias] se dan tres fases: la profética, la apostólica y la eclesiástica. [...] la primera es más elevada, grandiosa, romántica. Los cristianos en las catacumbas. En la fase apostólica ellos predican abiertamente, pero luchan todavía en el plan de las

PRENÚNCIOS E VESTÍGIOS

ideas, no son los vencedores. Finalmente, en la fase eclesiástica, han venci-
do en el plano terrenal. Como todo vencedor, el cristiano se pone a redimir
con la fuerza, la espada, el auto de fe, la cárcel. (Zamiatín, *Técnica della prosa*, p. 119; *apud* Ignacio Ambrogio, *Ideologías y técnicas literarias,* Madrid,
Akal Editor, p. 85, nota 8.)

NADA DE SE PREOCUPAR

com a severidade ou não da justiça de Deus; só temos de nos preocupar é com a sua rapidez.

O PAPEL DAS FIGURAS NO DISCURSO

As imagens do mundo têm uma dupla função no discurso:
– enquanto parecer do mundo natural, elas compõem o sentido
"efeito-do-real", isto é, a /verossimilhança/ (= o /parecer real/), que
relaciona as figuras intradiscursivas, descritas no discurso, com as
figuras extradiscursivas das coisas-do-mundo, tomando a estas úl-
timas como referentes extradiscursivos para o discurso em causa;
– enquanto figuras do discurso elas são signos, plano de expressão
que só se tornam significantes na medida em que designam atores e processos, seres e fazeres que são simulacros de outra coisa
diferentes delas mesmas – isto é, como actantes do mundo imaginário representado que povoam o plano do enunciado como
marcadores actanciais apessoais, do tipo "ele/isto-lá-então", que
não possuem referente extradiscursivo invariável, e só servem,
portanto, como referências de referentes internos, anacatafóri-
cos, do nível temático, que têm nos contextos intradiscursivos
seu lugar de existência.
No poema de Antonio Machado, abaixo,

> *Hay cuatro cosas en la vida*
> *que no sirven en la mar:*
> *áncora, gubernalle y remos*
> *y miedo de naufragar,*

há dois textos, um literal ou dado, e outro alegórico ou transcendente:

– o *texto literal* tem como significante o plano de expressão figurativo, dado (ou enunciado) pelo poeta na forma de figuras-do-mundo; no exemplo acima, o texto literal "fala da vida [do pescador] no mar"; o problema, aqui, é saber o que é que o poema diz, no seu modo de manifestação, decodificado na sua isotopia figurativa; mas, como o modo de manifestação de um discurso contém apenas o seu modo do /parecer/, é preciso ir buscar um sentido que transcenda o texto literal, que é o propriamente "literário" ao modo do /ser/; assim, o poema acima contém também, além do texto literal,

– o *texto alegórico* ou *transcendental*, que tem como significante o texto literal. O problema, agora, é saber o que é que o texto literal diz, enquanto /parecer/ de um outro texto, alegórico desta vez, decodificado numa isotopia temática trópica, que transcende a literalidade e faz desse poema um "texto literário" ao modo do /ser/ e não outra coisa.

Texto literal (baseado na isot. figurativa literal)	Texto alegórico (baseado na isot. figurativa trópica)
O mar.	a vida
Âncora	proteção, segurança
Timão	orientação, rumo
Remos	força, impulso
O medo de naufragar	o medo de morrer

PRENÚNCIOS E VESTÍGIOS

Contra a interpretação instrumental da obra de arte literária

A ideia tão em moda das abordagens interdisciplinares, que inspira de um ou outro modo os modelos de interpretação extrínseca da literatura, especialmente os do Realismo crítico, da *analyse des textes,* do *new criticism,* da sociologia da literatura e por vezes até a da linguística do texto e da linguística do discurso, possuem um equívoco de raiz que consiste em tomar por suporte disciplinas que, tendo a vocação original de estudar documentos históricos, sociológicos, psicanalíticos, linguísticos etc., de um lado partem da premissa equivocada de abordar o discurso literário como se ele fosse aquilo que ele não é, um documento histórico, sociológico etc., e, de outro lado, em consequência disso, o *instrumentalizam* procurando encontrar outras coisas no discurso literário; ora, como disse há tempos um poeta paranaense, quem procura outra coisa na literatura, está interessado em outra coisa, não na literatura.

O *Talmude,* Kierkegaard e os trágicos gregos

Quando eu lembrei, na aula de Pós, hoje à tarde, que o *Talmude* afirma que "o homem é sábio quando busca a sabedoria e louco quando julga encontrá-la", um punk da periferia do Ó, querendo tirar sarro comigo, me indagou se eu, pessoalmente, não acreditava que o homem fosse capaz de encontrar a verdade. E, desafiante:

– Então, como é que ficam as verdades matemáticas?
– Bom – respondi –, Kierkegaard escreveu: "Se Deus mantivesse toda a verdade oculta na sua mão direita e na esquerda escondesse o esforço incessante que fazemos procurando a verdade e, ao mesmo tempo em que me advertisse contra o erro eterno, me ordenasse: 'Escolha!', eu me inclinaria

209

humildemente diante de sua mão esquerda e diria: 'Pai! Perdoai! A verdade pura é para vós, somente!' "

Kierkegaard (que, na companhia de São Tomé e de Lutero figura no mais atormentado elenco dos cristãos que, não contentes com crer, querem também saber) não foi nenhum partidário do *Talmude*. Ainda assim, ele diz em outras palavras substancialmente o mesmo que aquela passagem do *Talmude* (que parece ser, nele, tão só uma reminiscência da doutrina essencial dos trágicos gregos), segundo a qual a missão do homem na terra não é encontrar a verdade, é, apenas, procurá-la – e procurá-la incessantemente, sem esmorecer. É uma teoria altamente sábia, porque essa busca sem fim de um ideal que, sabemos de antemão, não será jamais encontrado, nos dá a marca mais convincente de nossa imperfeição de origem. É ela, também, que, por outro lado, operou a nossa transformação de brutos em homens: ela nos humanizou na medida em que fez de nós os autores de nosso próprio destino. Por isso, mesmo estando ciente de que ninguém pode encontrar a verdade, todo sujeito tem o dever de procurá-la.

– Tá bem – mas, e as verdades matemáticas? – insistiu aquele tranca.
– Ah, as verdades matemáticas, filho… tá certo. Bem, o nove é melhor do que o cinco, mas o cinco nasceu antes. Isso é uma linda "verdade matemática" – você pode levá-la para a sua cama; e se tirar mais de um filhote com ela, mande um para mim. Ah! enquanto estiver deitado, chupe-a, mas não babe.

Silêncios eloquentes

A contraparte dos papos-furados que tagarelam infinitamente mas nada dizem, é constituída pelo que vou chamar de silêncios eloquentes – o calar-se que diz tudo. Assisti, hoje cedo, a um cavaco de estudantes que dá uma boa ilustração disso.

Na saída, depois da minha aula de Pós (quem deve estar no comando da geleia geral no dia de hoje se não for São Baco, cozendo a maior mona, será com certeza o Coringa do baralho, *the Joker,* o Gozador, com seu sorriso de orelha a orelha) escuto, no ônibus, o moço do primeiro banco, feição de anta-na-paisagem com bigodinho de vírgulas e colar de barba de mico-leão-dourado, explicar à mocinha ao lado:

– Ela tá estudando Semântica Intensional.
(Palpito que o "ela" se refira à garota dele.)
– Tá estudando *o quê?* – a donzela esbarrou.
– Semântica. Maior foda, cara.

E, ante o olhar de pneu da outra:
– Coisas.

A colega, já meio alarmada:
– O quê, por exemplo?
– Bom... por exemplo: que a galera que *acredita* que os gregos são gregos, *é só* a galera que *pensa* que os gregos são gregos, sacumé.
A mocinha fica olhando o parceiro (silêncio eloquente).

Teoria das paixões

A minha concepção da paixão não parte do dado da mera sensibilização da ordem puramente corporal, nem da combinatória desta com o sentir da ordem afetiva que, afinal, lhe é intrinsecamente conexa na construção da sensação, mas associa a essas duas algo de uma dimensão mais puramente espiritual – afinal, o corpo humano tem uma subjetividade, uma intimidade. Daí que julgo que uma coisa é a emoção, ruptura de uma continuidade de estado para a tomada de consciência de uma transformação efêmera do sentir, outra é a co-moção, experiência emocional íntima, compartilhada com o outro, em que não entra a consideração de conceitos, mas se sofre com a renovação de experiências do passado no presente. Lidamos, agora, com experiências que não são, como as da memória, lembranças / inertes de realidades passadas, mas, sim, de realidades atuantes que transformam o que eu sou no presente. Se, portanto, por um lado, sentir é ser o próprio corpo, por outro lado, sentir é ser transformado no corpo e no espírito, isto é, naquilo tudo que esse corpo comporta de mente, de coração e de alma. Daí a concepção da paixão que assumo, como um sentimento que funde, em proporções variáveis, porém sempre com a intensidade excessiva – o excesso é uma das principais características das paixões –, a combinatória complexa de (amor + ódio), vale dizer, das forças vitais do espírito.

O percurso narrativo não deve mais ser estudado unicamente como um eixo de consecuções do fazer: ele inclui um percurso cognitivo (saber/crer), um percurso ético (dever fazer/dever não-fazer), um percurso patêmico (querer/sentir), e um percurso pragmático (ser/fazer) Veja-se a tessitura de um segmento de uma trama narrativa qualquer:

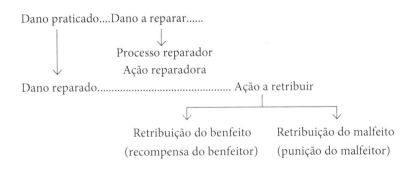

PRENÚNCIOS E VESTÍGIOS

Há dois fios da trama expostos nesse esquema: (i), o fio do percurso narrativo (do fazer na dimensão pragmática), que vai do Dano à Reparação do Dano, com duas linhas da trama (que é possível condensar em uma única, na sequência Dano praticado → dano a reparar → processo reparador → ação reparadora → dano reparado; e (ii), o fio do discurso ético, que se exprime como o segmento das sansões positivas (a Recompensa do Herói, que premia a reparação do Dano) e das sanções negativas (a Punição do Vilão, que castiga a efetuação do Dano), instalando, ambos – recompensa/punição – a instância da Moralidade no relato, segundo o esquema mítico-axiológico das retribuições ao fazer pragmático, segundo a lógica das sanções moralizadas (e moralizantes), que exige "o mal punido e o bem recompensado", aplicada, naturalmente, do ponto de vista intersubjetivo do grupo vitimado pelo Dano.

Aí está claro: são três fios da trama: no percurso pragmático do Sujeito Operador, no percurso cognitivo do Sujeito Sancionador, e no percurso pragmático-retributivo do mesmo Sancionador.

O RÓTULO "PÓS-MODERNIDADE" NÃO TEM NENHUM SENTIDO

O rótulo criado por Jean-François Lyotard (falecido em 1998) para designar os anos posteriores a 1950 como uma época de exacerbação do mercado consumista, da universalização da globalização com as novas tecnologias da comunicação e da informação e, dentro dessa globalização, paradoxalmente, do aumento de um individualismo tãoególatra que ameaça destruir a coesão do tecido social, não tem nenhum sentido: como Gilles Lipovetsky disse, numa entrevista que deu ao editor-adjunto do caderno "Mais!" (*Folha de S. Paulo*, 14.3.2004, p. 5), o rótulo foi um "conceito falso". A razão da refutação é clara: ninguém nunca esteve além da modernidade, nem poderia estar já que moderno é um termo que se aplica à contemporaneidade, e, dentro dela, a tudo que esteja abrangido pelo sistema de referências de um falante e de um ouvinte, *eu-aqui-agora*. Ora, como ninguém pode estar além de seu próprio tempo – "estar vivo" é, para cada um de nós, viventes, "existir *aqui e agora*" – a tal da "pós-modernidade" é um conceito que poderia ser substituído por qualquer outro capaz de significar uma nova fase dentro do processo da modernidade.

A diferença entre a França e a Inglaterra

Alan Watts dizia que a diferença entre a França e a Inglaterra é que os ingleses têm trezentas seitas e um molho, enquanto a França possui uma religião e trezentos molhos. Partindo do princípio de que a existência de mil remédios para a gripe mostra que não existe *o remédio contra a gripe,* é legítimo perguntar se os ingleses estão satisfeitos com suas seitas, e os franceses, com seus molhos.

O oposto da narrativa é a música. Mas, de qualquer modo, ambas são fictícias

A significação da narrativa diz respeito ao plano de conteúdo que atribuímos a uma história passada, aos acontecimentos de uma vida que foi vivida e terminou. Mas a música é a expressão de um sentido do presente: ela é o instante presente patemizado, isto é, contemplado do ponto de vista de um sujeito emocionado que o ouvinte embreia. A narrativa dá sentido ao que aconteceu num estado-de-coisas passado, ao passo que a música dá sentido ao que acontece no presente estado de alma resultante da transformação de um estado-de-coisas passado. Para ter sentido, um discurso tem de terminar. Só os discursos que expõem

PRENÚNCIOS E VESTÍGIOS

histórias finitizadas, nas quais todas as transformações que poderiam ocorrer a um estado-de-coisas inicial ocorreram, podem ter sentido. Atenção, contudo: a história real, esta que vivo (não há nenhuma outra "história real" tirante a que vivo aqui e agora, pessoalmente), esta não tem a rigor nem princípio nem fim: porque nasci em circunstâncias de que não tenho nenhuma consciência, e, por outro lado, vou morrer um dia sem nem ao menos perceber que morri (porque para perceber alguma coisa é preciso estar vivo). Quer dizer,

(i) primeiro, que nenhum começo e nenhum fim podem ser históricos: as origens e os fins são necessariamente míticos; e

(ii) segundo, que só podem ter sentido as histórias fictícias – de seres fictícios, cobertos pelo sistema de referências ele-lá--então.

(iii) por isso, quando quero dar sentido à minha vida, debreio-me num ele-lá-então que me outra na figura de "eu-próprio", "mim-mesmo".

OS LUGARES DA LUZ

Há dois lugares em que o homem deve se colocar se quiser ver a luz – o alto de uma montanha ou o fundo de um poço.

Aquele que sobe ao ponto extremo de uma elevação supera as limitações da visão do espaço geográfico: do alto, se vê mais longe e em todas as direções. Quando os raios do sol principiarem a tingir de ouro os píncaros aos pés do excursionista, ele será o primeiro a ser iluminado. Verá desfazerem-se aos poucos as névoas que sobem da corda dos morros e *conhecerá o espaço exterior*, isto é, do mundo.

Mas a luz não pode ser vista se não coexistir em contraste com as sombras e as trevas. Nos mitos criacionistas a luz coabita com as trevas do fundo do abismo. Ali está no Gênesis: "o espírito de Deus pairava sobre as trevas do abismo".

Le Dieu qui se dérobe dans les ténèbres, c'est aussi celui qui t'appelle dans la lumière (Henri Petit).

[O Deus que se oculta nas trevas é o mesmo que te chama dentro da luz.]

Assim, se no topo da montanha, se pode conhecer o espaço exterior do mundo, é só no fundo do poço – naquilo que Santa Teresa de Ávila chamava de *la noche oscura del alma* – que se pode ver o espaço interior, isto é, o eu.

Topo da montanha e fundo do poço são lugares alegóricos da Revelação, da irrupção da luz, mas não são os lugares da origem dela: o lugar de origem da luz, esteja um homem onde estiver, está no interior dele, na sua alma, onde a luz esplende quando ele sobe ou desce aos extremos, onde irá se transformar e renascer para um novo dia. Debalde, porém, o homem se colocará nesses espaços-limite do sagrado, do "inteiramente outro", se, ao atingi-los, ele não se transformar: e não há na terra maior transformação do que morrer.

Aprende, corpo meu: se você não morrer, minha alma perecerá; aprende, alma minha: se você não se transformar, não verá a luz; se, todavia, o fizer, mais do que *ver a luz*, você *será luz*.

EXERCÍCIO 1

e porque nada há que a solidão
do filho do homem não acrescente,
nem possa a terra perdoar, clemente
(posto não invente nomes, posto não
se adestre nos mistérios que ela cobre
de pó, com a vã e piedosa ajuda
de suas mãos de musgo e, por ser muda,
não se vanglorie de quanto obre),

e porque são, húmus e homens, lavras
homólogas e reversíveis, erra
quem se mete a escalpelar palavras
sem ver quão vão é erigir estátuas
para cultuar sobre o pó da terra
as próprias que sois, efêmeras e fátuas.

As Estações: Inverno

Aves encantando vítreas urzes
cos trinos de flores encarnadas.
Tremeverdevacilantes luzes
pingentes de franjas recém aguadas.

Sobre o cúpreo estendal do bosque dobra
rija a invernia que, crestante, uiva
debalde, obstinada, contra a ruiva
desolação do ermo que é sua obra.

Um dia, ao tronco nu tornando a seiva, suave,
o olho verá abrir-se, em rociada aurora,
de súbito rebento, no flóreo enclave
da mesma rama onde tirita, agora,
a arrepiada cabecita de uma ave
que, saudosa do sol que se apagou,
arrulha ao se lembrar da luz de doce hora
do ano que passou.

Canção Tonta
(*Para Ferreira Itajubá*)

Em que saudade sem fim
Agora, lerdo, me enleio,

De outras terras sem mim,
Donde nunca fui nem vim,
Tão de repente, me veio?

Donde, me diga, provém
Esse insofreável anseio
De asa migrante que vem
Navegar num céu alheio
Que não há cá nem aquém?

Como não posso ir e vais,
Ave de arribar, e eu fico
Sozinho à beira do cais,
Àquela que não me ama mais
Esta flor leva no bico.

Não há paráfrase sem transformação do conteúdo

Aprendemos na escola que, dados dois enunciados, A e B, B é uma paráfrase de A se contém a mesma informação que A, tendo um plano de expressão diferente. Mas, lembrando que não há nas línguas naturais sinônimos perfeitos, sendo o fenômeno parafrástico da ordem sinonímica, podemos dizer que B é uma paráfrase de A quando contém um plano de expressão diferente e um plano de conteúdo aproximativo ao de A – não, absolutamente, o mesmo conteúdo. Se assim não fosse, os segmentos parafrásticos não poderiam funcionar como funcionam, ou seja, como mecanismos de desenvolvimento explicativo e transformador de um segmento discursivo.

Uma ilustração disso, que vem na *Introduction à la Rhétorique,* de Olivier Reboul: Um jesuíta enviou a Roma uma questão: "A gente pode fumar estando a rezar?" Resposta: "Claro que não, é um sacrilégio". O colega daquele mandou outra pergunta: "Pode-se rezar quando se está fumando?" Resposta: "Lógico que sim; pode-se rezar em qualquer circunstância".

Muito autor exibiria as duas indagações como parafrásticas uma da outra, para marcar a incoerência das respostas dadas pela Igreja ao que lhes parece a mesma pergunta. Penso, porém, que as duas indagações não têm, absolutamente, o mesmo sentido. A meu ver, são perguntas diferentes porque dizem respeito a fazeres diferentes: no primeiro caso, o fazer-base (predominante) era rezar, no segundo, o fazer-base era fumar. Parece que quem deu as respostas em Roma se deu perfeita conta disso.

ÉDIPO, REI (MAIS FREUD E MARX)

Depois da revelação, o horror: crime e castigo. Depois de saber que coabitou com a mãe e matou o próprio pai (crime), Édipo se cega (castigo). É preciso ver, entretanto, que isso tudo não é senão a confirmação pela "desordem criminosa" (a *hybris*) da ordem correta (do *logos*) da cegueira metafórica: Édipo estava cego (cognitivamente) antes de se cegar passionalmente, para, em consequência disso, matar seu pai e se casar com sua mãe.

Outro tema, aí – o do incesto. O incesto fascina a espécie humana inteira – Freud demonstrou que o complexo de Édipo ferrou todo mundo, porque ele exprime o desejo poderoso do homem de se religar de novo com a fonte primordial de sua essência, com a origem de si mesmo: lembremo-nos de que Édipo terá de decifrar o enigma que a Esfinge lhe propõe acerca da origem e dos fins – de seu nascimento e de seu deperecimento. Para isso, ele terá de matar Laio, seu pai, e transar com Jocasta, sua mãe.

É sina, porém, dos revolucionários se transformarem, ao cabo, no ser odioso contra o qual eles se sublevaram: Marx, que desprezou o mistério da vida, da dor, do amor, da morte, e fulminou a religião enquanto "ópio do povo", acabou por se transformar no profeta de uma nova religião bem temperada com sua pimenta dialética, mais o advento de São Comunista Proletário no lugar do Salvador. Para derrubar um mito redentorista, Marx ergueu outro mito salvacionista (penso nessas coisas, enquanto lá fora, na rua, no Brasil de hoje, ferve o carnaval; carnavalizando tudo – virando tudo de pernas para o ar –, sua alegria infrene opera a mágica de, por alguns dias, aniquilar a nossa História que, até o presente, foi um feio conto burguês).

O BESTIAL E A PRIMEIRA VEZ: O ESTRANHAMENTO É O TRAÇO PATÊMICO CARACTERÍSTICO DO PRIMEIRO ENCONTRO DE UM SUJEITO OBSERVADOR COM OBJETO OBSERVADO

O traço distintivo da /primeiridade/, da primeira vez, é a sua incognoscibilidade: o que acontece pela primeira vez é diferente de tudo quanto já conhecemos, e devido a isso, não sabemos o que é. Quem nos diz que raio de coisa aconteceu numa primeira vez é "a segunda vez". Daí que o primeiro sintoma de toda a sintomatologia que nos avisa que estamos diante de uma obra de arte seja a sua estranheza – a *ostranienie,* de V. Schklóvski.

NARRATIVAS BÍBLICAS

Na tradição religiosa judaico-cristã, o discurso opera a Revelação – na verdade, duas revelações:

(i) Moisés revelou a existência de um Deus único, nos mandamentos do Sinai, através dos quais se selou o contrato da Aliança entre Deus e o povo escolhido (essa Aliança prepara

PRENÚNCIOS E VESTÍGIOS

o Advento do Cristo prometido nas Escrituras (nos discursos) do Velho Testamento; o Deus de Moisés é Jeová, um deus guerreiro, executor da terrível justiça do "olho por olho, dente por dente", fundada na pena de Talião;

(ii) a segunda Revelação é feita por Jesus, que desvenda a vida futura, *post mortem,* na qual a Revelação de Moisés não tocara – e assim fazendo, a de Cristo remata, depois da fase do *Contrato,* no percurso narrativo, a fase da *Sanção* da performance (o viver humano), ao separar o bom do mau (herói/vilão), punir o primeiro e recompensar o segundo, revelando, deste modo, as retribuições que, depois da morte, terão os homens pelo que fizeram em seu tempo de vida.

Diferentemente de Jeová, que é o Deus vingativo de Moisés, o Deus, a que se refere Jesus, é a divindade da misericórdia e do amor: "Amai a Deus sobre todas as coisas e ao próximo como a vós mesmos; nisto se resume toda a lei e os profetas; não existe outra".

A pedra angular do Novo Testamento é o amor, em que se funda a igualdade de todos os homens entre si – o princípio da fraternidade universal – e a igualdade de todos os homens aos olhos de Deus – o princípio da filiação divina universal.

Essas Revelações, (i) da imortalidade da alma, e (ii) da existência da vida após a morte, são os conteúdos da maior revolução que o homem experimentou no curso de sua história.

Elas funcionam, também, como a Revelação do Sentido da existência do homem. Tendo em conta que não há outra maneira de conceber a Criação do homem senão como um conhecimento da ordem das Revelações, a tradição judaica pensa a origem do homem e da própria Bíblia como "reveladas". Para os judeus, no entanto, a maior prova de amor do criador para conosco não é que ele tenha nos criado à sua imagem e semelhança, mas que ele se tenha revelado, revelado a Lei segundo a qual devemos viver e celebrado conosco um contrato, uma Aliança. Como viu Catherine Chalier ("Philosophie et Révélation", *Esprit*, no. 9, set. 1982), sem essas três dádivas – a revelação de sua presença, a revelação da Lei, e a revelação da promessa consubstanciada na aliança –, Deus permaneceria a uma distância inalcançável de sua criatura, para a qual não haveria redenção possível. Sem a Revelação, o homem, entregue a si mesmo, não teria como ultrapassar a separação infinita que a Criação inaugura, ao produzir o ser, falando. Pois, falar, como se patenteia claramente no Gênesis, é sempre criar o outro diverso de si mesmo – e criar o outro implica criá-lo dotado de livre-arbítrio para dizer "sim" ou "não", criar, portanto, aquele que poderá dispensar o seu criador e viver uma vida sua. E como o tema da Revelação "é necessário para que o mundo do homem não se encerre numa solidão ontológica", revelar é, se não mais importante, tão importante, ao menos, como criar.

Afinal, o que há com essas mulheres?

Victor Hugo que amava Juliette Drouet estava casado com Adèle Hugo que incendiava o coração de Sainte-Beuve quando esse crítico recebeu, em março de 1831, uma carta do marido da amante, na qual V. Hugo dizia, sem rebuços, *vous devez vous souvenir de ce qui s'est passé entre nous dans l'occasion la plus douloureuse de ma vie, dans un moment où j'ai eu à choisir entre elle et vous.* Que as estrepolias do amor "estranho" (mas, qual não é?) não nasceram com o romantismo francês, todo mundo sabe. O que talvez se esqueça é que os primeiros românticos franceses exageraram na dose: não foram nada platônicos em matéria de paixões. Pela mesma época adulteravam sem freios, só na França, Chateaubriand, Daniel Stern, Alfred de Vigny, Théophile Gautier, Alfred de Musset *et je m'en passe.* Jenny Colon desprezou Gérard

PRENÚNCIOS E VESTÍGIOS

de Nerval por um musiquinho coió com quem se mandou para a Polônia, e nunca mais o reviu até morrer, pouco tempo antes de que *le pauvre* Gérard se pendurasse pelo gogó no gradil da janela daquela estalagem de quinta, na Rue de la Vieille Lanterne (exatamente onde vi em 1993 a caixa do "ponto" no teatro Sarah Bernhardt), numa madrugada congelada de Paris. Enquanto isso, sua amiga George Sand fazia uma *mêlée* danada com Liszt, Chopin e *tutti quanti*. Na França mesmo ou em outros países, nos anos seguintes, Nin tornaria Nietzsche e Rilke inimigos, Zelda ornamentaria a testa de Scott Fitzgerald com meia Paris e depois com a metade macha de Hollywood, Frida Kahlo endoidaria seu muralista mexicano, Coco Chanel fazia Stravínski trepar pelas paredes, Lilia Brik passou pra trás o marido, Óssip Brik, desde que conheceu Maiakóvski... – afinal, o que é que deu nas vovozinhas que não seguravam seus hormônios? (Caso mais intrigante é o da irmã de Lilia Iurevna Brik, Elsa Iurevna Triolet, cuja vida foi um novelo de identidades confusas: o mundo literário pensava que ela era francesa, mas era moscovita. Jovem ainda ela se casou com um panaca gaulês [naqueles entões, os panacas ainda eram só "excêntricos"], André Triolet, que gostava mais de cavalos do que de mulheres; pois esse amador de solípedes, mal acabara de se (mal)maridar, se mandou para uma viagem não se sabe bem por onde – sozinho, como se continuasse solteiro. Tempos mais tarde, retornando da sua perneação no Tahiti, André foi morar em Paris enquanto Elza se estabelecia em Berlim onde ainda se discute se ela deu ou não para Viktor Schklóvski [deu, deu].)

Invariavelmente a vida dessas ninfas apresenta muito maior interesse romântico do que suas obras (duas exceções a essa regra são apresentadas pela inglesa Ethel Smith, que, tendo vivido já mais perto de nós [1858-1944], ficou mais famosa pelas paixões arrebatadoras que nutriu por mulheres [como Virginia Woolf, que tirou o corpo fora] do que por tudo o que compôs; e a outra é a pobrezinha da Jeanne, a companheira de Modigliani, em quem me dói o coração só de pensar o osso que roeu nas mãos dele – e não porque ele a maltratasse, mas porque ele *se* maltratava).

Modi, como o chamavam seus amigos, morreu num hospital, de tuberculose e fome; Jeanne não foi ao cemitério, de propósito para aproveitar o único momento em que a deixaram só e se atirar da janela direto para o céu dos que muito amaram (ficou uma filhinha de Modi, também Jeanne). Outra que se atirou, não para o espaço, mas para dentro de um rio, foi Sylvia Plath; pescada uma primeira vez, assim que a deixaram a sós, pulou no rio de novo e se afogou.

Uma mais que quis morrer fora do combinado, e só sossegou quando se matou foi a também poetisa Juana de Ibarborou.

Fico matutando: quem sabe o que teriam sido as obras-primas que elas próprias e os aflitos apaixonados delas por certo comporiam se não tivessem sido tão despudoradamente infelizes. Estou propenso a pensar que, tivessem eles permanecido ao lado de suas musas, no que supunham, quando caidinhos por elas, que seria o seu paraíso particular, nenhum deles teria produzido mais do que merda rala – quem está no paraíso vai lá querer se lascar? Vai nada: quem está no paraíso não faz droga nenhuma, se deixa estar o dia inteiro de patas estiradas para o ar, feliz como galinha no monturo; quem está no paraíso só vai embora se for chutado no traseiro, é ou não é?

Mas, pensando bem, ter a cauda chutada foi o que aconteceu com todos eles e suas musas repentinamente promovidas a diabas – mas, no caso deles, diabas que os salvaram de se estiolar na vida medíocre, sem gosto e mortalmente tediosa ("morrer de tédio é a pior das mortes", ouvi dizer Ariano Suassuna) de todas as madames Bovary provincianas para as moralmente dúbias galas

PRENÚNCIOS E VESTÍGIOS

das artes, que sempre que valem a pena são subversivas, imorais, pornográficas ou diabólicas – tudo junto e misturado...

HOMENAGENS

É de Nelson Cavaquinho o lembrete aos promotores de homenagens para que se lembrassem dele enquanto ainda vivo – "se alguém quiser fazer por mim / que faça agora". A ideia, lógico, é que ninguém precisa ser homenageado, mas se alguém tiver de ser, então, que se festejem a alma e o corpo do compadre enquanto estão atados neste vale de lágrimas, não depois do tombo. Acho, até mais, que as loas todas devem vir de mansinho, pingando no varejo da vida enquanto o bruto vai vivendo e se desvivendo aos poucos, não de um golpe só e *in extremis*, quando o paciente já está demolido e no fubá, mais paciente do que nunca. Cuidados elementares. Não custa adotá-los para que as louvaminhas não cheirem a pré-necrológio nem se confunda o que era para ser diploma de honra com certidão de óbito. Se não se tomar essa precaução, pode apostar que o *de cujus* levará daqui do térreo a suspeita chocante de que o que seus amigos fizeram, homenageando-o, foi acabar de acertar as contas com ele e em seguida se pirulitar, torcendo o focinho com aquela mona de quem acaba de identificar de onde é que provém um cheiro de merda especial.

Pois é essa, exatamente, a impressão que me deixam sempre os tributos aos velhinhos – ainda mais agora, quando vai se tornando praxe em nossos enterros esse negócio de bater palmas para o distinto que deu com o mucumbu na cerca! Então, isso, lá, de finar-se um cristão é bonito e bem feito, é? É coisa que se aplauda? Na minha terrinha, não era, não – era feio e dolorido uma coisa por demais (especialmente para o que se acabava), desacontecimento horrendo, de se dar ao respeito e fazer chorar os credores. Hoje, no entanto, a carijozada bate palmas – palmas, meu Pai! – pro sucumbido, como se a choldra hiante estivesse feliz da vida por ver subir a alminha de um vivente vivido e desvivido, a se alar com despedida vivada e assobiada, enquanto assiste ao que de si sobrou ser plantado na terra como um remorso que se quer sepultar na poeira dos tempos. E porque isso já é suficientemente triste é que venho rogar aos mais piedosos: meus amigos-inimigos: poupem o finadinho da suprema humilhação de ter de aturar os zurradores de necrológios beira-cova. Afinal, todos sabem que encômios defuntícios costumam ser tão asnáticos que, quando não provocam frouxos de riso no lugar e hora mais inconvenientes, costumam acordar nos falecidos ímpetos de saltar do caixão para dar umas pauladas no orador. Pauladas no orador de pé da cova – essas, sim, são as honras que honram, os aplausos que elevam, as compaixões que consolam.

A ficção não reflete nem imita a realidade – cria-a:

para aceder à realidade, tenho de representá-la em minha mente, através de uma figura, uma imagem qualquer. E tudo o que digo em meu discurso, depois disso, é a ela – a essa figuratividade da macrossemiótica do discurso que criei – que se referem todas as referências constantes dele, não à figuratividade da macrossemiótica do mundo natural, de que ela é imagem e semelhança.

O olhar de Édipo

O olhar de Édipo encontra na encruzilhada não um ser estranho, um estrangeiro (já não consigo identificar se a observação é de Mircea Eliade ou de Vernant), mas um desconhecido, que

PRENÚNCIOS E VESTÍGIOS

vem a ser seu próprio pai. Isso se repete no encontro dele com sua mãe. Pai e mãe, por sinal, são expressões figurativas, aqui, da própria origem de Édipo. Encontrando-se com esse pai que ele terá de assassinar (é o Parricídio original), e, depois, com aquela mãe que ele deverá desposar (e aqui temos o Incesto), defrontando-se, em resumo, com dois desconhecidos a quem ele encara sem lograr ver quem realmente são, Édipo encontra-se com seu próprio destino, que já lhe havia sido revelado por outro cego, Tirésias. Dois cegos, Tirésias e Édipo – um que sabe, outro que não sabe o /devir/ – e uma história que os iguala, fazendo-os de qualquer modo cegos, pois o que sabe conhece apenas a sorte que os fados alheios reservam ao outro, mas desconhece o seu próprio fado, assim como ignora a revelação que ele traz consigo, de que todo o cortejo de desgraças que acompanha o homem ao longo de sua vida surge prolongando a revolta contra o pai, que faz de uma criança um adulto.

TEORIA E REALIDADE

Quando a teoria não se conforma com a realidade, os maus cientistas empíricos ficam com a realidade e mudam a teoria, mas os artistas ficam com a teoria e mudam a realidade. Os artistas são mais irados e sabem que a realidade é imaginária.

SOBRE O MITO (DE MIRCEA ELIADE, *MITO E REALIDADE*)

Num sentido, a ficção literária é uma espécie de derivado do mito, que ocorre quando o mito deixa de ser uma realidade viva, com a perda da sua função decisiva que é a de revelar a origem primordial de uma coisa, um fenômeno, um acontecimento, funcionando, ainda, como um modelo exemplar deles, de como essas coisas podem ser reatualizadas ("Devemos fazer o que os deuses fizeram no princípio" [*Satapaha Brâhmana,* VII, 2, 1, 4, *apud* Mircea Eliade, *Mito e Realidade*, São Paulo, Perspectiva, 1972, p. 12], a fim de se tornarem realidades vivas, aptas para fornecer os 'modelos para a conduta humana, [desse modo] conferindo [...] significação e valor à existência'" [Eliade, *op. cit.*, p. 8]).

[...] o mito narra como, graças às façanhas dos Entes Sobrenaturais, uma realidade passou a existir, seja uma realidade total, o Cosmo, ou apenas um fragmento: uma ilha, uma espécie vegetal, um comportamento humano, uma instituição. É sempre, portanto, a narrativa de uma "criação": ele relata de que modo algo foi produzido e começou a ser. O mito conta uma história verdadeira porque sempre se refere a realidades que estão aí para prová-lo.

Os personagens dos mitos são os Entes Sobrenaturais. Em suma, os mitos descrevem as [...] dramáticas irrupções do sagrado (ou do "sobrenatural") no Mundo. É essa irrupção do sagrado que realmente fundamenta o Mundo e o converte no que é hoje. (Eliade, *op. cit.*, p. 11.)

O MITO FALA A VERDADE MAS A FICÇÃO É INDECIDÍVEL

O mito conta uma história verdadeira porque sempre se refere a realidades que estão aí para prová-lo – "mesmo o mito da origem da morte é verdadeiro porque é provado pela mortalidade do homem" (Eliade, *op. cit.*, p. 12). Mas (observação minha) se a morte teve origem, se ela começou, então, na "duração" contínua do caos anterior ao seu surgimento, o que havia só podia ser a imortalidade – mas a imortalidade do quê, se nada, ainda, havia sido criado? Na verdade, o tempo começa com a Criação – antes dela não havia nada.

Mas a ficção é indecidível, porque obedece a uma lógica paradoxal, que se situa no intervalo entre o falso e o verdadeiro – trata-se de uma lógica possibilística, entre o poder-ser (que marca a ficção realista) e o poder não-ser (da narrativa mágica, dos contos de fadas, dos contos de terror e do realismo mágico).

Histórias verdadeiras e histórias falsas

Os heróis das epopeias descendem diretamente dos Entes Sobrenaturais que criaram as coisas – mas a origem dos vilões é diferente: enquanto os heróis provêm das histórias sagradas, verdadeiras, os vilões provêm das histórias profanas, mentirosas.

Os Pawnee fazem uma distinção entre as histórias verdadeiras e as histórias falsas, e incluem entre as verdadeiras [...] todas as que tratam das origens do mundo; seus protagonistas são entes divinos, sobrenaturais, celestiais ou astrais. Seguem-se os contos que relatam as maravilhosas aventuras do herói nacional, um jovem de origem humilde que se tornou o redentor de seu povo, livrando-o de monstros, salvando-o da fome e de outras calamidades e realizando outras façanhas nobres e salutares. [...] As histórias falsas são as que contam as aventuras e proezas nada edificantes do Coiote, o lobo das pradarias. Em suma, nas histórias verdadeiras, defrontamo-nos com o sagrado e o sobrenatural; as falsas, ao contrário, têm um conteúdo profano, pois o Coiote é extremamente popular nesta como em outras mitologias norte-americanas, onde aparece como trapaceiro, velhaco, embusteiro e tratante consumado. (Eliade, 1972, 14.)

[...] o que é considerado "história verdadeira" em uma tribo pode converter-se em "história falsa" para a tribo vizinha. A "demitificação" é um processo já registrado nos estágios arcaicos da cultura. O importante é o fato de os "primitivos" sempre sentirem a diferença entre os mitos ("histórias verdadeiras") e os contos ou lendas ("histórias falsas"). (*Idem, op. cit.*, 15, nota 14.)

EDWARD LOPES

O retorno às origens

Ensina-se à criança não o que o pai e o avô fizeram mas o que foi feito pela primeira vez pelos Ancestrais nos Tempos míticos no *in illo tempore* primordial. Evidentemente, o pai e o avô nada mais fizeram senão imitar os Ancestrais: poder-se pensar, portanto, que, imitando o pai seriam obtidos os mesmos resultados. Mas pensar assim seria menosprezar a função essencial do Tempo da origem que [...] é considerado um "tempo forte" justamente porque foi [...] o receptáculo de uma nova criação. O tempo decorrido entre a origem e o momento presente não é "forte" nem "significativo" (salvo, bem entendido, os intervalos em que se reatualizava o tempo primordial), razão por que é negligenciado ou por que se procura aboli-lo. (Eliade, 1972, p. 36.)

O mito do Ano (= o anel, o ciclo – a espira)

O "Ano" [...] é diversamente compreendido pelos primitivos, e as datas do "Ano Novo" variam segundo o clima, o meio geográfico, o tipo de cultura etc. Trata-se, contudo, sempre de um ciclo, isto é, de uma duração temporal que tem um começo e um fim. [Lembrar da figuratividade de Janos bifronte – de Janos provém o nome de "janeiro" –, que tem uma cara voltada para o passado e outra para o futuro.] Ora, no fim de um ciclo e no início do ciclo seguinte realiza-se uma série de rituais que visam à renovação do mundo. [...] essa *renovatio* é uma recriação efetuada segundo o modelo da cosmogonia. (Eliade, 1972, p. 44.)

O discurso está sempre a meio do seu desenvolvimento. Ele não tem começo nem fim

Não há começo absoluto de nada no mundo – nem da história, nem da vida, nem do discurso. Na história da evolução do pensamento humano, nada parte de um zero absoluto: o *in illo tempore primordial* do Gênesis e o *in illo tempore milenar* do Apocalipse existem unicamente nos mitos: faz-se um mito quando se explica um fato presente, da história, fora da história, isto é, quando se tenta explicá-lo por suas origens ou por seus fins.

Na história real, contudo, tudo sempre continua um certo estágio da evolução ou da transformação de um estado-de-coisa (história), de um estado-de-alma (vida), de um saber (discurso). Logo, não há um começo nem um término absolutos do discurso. Nenhuma ideia é nova (o dicionário não foi feito hoje); nenhum discurso começa do zero: ele continua sempre outro discurso, a que responde, retifica, prolonga, comenta, ratifica, ao modo do ser e/ou do parecer. E um discurso não termina nunca em um ponto final – ele será continuado sempre por um outro discurso, que virá questioná-lo, responder ao que ele indaga, retificar, prolongar, ratificar. Em outros termos: um discurso continua sempre outro discurso, e será sempre continuado por outro discurso. A humanidade inteira escreve um discurso só – que não começou, nem acabará jamais. Em suma: todos os discursos são fragmentos de um discurso único que a humanidade escreve desde sempre e continuará para sempre a escrever. Para quê?

A beatitude da origem e o retorno, em Freud

Duas ideias de Freud são importantes para o nosso tema: *1.* a beatitude da origem e do começo do ser humano e *2.* a ideia segundo a qual, pela recordação ou mediante um "voltar atrás" [= o que chamo de *retorno*], é possível reviver certos incidentes traumáticos da primeira infância.

O fato de Freud postular a beatitude no início da existência humana não significa que a psicanálise tenha uma estrutura mitológica nem que ela se sirva de um tema místico arcaico, ou que ela aceite o mito judaico-cristão do Paraíso e da queda. A única analogia que se pode estabelecer entre a psicanálise e a concepção arcaica da beatitude e da perfeição da origem deve-se ao fato de Freud haver descoberto o papel decisivo do "tempo primordial e paradisíaco" da primeira infância, a beatitude anterior à ruptura (isto é, o desmame) ou seja, antes que o tempo se converta, para cada indivíduo, em um tempo vivido, o qual, pelo que se implicita nessa explicação, é sempre um tempo problemático, um tempo de conflitos.

Quanto à segunda ideia freudiana que interessa ao nosso tema, ou seja, o "voltar atrás" por meio do qual se espera poder reatualizar determinados eventos decisivos da primeira infância, ela também justifica uma analogia com os comportamentos arcaicos. Citamos diversos exemplos para ressaltar a crença segundo a qual é possível reatualizar e, portanto, reviver, os eventos primordiais relatados nos mitos. Mas, com algumas poucas exceções (entre outras, as curas mágicas), esses exemplos ilustram o "voltar atrás" *coletivo*. Era a comunidade inteira, ou uma parte importante dessa comunidade, que revivia, por meio dos rituais, os acontecimentos narrados pelos mitos. A técnica psicanalítica [contudo] possibilita um *retorno individual* ao Tempo da origem. Ora, esse voltar atrás existencial desempenha um papel importante em certas técnicas psicofisiológicas orientais. (Mircea Eliade, *Mito e Realidade,* São Paulo, Perspectiva, 1972, pp. 73-74.)

Em que consiste o retorno – Retorno ao "instante paradoxal" além do qual o Tempo não existia porque nada se havia manifestado

Descrevendo uma técnica pan-indiana, que é conhecida dos budistas, praticada e recomendada pelo próprio Buda, e que é encontrada nos *Yoga-sûtra* (III, 18):

> Trata-se de partir de um instante preciso, o mais próximo do momento presente, e de percorrer o tempo ao inverso (*pratiloman,* "a contrapelo") para chegar *ad originem,* quando a primeira existência, irrompendo no mundo, desencadeou o Tempo e tornar a atingir aquele instante paradoxal além do qual o Tempo não existia, porque nada se havia manifestado. Compreende-se o sentido e o objetivo dessa técnica: aquele que volve

PRENÚNCIOS E VESTÍGIOS

atrás no tempo deve necessariamente reencontrar o ponto de partida que, definitivamente, coincide com a cosmogonia. Reviver as vidas passadas é, também, compreender e até certo ponto "queimar" os "pecados", isto é, a soma dos atos realizados sob o domínio da ignorância e capitalizados de uma existência à outra pela lei do *karma*. Mas há um ponto ainda mais importante: chegando-se ao princípio dos Tempos, atinge-se o Não-Tempo, o eterno presente que precedeu a experiência espiritual, inaugurada pela primeira queda na existência humana. Em outros termos, a partir de um momento qualquer da existência temporal, pode-se chegar a exaurir essa duração ao percorrê-la em sentido contrário, e desembocar finalmente no Não-Tempo, na eternidade. Isso [...] significa transcender a condição humana e recuperar o estado não-condicionado que precedeu a queda no Tempo e na roda das existências. (Eliade, *op. cit.*, p. 75.)

Interpretar o segundo Nascimento em seu contexto de ocorrência

[Nem] todos os mitos e ritos de "retorno à origem" se situam no mesmo plano. [...] o simbolismo é o mesmo, mas os contextos são diferentes, e é a intenção revelada pelo contexto que nos fornece, em cada caso particular, a verdadeira significação. Como já vimos, do [...] [ponto de vista] da estrutura é possível homologar as trevas pré-natais ou as da cabana iniciatória à Noite que precedeu a Criação. Com efeito, a Noite da qual nasce o Sol todas as manhãs simboliza o Caos primordial, e o nascer do Sol é uma réplica da cosmogonia. É evidente, entretanto, que esse simbolismo cosmogônico se enriquece de valores novos no caso do nascimento do ancestral mítico, do nascimento físico de cada indivíduo e do renascimento iniciatório. (Eliade, *op. cit.*, p. 77.)

O segundo Nascimento na Bíblia e nos mitos indianos

Observar a analogia entre a fórmula de Nicodemos, na Bíblia ("ninguém entra no reino dos céus se não nascer duas vezes", ou coisa que o valha) e numa cerimônia *upanayama* de que fala Mircea Eliade "Aquele que passou pelo *upanayama* [que é figurativizada no motivo do *regressus ad uterum*] é 'duas vezes nascido'". (Eliade, *op. cit.*, 1972, p. 75.)

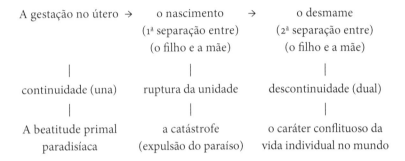

Mitos milenaristas

[...] os mitos americanos sobre o Fim incluem quer uma teoria cíclica (como entre os Astecas), quer a crença de que a catástrofe será seguida de uma nova Criação, quer, finalmente, (em certas regiões da América do Norte), a crença numa regeneração universal efetuada sem cataclismo (nesse processo de regeneração, somente os pecadores perecerão). Segundo as tradições astecas, já ocorreram três ou quatro destruições do Mundo [lembrar o Dilúvio de Noé] e a quarta (ou quinta) sobrevirá no futuro. Cada um desses Mundos é regido por um "Sol", cuja queda ou desaparecimento assinala o Fim. (Mircea Eliade, *Mito e Realidade*, São Paulo, Perspectiva, p. 57.)

O olhar e o discurso

O olhar de um sujeito, mesmo que de sobrevoo, lançado sobre um discurso, transforma os dois.

PRENÚNCIOS E VESTÍGIOS

O SENTIDO BÍBLICO DE "SER TESTEMUNHA"

Na Bíblia (em *Act. 22, 14-15*), está:

O Deus de nossos pais te tomou pela mão para que conhecesses a sua vontade e visses ao Justo e ouvisses a voz da sua boca, pois hás de ser testemunha sua diante de todos os homens do que viste e ouviste.

O quanto os homens de fé daquelas eras levavam a sério essas palavras, fica claro na prece que São Policarpo, bispo de Esmirna, fazia, ao subir para a fogueira que o consumiria,

Eu te bendigo, porque Te dignaste fazer-me chegar a este dia e a esta hora para que eu seja contado no número de Tuas testemunhas.

Santo Agostinho explica o sentido profundo disso, tal como ele o via condensado num único enunciado, *et vidimus et testes sumus*:

Et vidimus et testes sumus. Forte aliqui fratrum nesciunt qui graece non norunt quid sint testes graece: et usitatum nomen est omnibus et religiosum. Quis autem non audivit martyres aut in cuius christiani ora non quotidie habitat nomen martyrum? Atque utinam sic habitet et in corde ut passiones martyrum imitamur, non eos calcibus persequamur! Ergo hoc dixit: "Vidimus et testes sumus": videmus et martyres sumus. Testimonium enim dicendo ex eo quod viderunt et testimonium dicendo ex eo quod auderunt, cum displiceret ipsum testimonium hominibus adversus quos dicebatur, passi sunt omnia quae passi sunt martyres. (Santo Agostinho, *Tract. In Epist.* 10, 1, 2.)

(Talvez alguns irmãos que desconhecem a língua grega ignorem como se diz em grego testemunha, essa palavra usada e venerada por todos. Porque o que em latim dizemos *testes* se diz em grego *martyres*. Ora, em que boca de cristão deixa de soar todos os dias o nome dos mártires? E praza a Deus que não seja somente nossa boca que o enuncie, senão que esse nome more igualmente em nosso coração, de modo que imitemos os sofrimentos

235

dos mártires e não os calquemos com os nossos pés! Ter dito, pois, aquele que disse "vimos e somos testemunhas" foi o mesmo que dizer "vimos e somos mártires". Os mártires, de fato, sofreram tudo quanto sofreram para dar testemunho ou daquilo que eles por si mesmos viram ou daquilo que eles ouviram, toda vez que seu testemunho desagradava àqueles contra os quais eram dados.)

O NÚMERO DE DEMÔNIOS

"O espaço está povoado por 7.405.925 demônios." (J. Wierius, *De praestigiis daemonum*, "As Artimanhas do Diabo", 1560.) *P.S.*: Hoje deve ter um pouquinho mais.

O FIM DO MUNDO NAS RELIGIÕES JUDAICA E CRISTÃ

[...] para o judeo-cristianismo, o fim do mundo faz parte do mistério messiânico. Para os judeus, a chegada do Messias anunciará o fim do mundo e a restauração do paraíso. Para os cristãos, o fim do mundo precederá a segunda vinda de Cristo e o Juízo Final. Mas, tanto para uns como para outros, o triunfo da santa história, manifestado pelo fim do mundo – implica de algum modo a restauração do paraíso. Os profetas proclamam que o cosmo será renovado: haverá um novo céu e uma nova Terra. Haverá abundância de tudo, como no Jardim do Éden. Os animais ferozes viverão em paz uns com os outros "e um menino os guiará" (Isaías, XI: 6). As doenças e as enfermidades desaparecerão para sempre: os coxos saltarão como cervos, os olhos dos cegos se abrirão e se desimpedirão os ouvidos dos surdos, e não haverá mais prantos nem lágrimas (Isaías, XXX: 19; XXXV: 3 ss. Ezequiel, XXXIV: 16). O novo Israel será edificado sobre o Monte Sion, porque o Paraíso se encontrava sobre uma montanha (Isaías, XXXV: 10; Salmos, XLIII: 2). Também para os cristãos, a renovação total do Cosmo e a restauração do Paraíso são as características essenciais do *eschaton*. No Apocalipse de João (XXI: 1-5) lemos:

PRENÚNCIOS E VESTÍGIOS

Vi um novo céu e uma nova terra, pois o primeiro céu e a primeira terra passaram e o mar já não existe... Então, ouvi uma grande voz vinda do trono, dizendo: E lhes enxugará dos olhos toda lágrima, e a morte já não existirá, já não haverá luto nem pranto nem dor, porque as primeiras coisas passaram. E aquele que está sentado no trono, disse: "Eis que faço novas todas as coisas".

A época imediatamente precedente ao Fim será dominada pelo Anticristo. Mas o Cristo virá e purificará o Mundo por meio da fé. Como se exprime Efrém, o Sírio: "O mar bramará e depois secará, o céu e a terra serão dissolvidos, e por toda parte se estenderão o fumo e as trevas. Durante quarenta dias, o Senhor enviará o fogo sobre a terra para purificá-la da mácula do vício e do pecado". (Eliade, 1972, p. 63.)

O FIM DO MUNDO NA ARTE MODERNA

Desde o início do século [= século XX], as artes plásticas, bem como a literatura e a música, passaram por transformações tão radicais, que foi possível falar numa "destruição da linguagem artística". Começando pela pintura, essa "destruição da linguagem" [também da linguagem verbal] estendeu-se à poesia, ao romance, e, ultimamente, com Ionesco, ao teatro. Em alguns casos, trata-se de um verdadeiro aniquilamento do Universo artístico estabelecido... tem-se a impressão de que o artista quis fazer tabula rasa de toda a história da pintura. Mais do que uma destruição, é uma regressão ao Caos, a uma espécie de massa confusa primordial. E, não obstante, ante obras desse gênero, percebe-se que o artista está à procura de algo que ainda não exprimiu. Ele precisava reduzir a nada as ruínas e os escombros acumulados pelas revoluções plásticas precedentes, precisava chegar a uma modalidade germinal da matéria, a fim de poder ecomeçar a história da arte a partir do zero. Em muitos artistas modernos, sente-se que "a destruição da linguagem plástica" nada mais é senão a primeira fase de um processo mais complexo, e que a ela deverá seguir-se necessariamente a criação de um novo Universo. (Eliade, *idem*, 1972, p. 68.)

237

EDWARD LOPES

O fim do mundo na arte e o aparecimento da psicanálise

É significativo que a destruição das linguagens artísticas tenha coincidido com o aparecimento da psicanálise. A psicologia profunda valorizou o interesse pelas origens, interesse que tão bem caracteriza o homem das sociedades arcaicas. [...] os artistas, longe de serem os neuróticos de que algumas vezes se fala, são, ao contrário, psiquicamente mais sãos do que muitos homens modernos. Eles compreenderam que um verdadeiro reinício não pode ter lugar senão após um verdadeiro Fim. E [...] puseram-se a destruir realmente o Mundo dele, a fim de recriar um Universo artístico no qual o homem possa simultaneamente existir, contemplar e sonhar. (Eliade, *idem*, 1972, p. 69.)

Curar-se da ação do tempo...

Fora as formas simbólicas dos rituais de *retorno* mítico (*regressus ad originem, ad uterum*) etc., que, por sua maior parte dizem respeito aos renascimentos espirituais dos mitos soteriológicos, salvacionistas, do ponto de vista da dimensão prática da vida cotidiana o homem conhece um e apenas um modo de curar-se da ação do tempo – mas, esse, ninguém quer utilizar.

Contra a psicocrítica (crítica psicanalítica)

A aplicação de procedimentos interpretativos da psicanálise na crítica de obras literárias é absurda se se pensa com isso explicar ou compreender os comportamentos dos personagens das obras analisadas, por várias razões, entre as quais:

1) os personagens são lexias que designam atores, que são simulacros sígnicos de pessoas, mas não são entes vivos, pessoas;

PRENÚNCIOS E VESTÍGIOS

2) não sendo pessoas vivas, os atores do discurso não têm psiquismo.
3) Não tendo psiquismo, não têm psicologia.

O DISCURSO E SUA INCOMPLETUDE (COMO UM *OBJETO PARADOXAL E DIALÉTICO*)

(i) /incompleto/ porque ele é uma obra perpetuamente em construção (uma *work in progress*);

(ii) um /objeto paradoxal/ porque no ponto em que ele parece terminar, fechando-se como um discurso feito, aí mesmo ele deixa de ser discurso para se transformar em um *pré--texto*, nas duas acepções da palavra, a de álibi e a de precedência: (a) virando o álibi linguageiro para a construção de um texto denotado, da ordem do ser, (b) a cujo aparecimento na mente do leitor-intérprete esse pré-texto se antecipa, precedendo-o como um campo de significantes intertextualizantes, ambíguos, conotados, dotados de significações possibilísticas (da ordem do poder-ser/poder não-ser), diante das quais o fazer interpretativo do leitor hesita, antes de textualizar uma delas, selecionando-a em detrimento das outras menos prováveis, que são descartadas. Desta sorte, o pré-texto tem uma existência puramente mental: ele é o interpretante que faz a representação, no cenário mudo da subjetividade do leitor, de um texto /potencial/ que precede o aparecimento do texto /real/ (ou realizado) que dele há de derivar.

Esse texto real, para existir como "real", tem de ser realizado. Enquanto os demais pretextos são descartados como textos virtuais, o real, para existir, para ser transmitido a um destinatário exteroceptivo, terá de ser enunciado. Mas tudo o que é enunciado se converte, pelo fato mesmo da enunciação, em algo discursivizado – assim, o metadiscurso, tão logo é enunciado, se converte em novo discurso-objeto a ser interpretado.

Para os linguistas tradicionais, o discurso é algo estático, unidade que está feita e terminada. Mas, para mim, *o discurso está em perpétua transformação*, pois ele só existe quando está sendo interpretado, transformado e convertido em texto.

É o fazer interpretativo do enunciatário que transforma um discurso inacabado em texto, atribuindo-lhe um sentido. Para usar uma comparação saussuriana, diremos que discurso e texto se pressupõem, assim, como os dois lados de uma folha de papel e estão ligados, ademais, por uma propriedade dialética, especular, que faz um deles converter-se no outro: para ter um texto, eu preciso ter primeiro um discurso, visto que o texto é o sentido ocorrencial que o enunciatário atribui interoceptivamente (na intimidade de sua mente) a um discurso-objeto (objeto = mensagem a ser interpretada) depois de interpretá-lo. Para ter um discurso-objeto, é preciso que o leitor que interpretou o discurso-objeto anterior e o transformou em texto enuncie esse texto. Objetivado, contudo, no plano do enunciado, o texto se transforma automaticamente em novo discurso-objeto a interpretar (toda interpretação é reinterpretável).

Por outro lado, parece que os linguistas tradicionais não se deram conta da impossibilidade de se ter um discurso que não esteja presente para ninguém. E "estar presente" quer dizer estar sendo observado; *existir é ser percebido*. Pois bem: aquilo que se exterioriza sob a forma de um discurso a ser interpretado só pode ser percebido quando o ato de sua apreensão pela mente se identifica com o ato de sua interpretação – para o discurso-objeto ser percebido pelo ser humano, este tem de interpretá-lo na forma de um texto. E isso, finalmente, nos mostra uma outra forma daquela *semiose ilimitada* de que nos falava Peirce: é que só nos damos conta da exis-

PRENÚNCIOS E VESTÍGIOS

tência de um discurso-objeto quando o transformamos, mediante um fazer interpretativo (uma leitura, uma decodificação, um fazer metalinguístico), naquilo que ele não é – um *texto*.

A importância de São Paulo para o cristianismo

André Gide conta que ouviu do abade Mugnier uma definição de São Paulo que lhe pareceu exata e sugestiva:

Saint Paul c'est l'arête du poisson.
[São Paulo é a espinha do peixe.]

E Gide compreendera que, sendo o peixe símbolo de Cristo – e, por extensão, do cristianismo –, a espinha dorsal do cristianismo era constituída pela obra de São Paulo, pois que fora ela que dera forma à carne (= à doutrina) que, sem a espinha, seria uma mole de massa amorfa, invertebrada.

Mas essa definição significa, ao mesmo tempo, que a espinha de peixe é o que nos faz engasgar, o que se atravessa na garganta de quem o saboreia, não se deixa deglutir nem digerir com facilidade.

E aí, de fato, se nos lembrarmos de que São Paulo complicou infinitamente o alcance e as consequências do apostolado ao exigir que este se estendesse para abarcar o "gentio" – isto é, na linguagem bíblica da época, para os não-judeus, também, sem acepção de raça ou origem –, a Boa Nova da Salvação que Cristo trouxera ao mundo, a qual, ao ver da ala seguidora do magistério de São Pedro, entendia-se unicamente com o "povo eleito" de Israel, se nos lembrarmos disso, digo, a frase do abade descreve perfeitamente as dificuldades, dores e aflições que o posicionamento de São Paulo acarretou para a cúpula da Igreja de Cristo, nos seus instantes iniciais de vida.

EDWARD LOPES

A ESPIRAL COMO FIGURA DO PERCURSO ENUNCIATIVO: SIGNIFICAR SIGNIFICA TRANSFORMAR

A segunda parte do título deste caquinho – significar significa transformar – pretende evidenciar o fato de que o mecanismo da significação é disparado pelo da percepção, que entra em jogo sempre que criamos diferenças a partir de identidades e/ou criamos identidades a partir de diferenças. E é isso que faz o sentido ser algo que está em transformação. Assim, *todo sentido está ao mesmo tempo certo e errado.* E aqui a segunda parte do título deste fragmento entra em conexão com a primeira parte dele, para falar da espiral como figura diagramática do percurso enunciativo. No mesmo ponto onde o sujeito operador (enunciador e enunciatário) alcança o ponto de chegada de uma primeira interpretação, atinge, também, o ponto de partida de uma segunda, sucedendo-se desse modo os ciclos interpretativos, que só não são os mesmos porque o segundo se situa num nível superior ao do primeiro. Os trajetos interpretativos, por não se repetirem, não descrevem a trajetória redundante de um *círculo*, mas, sim, a de uma *espiral* que nunca se fecha porque se ela começou a se debuxar em dado nível, vai desembocar no mesmo ponto onde começou, porém, já em um nível superior.

A trajetória da espiral que figurativiza a construção do discurso paralela à da construção do texto começa e termina, portanto, na instância infinita de todas as continuidades, onde a "origem" e o "fim" de um processo transformador se desvendam como míticas, não históricas, ou seja, fora das dimensões finitas (= descontínuas) da atorialidade, da espacialidade e da temporalidade do mundo. Evento histórico como qualquer outro, a construção dos eventos semióticos do discurso e do texto demandam uma instância infinita (contínua), e não retornam: ainda que se passe duas vezes pelo mesmo ponto de um objeto semiótico, esse ponto já não é o mesmo ao se retraçar pela segunda vez, porquanto ao se tornar a

242

PRENÚNCIOS E VESTÍGIOS

passar segunda vez por determinado ponto do primeiro ciclo, ao descrever a voluta de um movimento espiralado, no segundo ciclo aquele mesmo ponto se adianta de uma volta-de-parafuso sobre o primeiro lugar que ele ocupava, o qual foi deixado atrás como o pressuposto que passou a existir um nível abaixo desse outro que, "espiralando-se", o sucedeu e ultrapassou. É assim que o evento "espiralar" retorna, mas esse retorno não constitui um "regresso", constitui, ao contrário, um "progresso" – um ir para diante, na instância não dimensional do infinito.

A imagem da espiral que figurativiza o desenho traçado pelo movimento enunciativo que constrói o discurso e o texto serve para (i), visibilizar a impotência em que se acha o sujeito operador para dar à sua construção um ponto de partida e um ponto de chegada absolutos; e (ii) evidenciar do mesmo modo a impossibilidade de qualquer construto semiótico instituir-se como repetição absoluta de outro construto análogo; logo, (iii) nenhum discurso ou texto é completamente novo ou velho – ou (o que é outro modo de dizer a mesma coisa), todo discurso principia em outro discurso do passado e continua em outro discurso do futuro.

Como a significação comporta sempre uma imprecisão, um desvio – o sentido é na essência parafrástico –, o sentido de um enunciado (palavra, frase, discurso) é sempre outro enunciado (outra palavra, frase, discurso) que traduz o primeiro mais explicitamente. Daí, os fenômenos da significação estão sempre ligados à linguagem metassemêmica, à linguagem dos tropos, que é a retórica. Nessa perspectiva, a semântica é uma disciplina retórica: fora das metalinguagens artificiais dos socioletos de *métier* – as línguas das ciências, da medicina, das engenharias, da química etc., todas fabricadas para exprimir univocamente um único conteúdo, passar uma informação denotada, que no seu estatuto mais formal tende a reduzir os enunciados discursivos científicos a formulações matematizáveis e relações algébricas –, todas as demais línguas, gírias,

243

jargões, dialetos, idioletos, as próprias línguas naturais de que nos servimos, na qualidade de *sermo vulgaris,* veículos da comunicação informal, falada no dia a dia na qualidade de, tão só, um instrumento utilitário, são línguas conotadas, que exprimem uma pluralidade de sentidos cujos contextos de ocorrência se incumbem de coerentizar, denotando-os. Também desse ponto de vista, não importa o que digam ou sugiram os estudiosos da Estilística quando trazem à baila os célebres desvios por intermédio dos quais explicam tudo, na realidade, não existe "palavra própria" nem "linguagem branca", "em grau zero".

DISCURSO/TEXTO (PARAFRASEANDO ZILBERBERG, APOIADO EM SAUSSURE)

O plano de expressão de um discurso é portador de valores – ou "valências", na acepção de Tesnière – por ser composto de termos constituintes (funtivos), mas não de significados (pois estes só existem como plano de conteúdo do signo e do texto constituído após a leitura, pela interpretação dos valores, operada pelo leitor).

relato (isso) : **correlato (aquilo)** : : t. posto (=pressuponente) : t. pressuposto
tópico (aqui)   diatópico (lá)
crônico (agora)   diacrônico (então)
valores atualizados   potenciais
postos   pressupostos*

Os *relata*, por conter valências (valores potenciais, de um pressuponente), são termos conotados, abertos para *n* possibi-

---

* Valores pressupostos são valências potenciais do nível imanente, atualizadas em outra parte do discurso; os valores postos são valências explícitas que atualizam, no nível de manifestação, os valores pressupostos em outra parte do discurso.

lidades no devir; os correlatos contêm um só valor atualizado como termo pressuposto, denotado, pelo contexto narrativo.

A correlação (*relatum* + correlatos) constitui um *contexto*, que é a unidade de sentido narrativo dentro de um processo.

Cultura afro-brasileira (I)

Os brasileiros, como os africanos que os criaram ao peito, creem na eficácia dos feitiços e do diabo, mas desconfiam do poder das preces e da competência de Deus. Cultivam mais a boa pitança do ebó e o despacho na encruza do que o jejum e o latinório da oração no altar. Que a umbanda e o candomblé tenham mais adeptos do que a missa e a homilia católicas se compreende: enquanto as liturgias cristãs prometem remédios para todos os males do mundo depois da morte, os ritos afros os remedeiam com uma boa mandinga aqui mesmo na terra – aqui e agora. Compreende-se: é isso que interessa a qualquer um de nós: seu eu-aqui-e-agora. Foi por isso que também compreendi a bela compreensão que demonstrou ter dessas coisas um caro amigo meu que, perguntado num programa de entrevistas da tevê daqui de Ribeirão Preto se tinha ou não alguma religião, autodefiniu-se exemplarmente:

– Claro que tenho. Sou ateu católico.

E explicou que era brasileiro e, a esse título, sabia-se católico como qualquer um de nós, visto que o catolicismo constitui um substrato ideológico – ou doxológico – inseparável da cultura nacional (e eu me lembrei de um bispo que, anos atrás, afirmava a respeito do presidente da época, "o Lula não é católico; o Lula é caótico"; tá bom). Agora, a razão pela qual meu amigo se dava por ateu, o entrevistador não perguntou – terá sido por considerá-la óbvia demais?

EDWARD LOPES

Por que no Brasil não há filosofia

É que trópico e metafísica são incompatíveis. Onde o sol reluz, a filosofia embaça.

Ou, como filosofava Manezinho Araújo na velha embolada,

"feijão com couve que talento pode dar?"

Brasil, terra cordial

Leio que Lampeão, o governador do sertão, como ele se intitulava, teria matado 1600 pessoas. Como diz a garotada, hoje: menos, menos. Bom. Ponhamos 10% disso: de qualquer modo, enquanto o maior pistoleiro do *wild west* norte-americano em seus tempos de glória, Billy the Kid, deu repouso eterno a 22 fregueses, Lampeão botou debaixo de sete palmos de chão a uns 160 (mais uma vez os EUA se curvaram diante do Brasil).

Perto de Lampeão, Billy the Kid foi só um congregado mariano da fita larga.

O que condenou Sócrates

foi, aparentemente, como o próprio Sócrates diz em sua famosa fala, "descrer dos deuses em que a cidade acreditava"; há, todavia, no contexto de seu discurso final, razões para dizer que a causa real da sua condenação foi menos "descrer dos deuses" do que desobedecer às autoridades que obrigavam todo cidadão a crer nos deuses da cidade.

PRENÚNCIOS E VESTÍGIOS

De fato, na Grécia da época, o relacionamento do homem com a divindade era regido não pela fé, nem pelo sentimento individual – era regido pela cidade. Cícero preservou para nós um texto legal antigo que apresenta uma situação análoga, em Roma:

> *Separatim nemo habessit deos; neve novos, neve advenas, nisi publice adscitos, privatim colunto.* (*De legibus*, ii, 8.)
> [Ninguém tenha deuses particulares [no original: separados (subentende-se: dos da cidade)]. Venerem-se unicamente os deuses que sejam objeto de culto público, não as divindades privativas, as desconhecidas ["novos"], ou as oriundas do estrangeiro.]

A razão do aconselhamento é palmar: cultuar outros deuses que não os da cidade implicava romper com a comunhão que deveria existir entre o indivíduo e sua comunidade, infringir as leis e expor-se, portanto, às sanções previstas nos códigos legais para os apátridas e os infratores. A (aparente) liberdade de consciência, de pensamento e de culto são conquistas modernas.

MAS, COMO OS GREGOS SABIAM,

convém que evitemos nos pronunciar acerca dos deuses.

ARTE DE VIVER – IV

Me persuado de que quando Isaías (65: 1) se lamentava

> Fui achado dos que não me buscavam,

supunha que ninguém pode encontrar qualquer realidade se não se comprometer antes com ela. Por outro lado, se você assinar qualquer espécie de compromisso com a realidade, nunca mais topará com ela nos seus caminhos.

A actorialidade: a máscara (o ator), o eu e o outro

Por máscara entendo a representação que um eu que se oculta faz do outro (o papel representado) que ela revela diante do outro (o espectador), simulando exibir seu próprio rosto para melhor dissimular, através dessa ostensão, a ocultação da sua cara autêntica.

Daí as outras duas definições:

(i) ator – aquele que representa o outro, diante do outro;

(ii) espectador – o observador que se vê representado na performance do ator como um outro.

Logo, o ator é o sujeito que interpreta o espectador (real) como um outro (fictício). E como o ator-operador (da representação) é, ele também, ao mesmo tempo, um espectador – na realidade, ele é o primeiro observador da sua representação –, o ator-intérprete (operador) finge interpretar o outro, mas interpreta a si mesmo. *É o que faz de nós todos e de cada um de nós "uomini qualunque",* cidadãos civis, atores ontológicos e sociais.

Nesse jogo em que a realidade aparece travestida de ficção, *o único modo de mascarar a realidade consiste em revelá-la* (e vice-versa), exatamente porque ninguém acredita na realidade que se dá a ver.

A "actorialidade ontológica", dos indivíduos da vida social cotidiana, do "eu" que cada um de nós representa ser ao longo da sua vida de falantes, sujeitos que fazem enunciados, tanto quanto a "actorialidade semiótica", dos seres individuais feitos pelos enunciados (os quais contemplamos como "personagens" das artes do espetáculo, no teatro, na tevê, no cinema, nas histórias em quadrinhos, nos relatos narrados por todas as classes de discursos etc.), é isso: revelação daquilo mesmo que a actorialidade dá a ver em *espetáculo* (*in speculo*, isto é, espelhada na imagem refletida/invertida da cena), simulando e dissimulando a verdade através da máscara que exibe ostensivamente uma face dela – a face verossímil da simulação, que se vê como [(parecer verdadeiro) + (não ser verdadeiro)], para melhor ocultar, sob esse nível de manifestação, a face inverossímil da verdade que sob ela se suprime, na estratégia da dissimulação, ou seja, do que [(não-parece) + (é verdadeiro)]. No teatro, por exemplo, se faz, assim, a revelação das duas faces da "verdade simulada" do ator – que se dá a ver como "parecer o real" (= verossímil) na face ostensiva da máscara que lhe tapa o rosto –, e da "verdade dissimulada" – que não se deixa observar porque se suprime, "não-parecendo real" (= inverossímil), sob a face simuladora que a cobre.

Esse é o segredo do fascínio que o espetáculo exerce sobre nós: é que, mesmo de um modo caótico, confuso e difuso, intuímos que o ator representa o outro – ele próprio e nós mesmos, enquanto espectadores –, na máscara do "personagem" a que ele dá vida diante de nós: eu, que o observo de início como um outro diante de mim, de súbito me capacito, por um ato de consciência reflexiva, que *ao observá-lo me observo* (e aí já não tenho como ficar indiferente ao espetáculo uma vez que a única pessoa em que estou profunda e verdadeiramente interessado no mundo sou *eu-mesmo*).

Biografias etc.

tenho conhecido gente que aplica aos outros o que observou acontecer consigo mesmo. Renan, Taine e Sainte-Beuve, por exemplo, declararam sua crença de que, lá bem no fundo, o homem não muda e se conserva o mesmo durante toda a vida. Queriam dizer, na realidade, que, observando-se, e do seu ponto de vista, eles próprios não tinham se transformado no correr dos anos. Mas, se suas biografias servem para alguma coisa, elas dão o melhor desmentido disso; o que não é de admirar: sendo a existência humana um longo processo de aprendizagem de desilusão (que os puros ou mal intencionados chamam de "amadurecimento"), ninguém parte daqui do planetinha com toda a bola cheia, como chegou.

Outra coisa que me faz desacreditar por completo das Histórias da Literatura é o seu processo de valoração. As obras de arte não são comparáveis entre si porque não há duas delas que admitam o mesmo padrão de referência. Cada uma delas é um mundo à parte e, a seu modo, *inmejorable,* simplesmente porque elas são o que são, não o que deveriam ser. Além disso, se se admite boamente que não há, nunca houve dois homens iguais na face da terra, com muito maior razão se reconhecerá que inexistem dois artistas iguais a qualquer título que seja. Machado de Assis não é melhor do que Guimarães Rosa nem do que Coelho Neto: cada um é o que é – um ser diferente e insubstituível naquilo que ele faz, digno de respeito em seus próprios termos e que deve ser respeitado como tal, mesmo quando não se assuma nem se aceite pessoalmente o que ele faz.

É normal, contudo, que o leitor goste ou valorize mais um do que outro, e que as preferências em matéria de literatura se distribuam por classes de competências culturais, digamos assim. No Brasil, por exemplo, tudo leva a crer que a maior parte das pessoas que leram desde a infância tiveram tempo de interiorizar novos valores, diversificando sua competência e gosto, e que, ao cabo disso, se transformaram em leitores contumazes, hão de preferir Machado e Guimarães Rosa a Coelho Neto ou Paulo Coelho; este último, em troca, parece ser o preferido pela imensa maioria dos leitores eventuais, menos letrados ou assíduos, que buscam na obra apenas o entretenimento que dela possam extrair.

Quem sabe essas duas classes de leitores procurem na leitura objetos-valor distintos dos positivamente avaliados. Digamos, por exemplo, que os leitores habituais procuram saber o que são, o que é o mundo e a vida cotidiana – desideratos imbecis, lógico, porque implicam que lidemos com conhecimentos metafísicos que são, por definição, incognoscíveis, e que, além disso, requerem um tipo de discurso apto a penetrar a fundo numa problemática indecidível, mantendo, ainda por cima, aquele compromisso ético mínimo necessário para construir uma visão crítica da vida. Todo o contrário disso, digamos, é o que os leitores eventuais, de entretenimentos (logo, a literatura de massa), desejam obter. Em suma, eles não leem para penerar na vida e sair do mito, leem, quando o fazem, para sair da vida e entrar no mito, digo, para realizar um único projeto de fazer, que é o de se divertir e se distrair ("distrair", aliás, que vem de *dis – trahere*, levar para o outro lado, desviar, significa isso mesmo: sair do mundo problemático em que as pessoas todas vivem mergulhadas em seu dia a dia, para ingressar (= se entre-ter) em um outro mundo ideal, edênico (Éden = o mundo sem problemas), existente no mito, mas inexistente na realidade do mundo histórico).

E, fora dos moralismos inconsequentes, força é reconhecer que não há nenhum motivo real para que subestimemos ou superestimemos um desses projetos de ler, em detrimento do outro: aliás, mesmo que não se impliquem um ao outro necessariamente, divertir-se também faz parte de viver.

Papel do contexto no processo de significação

I. A. Richards sublinhou, na *Philosophy of Rhetoric*, a distinção que a Retórica antiga fazia entre o sentido próprio e o sentido figurado, no sentido de tropo retórico, não tem cabimento no nível da palavra. Para mim, também, consideradas em si mesmas, as palavras não têm significado próprio nem impróprio, porque o sentido é propriedade das unidades constituídas pelo discurso e (excetuado o caso dos monorremas, que já veremos como se formam), as palavras funcionam comumente como partes constituintes (não constituídas) dos discursos.

Independentemente de suas dimensões, a unidade S, o elemento-tipo do nível da língua, é formada por combinações de dois segmentos, s_1 *vs* s_2, elementos-ocorrenciais, constituintes de uma estrutura elementar do nível do discurso, um dos quais funciona, na leitura, como o segmento *relatum* tópico e crônico s_1 (= isto que eu, leitor, estou lendo aqui e agora como o termo-objeto s_1), funcionando o outro segmento como o segmento correlato, diatópico e diacrônico – aquilo que eu li, lá, em outro segmento discursivo, anterior ou posterior a s_1, como s_2, segmento correlato então (situado antes ou depois do segmento s_1) como s_2, segmento correlato de s_1 (isto é, relacionável com s_1 ou complementar dele)]:

Unidade Discursiva S

relatum-objeto tópico e crônico, s_1 .... + ... correlato diatópico, diacrônico s_2
   (isto que leio, aqui e agora, como)   (aquilo que li/lerei, antes/depois,)
(tópico do discurso, relaciona-se com o)   (atrás/à frente, como seu correlato)

Fig. 1a. A constituição, pela leitura, da unidade discursivotextual.

Vou me deter um pouco mais neste tópico para falar da metalinguagem utilizada nele, em relação com a noção no geral mal entendida de contexto.

Defino como contexto de um termo-objeto s_1, da estrutura elementar do nível inferior do discurso, s_1 *vs* s_2, o elemento S, unidade-tipo constituída do nível superior da língua, que tem s_1, a unidade-ocorrencial do nível do discurso, como sua constituinte.

Se se trata de saber, por exemplo, qual é o contexto do termo-objeto $s_1 = macho$, em dado segmento sintagmático de um discurso, diremos que o contexto de s_1 é a unidade-tipo S – *sexualidade*, pertencente ao nível "mais alto" da língua, da qual s_1 – *macho*, é um dos constituintes, no nível "mais baixo", do discurso (sendo s_2 – *fêmea*, o outro, isto é, o constituinte complementar, dentro de um universo semântico binário, fixado na estrutura elementar discursiva, s_1 *vs* s_2): como o conceito S, da *sexualidade*, é uma unidade-tipo da língua constituída pela conjunção de $s_1 + s_2$ – *macho* e *fêmea* –, S funciona como o contexto de qualquer um desses termos dentro de um segmento qualquer do discurso.

A leitura, o fazer interpretativo que ela no fundo é, se constrói através do mecanismo de rolagem das sucessivas contextualizações efetuadas com o emprego do processo aí descrito.

Ao correlato s_2 alguns autores chamam de referente de s_1. O referente é um interpretante contextual do *relatum* tópico. Ao espaço intradiscursivo de manifestação do referente chamamos de contexto.

Há mais de dois tipos de contexto, mas aqui só vou falar de dois:

(1) *o contexto posto* (do enunciado ou intradiscursivo), que se encontra manifestado no discurso, ao qual me referirei como contexto, mesmo;

(2) *o contexto pressuposto* (da enunciação ou extradiscursivo), que não se encontra manifestado no discurso mas é pressuposto pela própria existência dele (há enunciado? então, há enunciação). A esse me referirei como *contexto de enunciação* (ou, talvez, "cenário").

Para me referir a qualquer dos dois, indiferentemente, ou a ambos, conjuntamente, vou me valer do termo espanhol *entorno*, que se usa cada vez mais em português.

Isto posto, redesenharemos como segue a Fig. 1, acima:

Fig. 1b. A constituição, pela leitura, da unidade discursivotextual.

Destarte, a significação que constitui o *texto* é o produto do processo da leitura: o leitor vincula, ao ler, o *relatum* tópico – a cena que ele está lendo, aqui-agora – com um correlato diatópico – uma cena semelhante, lida atrás, anteriormente ou que ele virá a ler ainda, à frente, posteriormente; o sentido do que ele está a ler é dado, então, pela relação entre o que ele lê, no relato atual (aqui-agora), com o que ele já leu/virá a ler (lá-então), no correlato.

O "contexto" é sempre um lugar pertencente à ordem do discurso enunciado mas essa denominação é dada, às vezes, para o lugar da enunciação, concorrendo, então, com outros termos como situação ou contexto de ocorrência. A não ser, porém, que se trate de um lugar da enunciação enunciada, interiorizada no discurso, como, por exemplo, o diálogo entre atores de uma história, a aplicação do termo contexto para a enunciação não-enunciada será sempre abusiva, porque encerra uma contradição em termos: se uma enunciação não se exprimir por meio de uma descrição que a converta em enunciação enunciada ela permanecerá sendo apenas um pressuposto implícito do discurso enunciado, algo cuja existência se pode postular, porque a mera existência do enunciado posto implica a existência nele imanente de uma enunciação pressuposta, que é sua condição lógica de existência, mas que permanece sendo, a despeito disso, algo inefável, da ordem do que não se pode falar.

MAQUIAVEL: OS FINS JUSTIFICAM OS MEIOS

[...] afirma-se frequentemente que Maquiavel era um defensor da doutrina que os fins justificam os meios. [...] A verdade é que a sentença "os fins justificam os meios" nem mesmo consta de escritos seus, sendo encontrada algumas vezes em traduções, sem contudo, existir em seus originais. O tradutor tinha tanta certeza de que era isso que ele queria dizer que traduziu uma sentença que em italiano diz "toda ação é designada em termos do fim que procura atingir" com a significação inteiramente diferente de que "os fins justificam os meios". Aliás, a razão para Maquiavel não se exprimir desse modo é bastante clara. Ele não está de forma alguma interessado na justificação dos meios, pois considera-os como racionalmente destinados a chegar a um fim. Não cabem justificações – não são necessárias. No fundo, "justificar o que quer que seja só se torna um problema quando precisamos comparar essa racionalidade em termos da necessidade da situação com alguma convicção moral, religiosa ou ética", como assevera J. Friedrich ("Uma Introdução à Teoria Política", *O Pensamento Vivo de Maquiavel*, Martin Claret, p. 63).

ARISTÓTELES, CIENTISTA

"Todo corpo seco que se umedece e todo corpo úmido que seca engendram vida."

EDWARD LOPES

Torre de Babel

No discurso artístico todo mundo não é mais do que transparente pretexto para manifestar o único assunto em que o artista está deveras interessado, que é ele mesmo e suas circunstâncias (no sentido de Ortega y Gasset, suas *circum-stantiae,* as coisas que estão no entorno espaçotemporal de seu próprio eu). E só os brutos hão de pendurar culpas pelo exercício desse labor na aparência tão sibarita e alienada de autocontemplação do próprio umbigo, porque, tudo bem considerado, mirando-se no espelho e conversando em solilóquio, falando de si mesmo para si mesmo, o artista mais encastelado na sua torre de Babel não fala senão de todos nós para todos nós, isto é, do seu modo particular de ser o homem universal que ele é, que todos somos, pois que em cada um de nós reside por igual e por inteiro o enigma da existência de todos os seres humanos: bem feitas as contas, não somos, no fundo, mais do que o outro de qualquer outro, e nisso somos iguais.

Como deixou dito Borges, um só homem é todos os homens.

O naturalismo

é um ideologema que fundamenta a ideologia burguesa. Para a ideologia burguesa, não há signos, verdadeiramente – ou, se os há, eles não são culturais, não exprimem uma relação arbitrária, convencional, mas sim uma relação natural e todos nós somos, desde o nascimento, naturalistas também em matéria de linguagem – para todo mundo, o outro é que tem sotaque.

Como, porém, poderia existir qualquer relação natural, se não há relações na natureza, se as relações são produtos feitos pela Lógica linguística? Falar numa linguagem normal, com clareza definitiva é o grande objetivo da mitologia burguesa – porque no horizonte burguês não há história, há apenas natureza; e é por causa disso que a linguagem da burguesia apresenta-se, para eles, como a única linguagem natural.

Jorge de Montemor

português de boa cepa, de quem os espanhóis se apropriaram mediante o expediente de o redenominar Jorge de Montemayor, é, como se sabe, o autor da *Diana,* a obra-prima que inaugura um novo ramo da literatura europeia, o do romance pastoril. Mesmo depois de 700 anos de publicado contém versos com o frescor destes:

> Suspiros, minha lembrança,
> Não quer, por que vos não vades,
> Que o mal que fazem saudades
> Se cure só co'a esperança.
>
> A esperança não me val
> Pela causa que ela tem,
> Nem promete tanto bem
> Quanto a saudade faz mal;
>
> Mais que amor, desconfiança
> Me deram em tal quantidade
> Que nem me mata a saudade,
> Nem me dá vida a esperança.
>
> Errarão se se queixarem
> Os olhos com que eu olhei
> Por eu me não queixarei
> Enquanto os seus me lembrarem.
>
> Nem poderá haver mudança
> Jamais na minha vontade,

Inda me mate a saudade,
Inda me deixe a esperança.

(J. de Montemor, *Sétimo Livro de Diana.*)

Toda viagem é de volta (Guimarães Rosa)

– só que ninguém volta, nunca: aquele que partiu como um eu, volta transformado no outro. Assim, Ulisses, que parte como rei de Ítaca, retorna à terra natal como um náufrago, um pobre mendigo. Do ponto de vista dos desterros que nossas amadas nos mandaram fazer na terra dos homens, ninguém volta jamais, que este aqui é um mundo de ir para a frente, com o apoio entusiástico do pescoção e do pé na bunda. Agora, do ponto de vista das viagens transcendentais, na terra das divindades, toda viagem de cá para lá ou de lá para cá é viagem de volta.

"Sacudir a árvore", outra vez,

"para que caiam as folhas secas", é um magnífico conselho de Chaplin. Mas, meu Deus, como é difícil ter a coragem de sacudir mesmo as folhas secas da última árvore que nos resta, por saber agora o quanto fomos idiotas durante todos aqueles tempos em que, por mero descuido nosso, íamos deixando cair ao longo da estrada quase tudo o que amávamos…

O patrono dos homens de letras

Alguém me explicou outro dia que fizeram de São Jerônimo o patrono dos homens de Letras. Então passei a compreender por que o bom Deus lhe deu um belo leão dourado para acompanhá-

PRENÚNCIOS E VESTÍGIOS

-lo na sua toca, na montanha. Na verdade, porém, essa não era uma notícia nova para mim – há que tempos que eu sabia disso. Ocorrera, apenas, que, por algum motivo que não me explico, com o passar dos anos eu tinha dissociado as figuras de São Jerônimo e de Xangô, que, no fundo, são imagens diferentes da mesma entidade, que pode compreender, ainda, São Pedro e São Judas Tadeu, dos quais sou filho muito agradecido, embora negligente. Agora que torno a unificá-los, acho que nunca houve melhor escolha do que o dos membros dessa parceria, do santo com seu segurança, quero dizer, sua fera da guarda.

Gosto de São Jerônimo, não me importo que ele sempre me intimide um pouco deitando uma sabença que não compreendo, em seus escritos; mas, a Xangô (em quem, paradoxalmente não vejo o intelectual, vejo – que o santinho não me leve a mal – o camaradinha de entornar comigo um alegre capilé, num pé-sujo da zona), a Xangô, eu compreendo e amo – sua bença, cabecila!

Tomo da imagenzinha do santo cristão que trago aqui, na prateleira dos livros sobre minha cabeça e fico a observá-los, a ele e a seu belo cambono, embevecido. No fundo de seu doce olhar com icterícia, o leão mira em zarcão o dono que, sentado na sua pedra, à porta da caverna, resmoneia entre dentes o enunciado que acabou de encontrar em latim vulgar para traduzir os gregos da Escritura – e lá vai ele deitando com pachorra, os entendidos do povinho do céu, bem de espaço (o vagar da pressa nenhuma, vejo-o na letra caprichada), no grosso livro em que faz ranger a pena, apoiado em seus joelhos.

Considerando-os assim, nessa camaradagem de bons amigos, não sei quem custodia e quem é o custodiado. Não sei tampouco qual possa ser o significado profundo dessa união de meu santo de cabeça com o rei das selvas. Sei, só, que, ao lado dele, o felino não morde, não unha nem urra, se comporta como um pacífico felino doméstico e, no seu bem à-vontade, nem parece estar montando guarda. Gosto mais de pensar que juntaram os quatro, o santo, o leão, o livro e o ermo, para mostrar que, enquanto houver tanta harmonia mesmo em meio a tanto ato disparatado, o mundo está como Deus gosta, *hecho y derecho*.

Marx

areou o latão de lixo da História raspando dele os últimos vestígios do mistérios da vida, da dor, do amor, da morte, fulminou a religião na sua qualidade de ópio do povo, mas acabou por se transformar no profeta de uma nova religião bem temperada com sua pimenta dialética e com São Proletário que há de vir no dia do Advento feito o Salvador dos pobres do mundo. Pelo andar da carruagem, a Coca-Cola Incorporated acabará patrocinando o evento.

Por que os ovos cozinham?

Um opositor de Galileu, o padre jesuíta Horácio Grassi, do *Collegio Romanorum* (projetou um submarino e executou o plano da Igreja de Santo Inácio, em Roma), autor de *Balança Astronômica e Filosófica,* publicou um trabalho contra Galileu, usando o pseudônimo de Lothario (anagrama de Horácio) Sarsi (anagrama de Grassi) Sigentano. Nele, Sarsi defendia sua causa com um argumento baculino pra lá de biruta, citando um lexicógrafo grego do século X para afirmar que os babilônios coziam ovos fazendo-os girar velozmente no ar, por meio de uma funda. O disparate deu a Galileu a oportunidade de esmerilhar seu opositor, por meio de um parágrafo hilariante:

PRENÚNCIOS E VESTÍGIOS

Se Sarsi quer que eu acredite com Suidas que os babilônios coziam os ovos fazendo-os girar velozmente em fundas, assim farei; mas devo dizer que a causa de tal efeito era assaz diversa do que ele sugere. Para descobrir a verdadeira causa, raciocino assim: "Se não executamos um efeito que outros obtiveram antes, deve ser porque nas nossas operações carecemos de alguma causa que produziu o êxito deles. E se há apenas uma causa única de que carecemos, então essa, por si, pode ser a verdadeira causa. Ora, não carecemos de ovos, nem de fundas, nem de homens robustos para fazê-las girar; contudo, os nossos ovos não ficam cozidos, esfriando, apenas, se estiverem quentes. E visto que de nada carecemos, senão de ser babilônios, ser babilônio é a causa do cozimento dos ovos, e não a fricção do ar. (Galileu, *Il Saggiatore, apud* Arthur Koestler, *Os Sonâmbulos. História das Concepções do Homem sobre o Universo,* São Paulo, Ibrasa, 1959, p. 328.)

HEGEL

Alles endliche ist dies, sich selbst aufzuheben, "tudo o que é finito pode se autossuperar" – será que foi o bom do Hegel que contagiou a todos com essa paranoia da autossuperação?

METAMORFOSES DAS FIGURAS DO TEMPO (NOTAS PARA UMA POÉTICA DO FRAGMENTO)

> *Je cherche, ô Père, je n'affirme pas...*
> *[Estou procurando, Pai, não afirmando...]*
> (Santo Agostinho)

Há inúmeros modos de existência da figura – potencial, atual, realizada, virtualizada – mas quero me referir aqui, primeiramente, à figura-tipo. Para os propósitos que temos em mente, vamos concebê-la como a imagem-tipo relativamente invariante, vigente num código figurativo estocado na competência dos membros de uma comunidade como o esquema de entendimento, o simulacro a realizar de infinitas figuras-ocorrenciais, presentes como cópias mais ou menos variáveis da figura-tipo, em dado segmento de um discurso, em seu nível de manifestação. A figura-tipo constitui, pois, um programa figurativo construído pela operação de reduzir à condição de modelo abstrato paradigmático uma grande quantidade de n figuras-ocorrenciais encontradas em n discursos do passado, já realizadas quer como simulacros semióticos de "coisas-do-mundo", atores, espaços, tempos, sistemas e processos encontrados no mundo físico da matéria, quer como simulacros de atores, sistemas e processos que não existem na realidade do mundo físico, fenomênico, mas existem no microuniverso imaginário de uma cultura, atores, circunstâncias, seres e fazeres de seu universo mítico ou ideológico, como, por exemplo, Júpiter, Hércules, Drácula, Fabiano (de *Vidas Secas*), a terra do Mágico de Oz, o sertão de *Vidas Secas* etc.

A figura-tipo nos permite conhecer um objeto desconhecido por meio do processo da analogia, ou seja, pela semelhança mimética que essa figura manifestada – que denominamos de figura-ocorrencial – apresenta quando comparada com o modelo competencial que ela imita. Assim, ao mesmo tempo que a figura-ocorrencial atualiza uma cópia do modelo da figura-tipo de sua classe, cópia essa que não será nunca idêntica ao modelo competencial invariante, pois que sua atualização se fará sempre em segmentos que ocupam diferentes posições no discurso, as quais determinam as variações contextuais que se imprimem em cada figura-ocorrencial atualizada, ela se converte em um análogo de qualquer outra figura-ocorrencial proveniente do mesmo paradigma, pois que elas se irão localizar em outras posições sintagmáticas do mesmo discurso, ou em outro discurso. As figuras são, por isso, operadoras de reconhecimento de fragmentos de discursos cuja integralidade o sujeito competente esqueceu.

Elas funcionam como *vestigia* que operam a inserção das imagens do passado no presente, compondo microrrelatos memorizados (memoriais). E como tudo o que recordamos é pessoal, e tudo o que é pessoal é vivido por nós, sentida e intensamente, os microrrelatos memoriais são passionais e difusos: a memória é a faculdade que faz com que o passado continue vivo no presente (lugar-comum exemplar, irresistível: a cena da *madeleine*, em Proust).

Como G. Poulet nos ensinou a ver há muito tempo – creio que no *Temps Humain* –, também eu penso na memória como a faculdade não de recordar o que já passou, mas, sim, de recordar o que ainda está passando dentro daquilo que já passou. E essa articulação entre uma figura-ocorrencial *relatum* (a do fato de lembrar em que penso como "este acontecimento que estou vivendo aqui e agora é uma recordação de...") e outra figura-ocorrencial, sua correlata (o acontecimento em que penso como "... recordação daquele acontecimento análogo, que vivi lá (naquele espaço em que eu vivia), então (naquele tempo passado), é o que dá sentido ao que vivo hoje, convertendo-a em um texto vital – o texto da minha vida:

Texto Memorial

Relatum tópico e crônico	*vs.*	Correlato diatópico e diacrônico
↓		↓
Isto que estou vivendo aqui e agora é uma lembrança...		de um fato análogo, que vivi em outro espaço e outro tempo (lá--então)

Contrariamente à crença comum, penso que, na verdade, nada passa; dito de outro modo, creio que tudo passa para dentro da gente, onde permanece de algum modo, como experiência de que tenho consciência ou como experiência que, ao interiorizá-la em minha intimidade, como ocorre com tudo o que interiorizamos, tornei inconsciente; assim, nas sábias palavras de Unamuno, creio que *lo que pasa, queda.*

A diferença

une e a igualdade diferencia.

Receita de Helmont

Tomem-se uma camisa suja e uns grãos de milho. Coloquem-nos em um pote e deixem que fiquem ali vinte e um dias. O resultado será uma farta messe de camundongos (Receita de Helmont para gerar camundongos).

Racismo

Apesar de sermos tão racistas quanto qualquer outro povo, o brasileiro, perguntado, dirá que não tem preconceito: racismo, aqui na terrinha, é como sotaque: quem tem é o outro.

Recebido do Dr. Thomaz Moreira Rizzo, por e-mail

Avisos paroquiais fixados nas portas de igrejas, todos autênticos, escritos com boa vontade (e má redação):

Quinta-feira que vem, às cinco da tarde, haverá uma reunião do Grupo de Mães. Todas as senhoras que desejam ser mães do Grupo, devem dirigir-se ao escritório do Pároco.

PRENÚNCIOS E VESTÍGIOS

*

Prezadas senhoras: não se esqueçam da próxima venda para beneficência. É uma boa ocasião para se livrar das coisas inúteis que há na sua casa. Tragam os seus maridos!

*

Assunto da catequese de hoje: "Jesus caminha sobre as águas".

*

Assunto da catequese de amanhã: "À procura de Jesus".

*

O coro dos maiores de sessenta anos vai ser suspenso durante o verão, com o agradecimento de toda a Paróquia.

*

O mês de novembro finalizará com uma missa cantada por todos os defuntos da Paróquia.

*

O torneio de basquete da paróquia vai continuar com o jogo da próxima quarta-feira. Venham nos aplaudir: vamos derrotar o Cristo Rei!

*

O preço do Curso sobre Jejum não inclui a comida.

*

Por favor, coloque as suas esmolas no envelope junto com os defuntos que desejam ser lembrados.

*

Meu Deus! Que tipo de broca estará fazendo essa maldade com as cacholas clericais?

POÉTICA DO FRAGMENTO

Numa das citações de Santo Agostinho, "[...] quando narramos fatos verdadeiros mas passados [...]" – Santo Agostinho distingue os diferentes papéis do corpo material – "os sentidos" pelos quais passaram as informações das "coisas que já estão passadas" – e do espírito – a mente na qual se "gravaram" as imagens ou figuras de tais coisas –, contrapondo, de quebra, a fugacidade das impressões sensoriais recebidas pelo físico à perenidade das imagens (do "carimbo") que elas deixaram gravadas no espírito.

Esboça aí o Santo as grandes linhas de uma poética do fragmento, na constatação de que aquilo que passa pela temporalidade material do corpo, sem excetuar nem mesmo os precários conhecimentos e forias que a carne nos brinda, ingressa no círculo das transformações incessantes até se converter, próximo do fim, em fragmentos – pedaços, vestígios, sobras, restos do que fomos, os deixados do corpo, enfim, herdados pelo espírito. Mas perdura aí, nesse amálgama imperfeito de que somos amassados, entre corpo e espírito, digo, um desencontro irredutível, posto que, mesmo coabitando no mesmo ator, um e outro se situam em cronias diferentes. O fragmento que é matéria, tocado pelo homem, adquire também, como que por contágio, o seu espírito. E enquanto que a marca da espiritualidade, já que o espírito não nasce nem morre aqui, imerge na atemporalidade contínua e infinita do devir, instância ideal das não-transformações – só é infinito o que não tem começo nem fim –, a marca da corporalidade, que tem origem no tempo histórico, é sua descontinuidade e finitude inelutáveis: tudo o que nasce no tempo, no tempo está condenado a se transformar e a morrer.

Assim, também, o fragmento, que subsiste a cavaleiro desses dois domínios, se transforma no tempo, como o corpo, para morrer, mas, concomitantemente, permanece imutável no devir (como o que, em espírito, foi é e será o mesmo) para viver.

O fragmento se faz, por conseguinte, o lugar de confluência da vida com a morte, o espaço dos embates de algo que falta para preencher esse abismo da ruptura intransponível aberto entre a vida e a morte, e empreender, tateando-as de um e outro lado, a

PRENÚNCIOS E VESTÍGIOS

busca em que se resume toda a vida do homem, a busca daquilo que na procura mesma se afirma como falta – a Falta, a figura-tipo que manifesta a supraconsciência da descontinuidade existente na disjunção de um sujeito do querer com o seu objeto de valor, o ser que é por ele querido, esse ser que lhe falta porque o homem o busca sempre no outro. E por ser assim, isso que ele busca como o supremo objeto-valor de sua vida, ele busca em vão: isso, precisa e inflexivelmente lhe há de faltar a vida inteira. Sim, meus irmãos, em procurarmos sempre, todos, ao modo do ser (não ao modo do parecer), a mesma coisa que nunca teremos: o que cada um de nós procura é, no fundo, o outro do outro, que é o eu-dele-mesmo, do sujeito que procura, o eu-mais profundo de si-mesmo que nenhum outro sujeito lhe poderá dar jamais, porquanto só ele, sujeito que procura, o possui, dentro de si mesmo – mais ninguém.

Não debalde o latim *quaero*, de onde retiro o meu "querer", tem a mesma origem de *quaesitum*, a palavra que designa ao mesmo tempo, ambiguamente, uma *demanda por justiça*, que é um *problema* e uma *busca* – é que *quaerere* é a figura que materializa no presente, sob uma forma espacial, a figura temporal da Falta – da morte do corpo que se embute no menor fragmento que enxergamos – nas cascas de pão, sobre a mesa do refeitório, como no refeitório do convento de Zurbarán, na cadeira vazia sob a luz triste da lâmpada no solitário quarto de Van Gogh, no irremediável que se imprimira no pedaço de bilhete dela a chamar Jorge para o encontro, na mancha de vinho na toalha, na do batom no lenço, na pegada de Sexta-Feira na praia de Robinson Crusoé, na cicatriz na perna de Ulisses, nos palitos de fósforo no poema de Vallejo... a Falta, enfim, de todos os fragmentos que também nos fragmentam porque não são "restos" (coisas desprezíveis e de valor irrisório), são, isso sim, "sobras" (quer dizer, coisas demasiadas e excessivas), a perguntar *où sont les neiges d'antan?*

267

EDWARD LOPES

Descoberta de Virgílio

"As abelhas são geradas nas entranhas putrefatas de um touro jovem."

Uma do Agrippino

Agrippino Grieco, agradecendo o livro que recebera de um autor brasileiro, disse desejar "que traduzam seu livro para várias línguas, inclusive o português".

Pai sábio, filho abestado

Sei lá por quê, boa parte dos grandes homens gerou filhos desparafusados. Péricles foi pai de dois patetas, Parallas e Xântipo, Sófocles procriou um ruminantezinho voraz – bom para patrono dos vegetarianos – que lhe aparava a dentadas secas a grama do jardim onde pastava. Marco Aurélio foi o genitor de Cômodo, beldroega chapado. Germânico produziu Calígula que nomeou o próprio cavalo senador do Império (e Suetônio dá a entender não ter sido o solípede o parlamentar que mais relinchava naquela legislatura). O filho de Goethe babava, o de Napoleão tinha acessos de fúria porque nunca chegou a compreender como é que um mais um não fazem um, e o de Shakespeare era um parvo que ficou três dias empacado diante do primeiro degrau porque Julio Cortázar ainda não tinha nascido para ensiná-lo a subir uma escada.

Fatos

são algo *dado*; ora, não existe nada *dado; ergo,* não há fatos.

PRENÚNCIOS E VESTÍGIOS

A leitura e a construção do texto

Tomemos um discurso que principie assim:

a) enunciados do discurso-objeto (que se quer interpretar), do enunciador:

Disse o rei ao jovem príncipe:
– Não saia de casa, não atenda se alguém chamar, nem abra a porta para ninguém.

Se pedíssemos a uma classe de alunos que fizesse uma reprodução oral – isto é, uma paráfrase – do que cada um deles compreendeu do período acima, certamente a maioria o resumiria em um enunciado semelhante ao seguinte:

b) enunciado parafrástico do enunciatário (= pré-texto): "O rei proibiu seu filho de sair de casa e de receber visitas".

Observe que o enunciado parafrástico é um pré-texto discursivo, que prafraseia apenas o *relatum* ocorrencial, desconsiderando suas relações com qualquer outro segmento do contexto. Transformado o discurso-objeto em pré-texto, resta ainda ao destinatário assumido pelo leitor a tarefa de restabelecer as relações bilaterais do pretexto-*relatum* com seus contextos de ocorrência, a fim de transformar esse pretexto em texto narrativo – só é narrativo o discurso que narra uma história que tem começo, meio e fim, isto é, na qual cada segmento-objeto focalizado (cada pré-texto) tem de ser interpretado como o funtivo *relatum* s_1 de um outro funtivo correlato, s_2, de conteúdo semelhante a s_1, e que se encontra em outro contexto, retrospectivo (dado no espaço atrás, que foi lido /antes/ do *relatum*) ou prospectivo (dado no espaço à frente, que será lido /depois/ do *relatum*).

Embora parafrástico em relação ao discurso-objeto, o pré--texto modifica o trecho que deve interpretar, acrescentando-lhe parte de um conteúdo que o original não tinha ou apagando parte do conteúdo original: embora parafrástica, a paráfrase é uma interpretação e toda interpretação é transformadora do interpretado. Assim, "o jovem príncipe" cujo pai o discurso-objeto não menciona explicitamente, foi interpretado, no pretexto, como sendo "o filho do rei que falou" (mas esse príncipe poderia ser filho de outro rei, ou não ser, em absoluto, um príncipe, mas, simplesmente, uma pessoa apelidada, irônica ou carinhosamente, de "príncipe" etc.).

O próprio segmento-objeto se faz ambíguo ao admitir uma dupla interpretação, pois que a advertência

> Não saia de casa, não atenda se alguém chamar, nem abra a porta para ninguém.

poderia significar, num conto A, uma PROIBIÇÃO, se ela estiver localizada no início de uma narrativa, sem qualquer outra função antecedente, num contexto em que se informe que o rei ia viajar e enunciou essa advertência a fim de proteger o filho que, sem a presença protetora dele, ficaria desamparado – e aí teríamos parte de um TEXTO$_1$, LITERAL – quanto pode significar, num outro conto, B, uma PUNIÇÃO, se esse enunciado estiver descrevendo, no estado final da narrativa, a sanção negativa que o rei impôs a uma desobediência anteriormente praticada pelo príncipe, que violou uma regra (no caso, uma interdição) imposta pelo pai – e aí teríamos parte de um texto diferente, TEXTO$_2$, também literal.

MEMÓRIA E IMAGINAÇÃO NA CONSTRUÇÃO DO DISCURSO

Qualquer estudo sobre o papel da memória e da imaginação na construção do discurso e do texto deveria partir dos seguintes postulados quase axiomáticos:

1) Nem a memória nem a imaginação causal podem atuar sozinhas. Ambas são faculdades da competência do narrador e do narratário e funcionam em colaboração;

2) As duas faculdades devem ser abordadas no interior de uma teoria narrativa concebida nos termos de um modelo em níveis.

3) O primeiro papel da memória e da imaginação parece ser o de efetuar o "tratamento da informação" veiculada pelo discurso que a codifica no *relatum* tópico e crônico, que é a forma pela qual se manifesta no presente da leitura – em sincronia – a informação diacrônica, recrutada no passado e no futuro da mensagem. Por duas razões: (a) o que ocorre no presente que vivemos tem de ser correlacionado no eixo da causalidade com o que já ocorreu antes e com o que se espera que vá ocorrer depois, para ter "sentido histórico", isto é, coerência; (b) porque, como disse Santo Agostinho, "o passado existe agora", "o futuro existe agora";

4) A informação pertinente (a ser retida pelo consciente) surge duas vezes ao menos na mesma mensagem: ela surge uma primeira vez em seu contexto de atualização, quando é selecionada no eixo paradigmático, sob a forma de "informação-tipo" (= modelo de uma classe de informações comparáveis porque semelhantes entre si), e surge uma segunda vez no *relatum* tópico e crônico (do presente)

4a) ou como lembrança, depositada num segmento correlato (= análogo), diatópico, diacrônico (do passado), recuperada presentemente pela memória como "isto que estou lendo neste relato presente, aqui e agora, é semelhante àquilo que já li num segmento correlato, no passado deste mesmo discurso, lá atrás, então" (= naquele tempo em que eu o li),

4b) ou como previsão, informação antecipada pelo leitor que, conhecendo a lógica dos *cursos* dos possíveis narrativos, cobre de antemão, pela imaginação, o eixo da causalidade que preside à história, associando ao *relatum* do presente, "isto que estou lendo neste relato presente, aqui e agora, é semelhante àquilo que ainda vou ler num segmento correlato, que contém sua contraparte futura deste mesmo discurso, lá à frente, então (= naquele tempo em que eu vier a lê-lo, na forma de um segmento correlato do futuro, antecipado pela causalidade que rege a "lógica dos possíveis narrativos".

5) No nível de manifestação, a informação atualizada pela enunciação na forma de figuras e configurações só pode ser compreendida depois de ser parafraseada pelo anunciatário na forma resumida das funções e dos temas de uma história que são registrados e estocados na competência como funções, unidades do nível narrativo, a estocar na competência do leitor.

6) Nem a memória nem a imaginação causal podem, pois, atuar sozinhas.

A FIGURA NÃO É SÓ UM ATOR, UM SER,

é também um *fazer,* uma atividade – tem de ser, ou não poderia produzir o efeito de sentido *"realidade".*

TOLICE E IGNORÂNCIA

Concordo com o sujeito (quem foi?) que primeiramente observou que ninguém é tolo por ignorar o que é uma mulher, mas por supor que sabe o que ela é. Mas, por que parar na mulher se isso se aplica igualmente ao homem?

PRENÚNCIOS E VESTÍGIOS

Os avatares dos reformadores da gramática

O Dr. Castro Lopes, autor de dois estafados catataus, *Barbarismos Dispensáveis* e *Neologismos Indispensáveis* (Rio, 1889), que tinha horror a estrangeirismos (leia-se: aos *Barbarismos Dispensáveis*), mas não a babaquices crioulas (os *Neologismos Indispensáveis*, dele, claro), desejoso de despiolhar o pátrio xarabiá, recomendava a substituição daqueles por uma farta messe de produtos da sua própria lavoura. Fosse ele nomeado ministro da Educação da Carijolândia, baixaria um decreto no qual certos barbarismos seriam substituídos pelos seus "neologismos indispensáveis". Exemplos: *pince-nez* seria substituído por *nasóculos; nuance* por *ancenúbio; réclame* por *preconício; abat-jour* por *lucivelo; ouverture* por *protofonia; parvenu* por *plutenil; futebol* por *ludopédio; carnet* por *coribel; turista* por *ludâmbulo* e por aí disparatava. Santo Hermenegildo!: o benemérito pai da palavra só se esqueceu de alguns detalhes: a grande maioria dos galicismos que ele queria expatriar eram na Carijolândia de sua época moeda corrente não só na escrita e na fala da camada letrada como, até, em boa parte da camada iletrada da população – os "arrivistas" (outro galicismo!), aí, eram os neologismos que ele pretendia impor.

Por outro lado, se todo mundo sabia bem o que significavam *pince-nez, nuance, réclame, abat-jour, turista, futebol, carnê* etc., em nenhuma cachimônia exceto a do excelente higienista do vocabulário tinha penetrado, ainda, que diabo de coisa poderiam querer dizer *nasóculos, ancenúbio, preconício, lucivelo,* e assemelhados. E, finalmente, mau gosto por mau gosto, melhor as produções nativas espontâneas dos usuários da crioula "flor do Lácio" do que a porqueirada existente só no bestunto do Dr. Castro Lopes.

Rodrigo Octávio, que o conheceu em vida, lembra que esse neologista viveu vida atribulada, roendo uma beirada de sino (Graciliano diria, com sua língua grossa, "não tinha merda no cu que periquito roa", mas eu que sou biscoito fino, não digo), a vida toda. Um dia, porém, nunca se apurou por qual reviravolta da caprichosa roda da Fortuna, o inventor desse cabuloso *dicionovário* (Millor Fernandes) anoiteceu desguaritado, mas amanheceu senhor de um magnífico prédio, em lugar privilegiado do Rio. No frontal de sua mansão alçava-se um escudo em cujo centro o bom homem fez gravar, em diagonal, uma misteriosa divisa consentânea com o seu ideário, *Solus Deus...* Papa fina, que a malta tapada do bairro interpretava, com verve carioca, como confissão explícita de que *só Deus mesmo* poderia ter operado o milagre de fazer um pobrete de Jó como o Dr. Castro proprietário de tal palácio, da noite para o dia. Aí, tinha... (Se meu avô tivesse conhecido o doutor, ia decerto roncar, no caçanje que aquele castelão exorcizava, "fio, tu não tem galinha e vende ovo?").

Pinto de Carvalho, Sena e Greimas

Não posso me deparar com o nome desses meus mestres que não me recorde do terceto de Dante,

Facesti come quei che va di notte,
Che porta il lume retro e sè non giova,
Ma dopo sè fa le persone dotte.

(*Purg.,* XXII)

Como traduzir? O caçanje menos acabrunhante que achei, abrindo mão da mínima veleidade poética, foi

Fizeste como aquele que à noite sai
Levando atrás a luz que não lhe vale,
Mas ilumina a quem empós lhe vai.

Sempre sonhei em ser professor – ginasial, colegial ou universitário, qualquer um. Mas só comecei a levar a sério a possibilidade de fazer uma carreira universitária a partir da generosidade de dois extraordinários mestres portugueses, Antonio Pinto de Carvalho e Jorge Cândido de Sena.

O primeiro – a quem devo, também, o meu amor pelo Latim – foi Pinto de Carvalho. Era 1958 e eu era seu aluno, no 2º ano de Letras Anglo-germânicas da Faculdade de Filosofia de São José do Rio Preto, ainda municipal – escola paga, naturalmente. E eu, que sempre fui um pronto, mas acabara de entrar no Banco do Brasil, em 57, fiquei tentado a investir o pouco dinheiro que recebia do salário inicial do banco, no casamento, não nos estudos. Quis, portanto, desmatricular-me. Quando Pinto de Carvalho soube disso, chamou-me à Diretoria e fez de tudo para dissuadir-me do projeto besta – prometeu, inclusive, colocar-me, assim que eu concluísse o 3º ano, como professor de Teoria da Literatura. No intervalo disso, contudo, eu continuava a ser um duro, sem dinheiro para levar adiante dois projetos dispendiosos: resolvi casar-me e adiar os estudos. Mas nunca esqueci que o querido Professor foi o primeiro que aventou a possibilidade concreta de abrir-me as portas da Universidade – e, por isso, sempre fui, sou e serei sempre grato a ele.

Anos depois, a mesma Faculdade virou estadual e gratuita. Não tendo de pagá-la, retornei a ela, desta vez para o setor de Letras Neolatinas.

Em 1964, Jorge de Sena, que era, então, Professor de Literatura Portuguesa na Faculdade de Filosofia, Ciências e Letras de Araraquara (Governo do Estado), foi dar dois cursos – dessa disciplina – aos alunos da graduação, e de Teoria da Literatura, como Curso de Extensão, aberto a alunos e professores. Foi então que nos conhecemos, através das duras provas que ele exigia nos dois cursos (eu era, de novo, aluno do 2º ano de Literatura, mas, depois de atribuir-me a melhor nota naqueles dois cursos, ele me pediu – na verdade, exigiu – que, para o ano seguinte, mesmo sendo, ainda, oficialmente, aluno do 2º ano, eu assistisse às aulas que ele ministrava, também, no 4º. Lá fui eu – e apesar de todas as dificuldades que encontrei, casado, já com um filho, trabalhando na agência do banco em Mirassol, e, depois do expediente, dando um absurdo de aulas particulares de tudo a alunos problemáticos, em geral, reprovados em exames de 1ª época, e, *por si fuera poco*, tendo de viajar diariamente, ida e volta, de Mirassol, onde morava, a Rio Preto, para a Faculdade onde estudava, consegui, tendo bom aproveitamento de suas excelentes aulas, chamar a atenção do Professor Sena. Um dia, nos encontramos no corredor da escola, ele me chamou para tomar um café na cantina e depois me intimou – foi o termo que ele usou – a mudar-me para Araraquara, a fim de terminar o curso na Faculdade de Filosofia de lá, e, isso feito, ficar como Professor Instrutor, assistente dele, na disciplina de Literatura Portuguesa. Muito lisonjeado, agradeci, de coração, mas lamentei não poder fazê-lo: o Banco do Brasil não concedia facilmente transferências de funcionários novos de uma agência para outra – talvez não as visse com bons olhos. Sena respondeu que deixasse isso à sua conta: ainda tinha velinhas para queimar aos pés de um par de santos; ele ia mexer os pauzinhos. Não foi uma promessa vazia: ainda guardo, com carinho, a cópia da extensa carta – 3 folhas! – que ele remeteu direto para a alta administração do Banco, em Brasília, solicitando a minha transferência para Araraquara, explicando-a, com empenho, tecendo elogios absurdos à competência que em seus devaneios de poeta ele julgava que eu tinha. Não deu certo. Enquanto aguardávamos a resposta do Banco, Sena prestou o seu Concurso de Livre Docência, na Faculdade de Araraquara – e se saiu com o êxito estrondoso, que, tratando-se dele, era já de praxe.

No coquetel que em regozijo se deu em sua casa, Sena me chamou para um canto à parte. Deu-me para ler uma carta, em

PRENÚNCIOS E VESTÍGIOS

inglês e... meu mundo ruiu: era um convite que a Universidade de Wisconsin lhe fazia (o mediador, creio, foi o crítico Wilson Martins, que andava por lá, então), para que ele fosse integrar o Departamento de Letras Neolatinas ou coisa que o valha, daquela Universidade. E, ante o meu olhar, espantado – alegre por ele, triste por mim –, assegurou que, uma vez lá instalado, faria o que estivesse a seu alcance para que eu fosse seu assistente. E assim nos separamos – no turbilhão da vida, nunca tivemos a chance de nos encontrar de novo. Mas o Professor Sena teve sempre um lugar nas minhas melhores e mais gratas recordações.

Quero falar agora do Professor A. J. Greimas.

Como aluno regular ou não, tal como faz todo docente universitário, li obras luminosas, frequentei cursos e conferências de grandes professores. Com alguns tratei, a uns conheci de vista e cumprimento, outros não, apenas li ou, com sorte, ouvi; com alguns conversei, com raros me correspondi; com a maioria aprendi muito, com outros menos, porém a todos fiquei devendo algo do que sei e sou. Conforme passa o tempo, quanto mais envelheço, mais sinto a falta deles, mais os quero bem. Talvez por isso me seja cada vez mais difícil compará-los; quanto mais Greimas, a quem admirei como a nenhum outro – mas Greimas eu não comparo com ninguém – eu o separo.

Greimas nasceu em 1917, na Lituânia, morreu em fevereiro de 1992, em Paris. Doutorou-se em Letras na Sorbonne, em 1949, lecionou em Alexandria, Ancara, Istambul, Poitiers, até voltar a Paris onde assumiu, em 1965, um posto de Pesquisador na Escola Prática de Altos Estudos, VI Seção, onde criou um Groupe de Recherchers Sémio-linguistiques (fundador da linha de Semiótica que leva seu nome, no mesmo *Groupe* que é hoje conhecido como "Escola de Paris" – rótulo, por sinal, que tanto ele quanto seus discípulos, que eram, na maioria, renomados professores em seus países de origem, renegavam).

277

Ali a Paris fui, pela primeira vez, a pedido da direção da Faculdade Barão de Mauá, de Ribeirão Preto (SP), convidá-lo para ministrar o primeiro Curso de Semiótica greimasiana dado no Brasil, em julho de 1973.

No mês e pouco que passou entre nós, sempre que possível, eu lhe fazia companhia no jantar, no antigo Hotel Umuarama, onde se hospedou. Às vezes, enquanto comíamos, ele se calava; eu o surpreendia, então, apertando os olhos azulados para devassar, através da janela, os gramados na penumbra do *campus* da USP, fora, numa contemplação que o fazia ausentar-se do salão do restaurante. Duravam alguns momentos, essas fugas, se posso chamá-las assim. Não demorava, estranhando ele mesmo o silêncio, que eu respeitava, se recobrava, voltava à taça de vinho e me explicava, ligeiramente embaraçado, a razão do devaneio, causado, dizia ele, pela admiração que sentia ao se deparar com vestígios de civilização nestas brenhas (ele usava eufemismos, mas o sentido da coisa era esse); e eu achava graça, porque ele o dizia, de fato, tão maravilhado quanto um paleontólogo que por acaso descobrisse restos de uma paleofogueira de trinta mil anos no fundo de uma caverna.

Louvava a linguiça calabresa (na verdade, crioula) e a nossa cerveja, e provava que seus elogios eram reais, pois que os consumia em tão grande quantidade que eu me afligia, pensando "comer não é nada, na hora de descomer é que são elas". Achava que, entupido, ele não conseguiria dar as aulas programadas para a manhã seguinte. Mas nunca faltou a uma única – qualquer que tivesse sido o estrago causado em suas vísceras por aquelas insólitas proezas de *gourmet,* ele deu o curso até o fim.

Numa daquelas noites, perguntei, inocentemente, que tal era seu amigo Roland Barthes. Ele me olhou, meio que intrigado, me escrutinou por um instante, a ver se fisgava segundas intenções na minha indagação, e depois que se capacitou de que só havia em mim a curiosidade atávica do tupinambá embasbacado ante o

PRENÚNCIOS E VESTÍGIOS

europeu, "Il est *trop* intelligent", assegurou. O óbvio. Aí eu é que reparei que havia um segundo sentido *dele*, naquele *trop* em lugar de *très* e no acento enfático usado no lugar da acentuação normal, indiferente. Acrescentou, consternado, como a se desculpar, que à medida que o tempo passava via seu amigo desviar-se cada vez mais para a vertente do que o mesmo Barthes batizara, com um pique de sarcasmo, nos tempos anteriores aos de Paris, de *écriture artistique*. Incomodava-o ver o amigo, tão perspicaz, mandar às urtigas o "discurso científico", que ambos tinham prometido um ao outro implantar e defender na Europa quando estavam, ainda no exterior, em vias de regressar à França (ali por 1962).

Em 1973, comprovei que existia, de fato, uma pequena desilusão de Greimas relativamente a seu amigo Barthes, quando ele me presenteou com um trabalho seu, *Geschichte-Ereignis und Erzählung (Sur l'histoire événementielle et l'histoire fondamentale)*. Nesse trabalho, Greimas declara como ficou chateado ao topar por toda a parte, nas Universidades norte-americanas, de San Diego e do Middle-West, inscrita no quadro-negro das salas onde ele faria suas conferências a frase: *Les structures ne descendent jamais dans la rue*. Parece que duas coisas o aborreciam, nisso: o conteúdo afirmado, "as estruturas nunca saem às ruas", grosseiramente provocativo naqueles dias em que juntar no mesmo colóquio estruturalistas e historicistas-marxistas equivalia a jogar dentro da mesma lata uma aguerrida dúzia de siris e de lacraus; e, segundo, o equívoco de atribuírem unanimente a Barthes esse dito, que não era dele – era de um documento do Departamento de Filosofia da Sorbonne, pois que constava de uma moção dali proveniente que uma jovem filósofa pusera nas mãos de Greimas; moção, essa, cuja conclusão dizia: *Il est évident que les structures ne descendent jamais dans la rue*. Essa frase – sugerira, certamente à guisa de provocação, a filósofa que a levara a uma daquelas patrulheiras reuniões de maio de 1968 para a qual Barthes e Greimas tinham sido convocados – poderia servir de ponto de partida para encaminhar os debates; o que, de fato, ocorreu. "Na manhã seguinte [quem conta, agora, é Greimas] um comunicado colado na porta da sala de debates, anunciava: 'Barthes diz: As estruturas não saem pra rua. Nós dizemos: Barthes também não'".

O que chateava Greimas era, primeiro, a "operação mitificante" que consistia em atribuir a Barthes um enunciado cujo enunciador havia sido o Departamento de Filosofia da Sorbonne, o que equivalia a atribuir a um "estruturalista" um enunciado filosófico, prenhe de uma contraideologia marxista que deixava subentendido o entendimento dos discípulos de Marx de que "o estruturalismo não é científico" (aqui mesmo, no Brasil, naqueles mesmos dias, quantas vezes ouvi da ignorância mitificada e mitificante desses donos da verdade, essa besteira!). Segundo, tendo em mente que Barthes é um ator metonímico de um actante que é "o conjunto dos estruturalistas" e que o enunciado em causa contrapunha o estruturalismo recluso em sua torre de marfim ("não saía às ruas") ao movimento revolucionário que estava nas ruas naqueles dias de 1968, a declaração falaciosamente atribuída a Barthes fazia dele o arauto de uma proclamação absurda, a saber, que o estruturalismo não era um método científico, mas uma ideologia anti ou contrarrevolucionária. Duas asneiras em um enunciado só – e assim se faz a História que se quer.

As queixas de Greimas redobraram quando, por associação de ideias – não sei se foi naquele mesmo jantar ou em outra ocasião – recordou que uma deserção semelhante àquela de que ele acusava Barthes ocorrera uma outra vez, anos mais tarde, com aquele que ele considerava ter sido um de seus mais brilhantes colaboradores, François Rastier. Rastier fora um dos poucos alunos que Greimas teve ali, na Universidade de Poitiers. (A propósito: também Saussure, que em trinta anos de magistério, com

PRENÚNCIOS E VESTÍGIOS

todo o brilho de seu talento e com toda a originalidade da teoria e do método estruturalistas que ele criava, não teve mais do que cento e cinco, cento e seis alunos – média de três por ano! O que, diabo, acontecia no centro da Europa, quer dizer o centro do mundo para muitos de nós, terceiro-mundistas, para que mestres desse quilate passassem assim ignorados?)

Ouvindo-o, eu me convencia de que ele mesmo, com todo o rigor de sua escrita científica, poderia, se quisesse, compor em estilo de "escritura artística", trabalhos tão belos quanto os *Fragmentos de um Discurso Amoroso,* de seu desertor compadre, Barthes (os dois eram compadres de verdade), coisa que ele não fazia, palpito, apenas por um sentimento absurdo de dever – afinal, diante da praga da palha e feno com que os bonzos acadêmicos e os promotores da *analyse des textes* continuavam a inundar a França, fazendo-a correr por "crítica literária", alguém teria de assumir o ônus de denunciar suas empulhações e principiar a fazer algo mais sério, mesmo pagando o preço da malhação de todos os debiloides que se homiziaram nas Universidades.

Uma amostra do que Greimas era capaz de fazer, *en artiste,* estava já impressa, bem entendido, no ensaio *De l'Imperfection.* Mas, quero dar uma outra amostra. Na abertura de uma sessão em que ele e sua obra seriam servidos como o prato principal no Congresso que lhe dedicaram em Cerisy-la-Salle, em 1983 (durante o qual ele devolve, picando de antemão, com muita graça e um pouco de maldade, mas sem azedume, veleidades de alguns de seus discípulos), como a malfadada reunião tardasse demais para começar, na ausência de qualquer membro da mesa diretora, ele foi convidado a ocupar um dos assentos da mesa e dirigir a sessão. Então, improvisou:

> Não há presidente para dirigir esta sessão. Na falta de destinador, devo dizer-lhes primeiro da gratidão e emoção que sinto ao ver tantos de vocês

juntos e pacientes aqui, nessa reunião para a qual eu sirvo de pretexto. […]
Devo dizer que […] me incomoda um mal-estar intelectual por me sentir
menos inteligente que meus comentadores. Quando alguém de fora tenta
explicitar os nossos gestos linguísticos, então nos damos conta de que o
nosso próprio pensamento nos ultrapassa. Pergunto-me, pois, se não seria
mais interessante que vocês se dirigissem não a mim, mas a Parret [Her-
man] ou a Petitot [Jean Petitot-Cocorda] para saber o que *eu* penso.

Era o seu modo de declarar, na esteira de Jean Wahl, que
vous voyez, nous sommes tous malades d'interprétations.

O SER RELATIVO TEM DUAS IDENTIDADES,

ambas baseadas na incoincidência do parecer de uma coisa com
o seu ser: há

(i) uma *identidade simulada*, característica do fingimento e da
mentira, ambos de fórmula (parecer + não ser), qualificação
que se aplica àquilo que não é o que parece ser. A verossimilhança, por exemplo, produtora do efeito de sentido da
impostura, é dessa ordem de qualificações, já que ela se constrói mediante a manobra manipulatória de fazer parecer real
aquilo que de fato não o é: na teoria narrativa de Propp, isso
se ilustra na figura do Falso Herói, que parece um Herói, mas
é no fundo um Impostor. E há, por outro lado,

(ii) uma *identidade dissimulada*, característica do segredo e do
mistério, de fórmula (não parecer + ser), da ordem alegórica, como a metáfora, que a Retórica Antiga chamava (im-
propriamente) de termo impróprio, quando ele é apenas
um efeito de sentido misterioso, que oculta, ao modo do
não-parecer, aquilo que ela é, de fato. Na teoria de Propp,
o Herói Incógnito (ex.: Ulisses de regresso, nos andrajos do

PRENÚNCIOS E VESTÍGIOS

mendigo que escapa de um naufrágio) é de fato herói, mas não parece.

Nas narrativas populares, de tipo proppiano, o encontro no mesmo espaço de um Impostor com um Herói Incógnito suscita um problema de identidade que só pode ser esclarecido mediante uma Prova Qualificante – que pode ser dada na forma branda do Reconhecimento do Herói pela Marca (é o caso do reconhecimento que a serva de Ulisses faz de seu senhor ao cuidar de seus pés, depois do naufrágio) ou na forma violenta de uma Luta (é o caso do reconhecimento do marido até então ausente que Penélope faz na pessoa do mesmo náufrago que, entre tantos pretendentes à sua mão, ali presentes, prova ser o único que tem força suficiente para encurvar o arco de Ulisses, com ele matando seus rivais).

Mas há, para lá e além dessas duas identidades relativas, duas identidades verdadeiras,

(iii) a da *identidade relativamente verdadeira*, em que coincidem como "parcialmente iguais", para a identificação da identidade de um ser ou uma coisa, seu parecer com seu ser, o que se exprime na fórmula (parecer + ser) relativamente iguais, que assinala a verdade relativa a determinado atributo identitário, entre outros, parcialmente diferentes. Dessa classe seriam, por exemplo, os *traços suficientes* para nos identificar a todos nós, seres humanos, como indivíduos pertencentes à mesma espécie, de identidade relativamente verdadeira no que diz respeito a sermos todos membros da humanidade, sem embargo de não podermos encontrar em dois indivíduos dessa espécie os mesmos *traços acessórios*, eis que estes são *sui generis* para cada um; e a

(iv) a da *identidade absolutamente verdadeira*, em que coincidi-riam, em congruência total, expressa na fórmula [(parecer) + (ser)] /absolutamente iguais/.

Impossível de ser encontrada na prática, mas tendo de ocupar desde logo um lugar previsível dentro de nossa teoria, o caso (iv) seria a fórmula veridictória, *icônica*, mesmo, figurativamente fa-lando, do único /ser absoluto/ *em quem coincidiriam a aparência e a essência*. Para falar de modo chão, essa "identidade absoluta-mente verdadeira" haveria de ser um, ou haveria de ser o atributo divino por definição, posto que semelhante conjunção só poderia ser achada em Deus, o único ser em que a essência se identifica-ria de modo absoluto com a sua existência. Como deixou dito Garrigou-Lagrange, "a verdade fundamental da filosofia cristã é que em Deus a essência e a existência [em termos semióticos, o ser e o parecer] são idênticas, ao passo que nas criaturas são real-mente distintas".

TEILHARD DE CHARDIN E A ALQUIMIA

O quarto axioma da teoria evolutiva de Teilhard de Chardin refere-se à *mudança qualitativa*. Segundo Teilhard, a evolução não se reduz apenas a mudanças quantitativas, comportando também mudanças qualitativas. Isso vale tanto para o aspecto externo [que Teilhard chama *le dehors*] quan-to para o interno [*le dedans*]:

Nenhuma grandeza no mundo pode crescer sem culminar, em um ponto crítico, numa mudança de estado. Há um limite insuperável para as velocidades e temperaturas. Aumentemos, por exemplo, a aceleração de um corpo até tocar a velocidade da luz: por excesso de massa, ele assume uma natureza infinitamente inerte. Esquentemo-lo: dissolve-se e se vapori-za. E assim ocorre com todas as propriedades físicas conhecidas. (Teilhard de Chardin, *apud* Battista Mondin, "Teilhard de Chardin e o Evolucionismo Cristocêntrico", em B. Mondin, *Os Grandes Teólogos do Século xx*. Vol. 1 – *Os Teólogos Católicos,* São Paulo, Paulinas, p. 54.)

O mesmo ocorre com as propriedades psíquicas.

Dado que a elevação da consciência não pode continuar avançando indefinidamente ao longo de sua linha sem se transformar em profundidade, eis que num certo ponto aparece a Vida. Como qualquer grandeza que se desenvolve no mundo, a consciência deve tornar-se diferente para permanecer ela mesma. [Também] a passagem à reflexão é verdadeiramente, como parece exigir sua natureza física, uma transformação crítica, uma mutação de zero a tudo. (*Idem, ibidem.*)

Temos, pois, segundo Teilhard (a flecha significa a transformação: passar de x a y):

(i) aumentar a velocidade (acelerar): energia → massa (condensar) (exemplo: vapor => água)

(ii) aumentar a pressão (temperatura): massa → energia (dissolver) (água => vapor)

Ora, aí está como de onde menos se esperaria surge uma confirmação das duas operações que os alquimistas da Idade Média chamavam de *solve et coagula*. E como creio, também, que o princípio continua válido, não sei por que Teilhard de Chardin não prosseguiu, para mostrar os procedimentos inversos (não de *aceleração,* mas de *desacelaração, ralentamento*) que vão abaixo por minha conta e risco:

(iii) diminuir a velocidade (desacelerar): energia → solidificação (= vapor => gelo)

(iv) diminuir a temperatura (desacelerar): massa → líquidificação (= gelo => água)

Observar, ainda, que a teoria de Teilhard supõe um percurso evolutivo estadial (descontínuo) mas dentro de um processo contínuo – pois ele é concebido como passando de um *estado A*, caracterizado por um número muito elevado de elementos materiais muito simples (tendo um *dentro* muito pobre) a um *estado B*, caracterizado por pequeno número de agrupamentos muito complexos (com um *dentro* mais rico).

Invisibilidade → aparecimento do exterior c/invisibilização do interior → desenvolvimento do exterior com igualização do interior → predomínio do interior.

Credo! Houve tempo em que os padres acendiam o fogo com as próprias pessoas dos alquimistas; de uns tempos para cá, porém, parece que os dois dão ao fole e aventam a mesma forja, feito sócios na tendinha.

Unamuno tinha razão

em querer sobreviver e não morrer nunca. Também eu acho que, depois de viajar com os pés pra frente, não teria nenhum sentido eu ir procurar o prolongamento dos meus dias ou do meu ser na heteropessoalidade de outro ente que não fosse eu mesmo.

Variações sobre um tema inesgotável

Outra vez me perguntaram, ontem, depois de uma palestra que dei numa Universidade do Rio, sobre alguns trechos supostamente autobiográficos de *Lobos e Cordeiros*, até que ponto os sucessos que narro são verdadeiros ou não, indagação em que outro especula pegou carona querendo saber se me amolo muito buscando a imagem certa para o tipo de cena que vou narrar.

À primeira indagação tentei responder que nunca tive a menor ideia do que seja a Verdade, hipostasiada e sagrada com maiúsculas, mas se ele, perguntante, condescendesse em considerar, como os budistas e os físicos quânticos, que o universo é um cosmo possibilístico, dotado de muitas dimensões, cada uma das quais contendo a sua própria realidade e a sua própria verdade, então, as coisas que qualquer um de nós descreve, supondo-as fictícias, são, a seu modo, e na sua própria dimensão, que é a intradiscursiva – fora do mundo físico, dentro, só, do mundo imaginário criado pelos enunciados do discurso –, reais e verdadeiras. O que quero salientar é que nós tampouco sabemos o que é ficção, porque, para saber o que ela é, precisaríamos saber o que é real e verdadeiro; e isso ninguém sabe (parodiando um texto famoso de Kant, direi que para saber o que é objetivo, tenho de pensá-lo; ao pensá-lo, porém, converto o que era objetivo em algo subjetivo).

Em outras palavras, creio que deve haver alguma dimensão na qual tudo o que pensamos "inventar" com as nossas ficções estejam apenas sendo "descobertas", porque já estavam lá, escritas e descritas naquela dimensão, antes de lá chegarmos com os nossos discursos e lá já eram o que eram, independentemente de nossa intromissão, "realidades verdadeiras" – pelo menos, foi assim que as viu Platão.

Nesse ponto, somos bem criaturas do Criador, no ter herdado dele – mas, é lógico, já inteiramente degradado (somos filhos dos deuses, mas não somos deuses) o seu terrível poder de criar. Com a não despicienda diferença de que Deus Pantocrátor criou com as palavras que as nomeiam, os seres, o espaço e o tempo que os habitam, mais as palavras. Isso significa que Deus foi o primeiro dos do nosso ofício, o ficcionista inaugural – e, como romancista, vamos e venhamos, nem foi lá essas coisas, que (salvonor) se tivesse sido tiquinho melhor, teria criado um enredo menos emaranhado. Todavia, as palavras originais foram, depois, esquecidas pelas pecadoras comunidades humanas, que inventaram as suas para falar das dele (vou repetir: que inventaram as suas para falar das dele – estão vendo por que não o entendemos?), de modo que ficou parecendo que as coisas vieram antes dos nomes que as designam – mas isso não é possível: como a Gênese bíblica ensina, Deus cria as palavras que denominam as coisas e essas palavras criam as coisas denominadas. Desse modo, nosso discurso – meu discurso –, agora, cria, com as palavras da minha tribo que imitam as "palavras primordiais" (criadoras) de Deus, uma imitação da realidade *in praesentia* que ele criou, objetivando-a, *in illo tempore*. Sendo assim, meu discurso sobre a realidade não cria a realidade do mundo fora do meu discurso, recria-a na forma de uma ficção, uma representação, uma realidade de terceiro grau, igual àquela de que falava Platão, referindo-a ao mundo das Formas primordiais, isso que é, unicamente, um pensamento sobre elas, em nossa mente de leitores.

Daí, que eu viva a repetir que a primeira função do discurso é fundar a realidade de que ele fala, *in absentia*, realizando-a subjetivamente como a realidade de que o discurso fala para nós, sujeitos cognoscentes. Porque, sem o discurso que a faz surgir em nosso espírito como pensamento, simulacro, representação do real, mimesis, em Aristóteles, essa realidade não é nada – simplesmente não existe: a mesma Gênese bíblica ensina, aliás, que a realidade precisa de ser designada – chamada e convocada – com a palavra que a menciona num discurso, para começar a existir.

Tal como sucederá um dia a todos nós, pobres-diabos, eu e você, paciencioso leitor: no instante em que o nosso nome pessoal for borrado de todos os discursos enunciados e passarem a ser

PRENÚNCIOS E VESTÍGIOS

antecedidos de uma cruzinha no Livro da Vida, quando, enfim, já ninguém mais se recordar de como nos chamamos, os dois cairemos mortos.

Quanto à segunda pergunta, que indagava sobre as dificuldades que eu experimentaria ao procurar a "imagem certa" para pintar tal ou qual cena, retruquei que pouco me importo com as imagens que traduzem meu pensamento (dimensão cognitiva), me preocupo só com o *pathos,* a emoção particular que eles exprimem (na dimensão patêmica ou passional). O fato é que habitualmente não escrevo para transmitir imagens, que são vestimentas, trajes que recobrem e ocultam mais do que mostram; escrevo mais para transmitir *pensamentos,* quando quero ficcionar, fingir *emoções* que – essas, sim – são sempre verdadeiras (nesse sentido é que Novalis estava certo ao afirmar que a poesia, em particular, bem assim o discurso artístico, em geral, quanto mais belos, mais verdadeiros).

E, enquanto palestrava com os pobres alunos que me ouviam embasbacados, me divertia com a aguda consciência que ia tendo de que eu também me fazia naquele instante merecedor da ironia que Gide utilizara um dia contra os filósofos, revelando a astúcia que eles empregavam ao argumentar: segundo Gide, o ardil deles consistia em, indagados sobre algo num debate, emaranhar seus argumentos de tal sorte que, quando eles, finalmente, completavam sua resposta, já ninguém mais se lembrava do que lhes tinham perguntado.

Autocrítica

Faltou acrescentar, no caquinho *supra,* que sempre me fiz a mesma crítica que fizeram outrora a Cocteau, de "tudo tentar." Nos meus verdes anos, procurava me justificar com o conselho que Unamuno dava aos candidatos a tontos voluntários, naquela fórmula de fabricar monomaníacos dele, que recomendava *casarse con una idea sola y tener muchos hijos*. Gostava de pensar, então – pouco coisa há mais consoladora do que o *autoengano* que é buscado – que eu trocava, só, de instrumento para executar a mesma música: "afinal", argumentava eu, "um cara pode soprar a *Tocata e Fuga em Lá Menor* no bombardino, na trompa ou na clarineta". Depois, percebi que a única razão de eu mudar tanto de ferramenta era a mesma do homem-orquestra que no circo toca sete instrumentos – é que ele não sabe tocar um só decentemente.

O mundo foi criado

no dia 7 de outubro de 3761 a.C., segundo os cálculos do rabino Hillel II (o Todo-Poderoso lhe fale na alma!).

Encruzilhada de destinos

Morei em Paris um par de anos e só num de meus últimos dias lá foi que vim a descobrir, perplexo, um logradouro que concentrou em poucos metros uma dúzia de sujeitos anormais, a vida de dois dos quais eu andava por lá a bisbilhotar. Saindo da boca do metrô de Saint Michel dei de cara com a avenida Odéon. Há um triângulo, ali, em cujo vértice – aquele que aqui me importa – se situa um Café, que, me informaram, seria o mesmo que foi depredado por Gérard de Nerval, num de seus ataques de fúria. Eu, que vinha de frente para ele, preferi entrar, primeiro, à mão direita, que abre para a dita avenida. Logo no número 3, na calçada da esquerda, me deparei com o hotel em que se hospedou Ferdinand de Saussure durante os anos em que residiu na capital francesa. Fui xeretar, tentar encontrar seu nome

PRENÚNCIOS E VESTÍGIOS

no registro de hóspedes (pelo aspecto, o hotel em que eu entrara se achava em condições bem semelhantes às que Saussure encontrara um século antes), visitar seus aposentos, se possível. Não foi: como eu saberia se tivesse um pingo de tenência, o antigo Livro de Hóspedes de há muito desaparecera, virara lixo ou fumaça.

Deixando o hotel, defronte à porta, divisei, do outro lado da rua, a casa em que, não sei se antes ou depois de viver na rue Fleurus, Gertrude Stein recebia seu círculo de amigos, apadrinhados e sanguessugas, nos começos de 1900. Ali ela amparou uma caterva de sujeitos vagamente escritores e pintores, mais certamente bêbados e vagabundos – ah, alguns, até, é lógico, àquela altura pouco conhecidos, gente como Sherwood Anderson, F. Scott Fitzgerald (sempre choroso na barra de saia de sua formosa e infidelíssima Zelda), Ernest Hemingway, Modigliani e Picasso. Pelo que dizem os livros, consta que foi ali mesmo que esse espanhol estranho começou a pintar, em 1905, o retrato de Gertrude, o corpanzil entronizado como um totem africano numa poltrona imensa. O *Retrato de Gertrude Stein* – é dele que se trata – que encerra o Período Rosa, foi interrompido durante a viagem que Pablo fez à Espanha, deixando-se influenciar na terra natal pela textura quase escultórica da nariganga daqueles ícones tribais africanos que ele examinou numa exposição, creio que em Barcelona – e foram eles que o ajudaram a resolver o problema de dar relevo às narinas de suas figuras durante a primeira etapa do Cubismo, que Juan Gris batizou de Cubismo Analítico e que os broncos insistem em datar de 1906, com *As Senhoritas de Avignon* (no qual, com razão ou sem ela, *qué más dá*, ao invés de ver a pose de três modelos diferentes, teimei sempre em ver uma e a mesma senhorita, pintada em três estilos, do menos cubista, à esquerda, ao mais cubista, à direita).

A essa altura, marinheiro de muito descobrimento ocasional que eu fazia, minha cabeça girava, tonta. Como era possível encontrar em tão poucos metros, encostadas umas nas outras, mocós e pistas dessa fauna toda, o grupo que fizera dos lugares em que tinham vivido aqueles que são, hoje, centros de peregrinação da arte ocidental? Mas isso não era tudo.

Continuando a subir a avenida, pela calçada à direita, a mesma do apartamento de Gertrude Stein, praticamente pegada ao prédio dela, estava o tugúrio onde vivera e trabalhara James Joyce. Uma placa na parede lembrava que ali ele escrevera o seu *Ulysses*.

Caminhamos, aturdidos – minha mulher estava comigo – até a imponente construção que fechava a avenida, um pouco à frente. Era o Teatro Odéon, o mesmo que eu planejara visitar desde que soube que ali trabalhara Jenny Colon, que (tirando a Pleyel e outras *artistas* que foram apenas outros tantos acidentes de percurso) foi a única verdadeira musa de Gérard de Nerval (especialmente para a louvação dessa traidora, Gérard aplicara tudo o que herdara do avô na fundação de uma revista do teatro que, falindo, acabou por sepultá-lo de vez na miséria; em paga de tanta dedicação, sua musa se casou um pouquinho com um musiquinho chué que a levou para outro país do norte, distante dele, condenando *le pauvre* Gérard à loucura e à infelicidade que o arrastariam para o suicídio, naquela madrugada gelada, no número 10 da rue de la Vieille Lanterne, onde o encontraram com o laço no pescoço, inteiriçado de frio).

Era nisso tudo que eu pensava, enquanto voltávamos, andando, pela avenida, até o Café que Gérard destroçara, na ponta do triângulo por onde começara o que pensávamos no início, seria um passeio matinal como outro qualquer, mas se convertera, já, em respeitosa *peregrinatio ad loca sancta*.

Aí chegados, tive desejo de ver qual seria a outra rua, a que, dando as costas para a Avenida Odéon, fazia, à esquerda, o outro lado do triângulo. Fui espiar – e, de novo, abri a boca. Era a Rue Monsieur le Prince! Auguste Comte – que era, dentre todos esses que cito, o único notável que eu engurgitava – vivera num apartamento dessa rua. Mas, me interessava muito mais o número 10, dela. Neste se localizava (dando exatamente fundo com o Hotel Odéon, onde morara Saussure) o gabinete onde trabalhou A. J. Greimas. Ali, nesse número 10, fora eu encontrá-lo, vinte anos antes, em maio de 1973, quando fui a Paris convidá-lo a ministrar no julho seguinte, um Curso de Férias, na Faculdade Barão de Mauá, de Ribeirão Preto (ele veio, deu o primeiro Curso de Semiótica que se deu no Brasil, para vinte e três professores de Linguística, e no dia do seu encerramento, por sugestão dele, adotamos três resoluções: fundamos o CESAJG, Centro de Estudos Semióticos, a que demos o nome dele; fundamos *Significação* (foram, respectivamente, o primeiro Centro de Estudos e a primeira revista de Semiótica greimasiana do país); e combinamos que o CESAJG, na qualidade de "afiliado" do Groupe de Recherches Sémio-linguistiques que Greimas chefiava na École des Hautes Etudes en Sciences Sociales de Paris, tivesse o privilégio de conceder aos nossos membros uma Bolsa de Estudos anual, na sucursal de lá).

Graças à circunstância fortuita de ter ido a Paris, em 1973, a fim de convidar Greimas para ministrar um mero Curso de férias, eu acabara por reunir aquele que seria – sem que eu pudesse sequer suspeitar disso – o grupo de professores responsáveis pela introdução da Semiótica greimasiana no Brasil. Vinte anos depois, em 1993, ao perambular por aqueles lugares, minha saudade daqueles dias fundadores fazia-me sentir como se eu reencontrasse, na evocação daqueles grupos de escritores, pintores e semiolinguistas excepcionais que tinham convivido um breve tempo, por ali, nas casas, nos cafés e nas calçadas daquelas duas vias, a Avenida Odeon e a rua Monsieur le Prince, os ancestrais de meus colegas do CESAJG, aqueles que os precederam no tempo e nas preocupações típicas aos do nosso comum ofício, que nos ensinaram e nos guiaram, brindando-

-nos, assim, a possibilidade de continuar o que eles tinham começa-do. Tudo isso ficara de algum modo impregnado nas poucas deze-nas de metros que apartavam aquelas duas vias de Paris.

Não sei se isso explica por que, não me fazendo nunca amar-go, mas fazendo-me o tempo todo infinitamente triste, ainda as-sim, o tempo todo eu amei essa cidade.

Pourquoi

veux-tu forcer les résistances de la nuit? (Henri Petit)

O coronel, negociando gado

– O bezerro é graúdo ou miúdo?
– É meão.
– É de raça ou pé-duro?
– É malabar.
– É sestroso ou insufismado?
– É de paz.
– Ainda mama ou já tá apartado?
– Ói qui, seu coroné – retrucou o dono dos bichos, meio infulei-mado com tanta especulação – o bicho não é graúdo nem miúdo, não é de raça nem pé-duro, não é sestroso nem infuleimado, não mama nem deixa de mamá: se topá peito no jeito, mama, porque não é abestado – quem é que encontrando peito no jeito e ainda mais de graça vai lá deixar de mamar?!

Desejos imbecis

Segundo Pongetti, os deuses simbolizaram na sereia a tenta-ção aloprada: a metade mulher suprime a peixada inesquecível, enquanto a metade peixe inviabiliza a noitada de orgia. Imprestável para as duas refeições, a sereia é um bagulho que só poderia ser mesmo um símbolo dos desejos imbecis dos homens.

A VIDA, SEGUNDO HUMBERTO DE CAMPOS

A vida, com os seus conflitos, dá-me a ideia de um paletó abotoado errado: fica sempre embaixo uma casa sem botão, e, em cima, um botão sem casa. Nenhum dos botões está contente com a sua casa, e nenhuma das casas contente com o seu botão. (Humberto de Campos, *Diário Secreto,* vol. II, Rio de Janeiro, *O Cruzeiro*, 1954, 28.)

HOJE O MUNDO FAZ ANOS

7 de outubro. Acordei, olhei na folhinha e lembrei que hoje é aniversário do mundo. O mundo foi criado no dia 7 de outubro de 3761 a.C., segundo os cálculos do rabino Hillel II (o Todo Poderoso lhe fale na alma!).

Título	Prenúncios e Vestígios
Autor	Edward Lopes
Editor	Plinio Martins Filho
Produção editorial	Aline Sato
Editoração eletrônica	Camyle Cosentino
Revisão	Geraldo Gerson de Souza
Capa	Jason Conlon (imagem)
	Ateliê Editorial (projeto gráfico)
Formato	14 × 21 cm
Tipologia	Minion
Papel	Cartão Supremo 250 g/m^2 (capa)
	Pólen Soft 80 g/m^2 (miolo)
Número de páginas	296
Impressão e acabamento	Forma Certa